性善之谜 上
破解儒学研究的哥德巴赫猜想

杨泽波 著

复旦哲学·中国哲学丛书

本书获评"复旦大学哲学学院源恺优秀著作奖"
由上海易顺公益基金会资助出版

目 录

序 言 *1*

部之一：以伦理心境解说良心

一、孔子心性之学的结构 *3*

二、论良心 *16*

三、论人性中的自然生长倾向
　　——关于性善论诠释的一个补充性说明 *32*

四、新"人禽之辨" *42*

五、仁与时空 *51*

六、经验抑或先验：儒家生生伦理学的自我辩护 *75*

七、"积淀说"与"结晶说"之同异
　　——李泽厚对我的影响及我与李泽厚的分别 *90*

八、性善论的方法 *108*

九、性善论的原则 *143*

十、麦金太尔解决休谟伦理难题的贡献与困惑 *158*

部之二：发现孔孟心性之学的分歧

一、孔孟心性之学的分歧及其影响　173

二、"古之圣贤无独指心者"
　　　——从叶适看孔孟心性之学的分歧　183

三、仁性伦理与理性伦理的分野　196

四、孟子达成的只是伦理之善
　　　——从孔孟心性之学分歧的视角重新审视孟子学理的性质　210

五、做好"常人"
　　　——儒家生生伦理学对一种流行观点的修正　223

六、孟子经权思想新说　235

七、重提孔孟心性之学分歧的现时意义
　　　——采访杨泽波教授　261

八、从道德形上学的建构看孔孟的差异　273

部之三：还原义利之辨的真精神

一、从义利之辨到理欲之争
　　　——论宋明理学"去欲主义"的产生　291

二、孟子义利观的三重向度　305

三、义利诠释中的"串项现象"　319

四、公与私：义利诠释中的沉疴痼疾
　　　——校正关于孟子义利之辨的一种错误诠释　335

五、孟子之乐的层级性质及其意义　349

六、孟子理想人格的思想与践行　359

七、王霸之辨正义 384

八、孟子气论难点辨疑 421

部之四：余论

一、论牟宗三性善论研究 437

二、牟宗三道德自律学说的困难及其出路 461

三、"道德他律"还是"道德无力"

　　——论牟宗三道德他律学说的概念混乱及其真实目的 481

四、理性能够直接决定善的行为吗？

　　——牟宗三道德自律学说的理论意义 496

五、论"理性事实"与"隐默之知"

　　——从一个新的视角看康德与孟子的区别 507

六、道德代宗教——重提一个有意义的话题 525

七、《孟子》的误读

　　——与《美德还是腐败？》一文商榷 539

八、腐败还是苛求？

　　——关于《孟子》中舜的两个案例能否称为腐败的再思考 550

九、《孟子》，是不该这样糟蹋的 566

　　——《孟子》中与所谓腐败案例相关的几个文本问题 566

十、孟子思想的探微与思考

　　（杨泽波先生笔谈录） 583

结语：真幸运，我找到了那个神奇的"三" 597

附录：作者发表的关于孟子的其他文章存目 609

序　言

1993年，时任中国社会科学院历史研究所研究员的姜广辉在《孔子研究》第1期发表了一篇短文，名为《良知论——中国哲学王冠上的明珠》，文中有这样一段文字：

> 作家徐迟在有关陈景润的报告文学中用了一个比喻，认为数论好比是数学的王冠，而哥德巴赫猜想则是王冠上的明珠。我们可以把同样的比喻用于中国哲学，那么什么是中国哲学的王冠，什么又是王冠上的明珠呢？对这个问题可能会有不同的回答，而我认为，心性哲学是中国哲学的王冠，良知论是王冠上的明珠。

据我所知，这是学界第一次将心性之学比作中国哲学的王冠，将良知论（其实就是性善论）比作这座王冠上的明珠，认为摘取这颗明珠的难度堪比数学研究中的哥德巴赫猜想。

《人民文学》1978年第1期发表了徐迟的报告文学《哥德巴赫猜想》，介绍了陈景润不畏艰险努力攻克数学研究哥德巴赫猜想的事迹。这篇文章的影响力远远超过了现在绝大多数的文学作品，当时在社会上的传播力度之大是今天的人们难以想象的。这篇文章让人们知道了数学研究有一个顶尖难题叫哥德巴赫猜想，知道了中国有一个数学家叫陈景润，知道了陈景润在极其艰苦的条件下不断向这个高地攀登，取得了举世瞩目的成就。自此之后，人们常常将各行各业的顶尖问题比作哥德巴赫猜想，职业工作者的责任就是对这些问题作出自己的回答。

作为"七七、七八现象"中的一员，由于经历特殊，我1986年34岁时拼死拼活才赶上末班车，进入复旦大学跟随潘富恩先生读硕士，较我的不少同龄人要晚很多，有的甚至差了十年之久。入校后很快就确定了以性善论作为硕士论文的选题。当时这样做想得并不深远，多少有点误打误撞的意思，未曾料到它的潜力是如此之大。经过三年的努力，完成了硕士论文的写作，答辩也很顺利。1989年直升攻读博士学位后不久，有一天突然对自己的硕士论文发生了怀疑，深感不满，重打鼓另开张，以全新的姿态重新踏上孟子研究的漫漫征程。1992年到1993年，我发表了三篇有关孟子的文章，分别是《孔子心性学说的结构》《孔孟心性之学的分歧及其影响》《从义利之辨到理欲之争》。这三篇文章今天看来虽然略显"青涩"，但确定了我之后学术研究的基本方向，我后来整个的孟子研究可以说都源于这三篇文章。读博期间能够有如此心得，撰写如此质量的文章，回想起来，还是很为自己骄傲的。

我的孟子研究成果主要表现在"孟子三书"(《孟子性善论研究》《孟子评传》《孟子与中国文化》)之中。这三部著作各有侧重：《孟子性善论研究》专门研究孟子性善论，向儒学研究的哥德巴赫猜想发起冲击，最为重要；《孟子评传》将范围扩展到孟子的生平以及思想的各个方面，是对孟子的全面研究；《孟子与中国文化》采用"大家做小书"的方式，把前两部成果通俗化，专为社会上的青年朋友而做。在这期间包括后来从事其他课题研究过程中，我陆陆续续发表了六十多篇与孟子直接有关的文章，这些文章一直存在电脑中没有整理，直到近来出版了《儒家生生伦理学引论》和《儒学谱系论》，基本完成了建构儒家生生伦理学工作后，才得空考虑将其编排修订出版。

我多次讲过，我的孟子研究有三个方面是发前人之未发，而后人很难改易的：一是提出伦理心境的概念，对良心进行哲学诠释；二是创立三分法，发现孔孟心性之学的分歧；三是以价值选择关系为核心,还原义利之辨的真精神。与此相应,本书收入三十七篇文章,分为四个部分。"部之一:以伦理心境解说良心"收录十章文章,呈现第一个方面的成果;"部之二:发现孔孟心性之学的分歧"和"部之三:还原义利之辨的真精神"各收录八篇文章,呈现第二个方面和第三个方面的成果;"部之四:余论"收录十篇文章,呈现我对他人孟子研究的评论。《真幸运,我找到了那个神奇的"三"》是一篇回忆性文章,有一定综括性,收录进来以代结语。这些文章前后相隔时间较长,收录本书时在保持原貌的基础上作了一定程度的修改,以保持表述和风格的一致。此外,还有二十多篇文章,或因只关乎孟子生平考辨或因内容重叠,未收入本书,仅以附录形式列篇名于书后。

姜广辉将良知论比作儒学研究的哥德巴赫猜想,对我是很大的激励。我花费十年苦功研究孟子,就是立志解决这个问题。后来,我又用了近二十年时间研究牟宗三,再后来全力建构儒家生生伦理学,重点虽有转移,但眼睛一直盯着这个目标,心里一直揣着这个念想,从未放弃。经过多年的努力,我有了自己的系统理解,为破解这个难题提交了自己的答案:

> 人之所以有善性,是因为人有良心。人之所以有良心,首先是因为人作为有生命的类的一员,天生有一种生长倾向,这种倾向不仅决定人可以成为自己,而且有利于其类的绵延。孟子所说的"才"大致即相当于这种生长倾向。另外,受社会生活和智性思维的影响,生长倾向会进一步发展为伦理心境。伦理心境是后天的,但又有先在性,承担着道德本体的功能,遇事不需要新的学习,就知道应该如何去做。生长倾向和伦理心境来源有别,但实为一体,生长倾向一定会发展为伦理心境,伦理心境也必须以生长倾向为基础。要而言之,良心即是建基于生长倾向之上的伦理心境。孟子牢牢把握住了良心的先在性,大讲"我固有之",

序言

开出了心学的先河，为儒学发展作出了杰出的贡献，但他只以"才"论性善，不了解良心的主干部分是伦理心境，这又是其思想的局限。更为重要的是，他的思想系统中只有欲性、仁性两个部分，与孔子欲性、仁性、智性的三分结构不同，其所达成的只是伦理之善，而非道德之善。孔孟心性之学的这一分歧是两千多年儒学发展的头等重大事件，再没有哪个事件的重要性可以与之相比了。

依我个人的判断，上述诠释不仅有效说明了人何以有善性、何以有良心的问题，而且颠覆了孔孟关系、心学与理学关系的固有模式，摆脱了感性或理性、经验主义或先验主义的窠臼，三分法的创立更有巨大的潜能，足以催生儒学思想范式发生一场重大的变革。当然，学界接不接受姜广辉的比喻，认不认可我的努力达到了目标，有没有资格摘取那颗璀璨夺目的明珠，须由历史检验，个人说了不算——尽管我心心念念，尽管我自信满满。

部之一：以伦理心境解说良心

一、孔子心性之学的结构

案：这是我孟子研究最早发表的三篇文章之一，写作最早，也最为重要，刊发于《哲学研究》1992年第5期。这篇文章从休谟伦理难题的视角入手，对孔子思想进行了新的分析，其理论价值主要表现在两个方面。一是不再只是就仁谈仁，而是对仁进行了哲学的诠释，提出了"仁性是人在伦理道德领域中特有的一种心理境界，简称为伦理心境"的观点。二是不再局限于通行的感性、理性的两分模式，深入孔子思想深处，发现其内部为欲性、仁性、智性三分的结构，为创建三分法打下了基础。这篇文章对我而言具有纲领性的意义，奠定了我后来三十余年儒学研究的基本路向。

"是"与"应该"的矛盾是西方道德哲学的基本问题，至今没有得到圆满解决。但这个问题在孔子身上根本就不存在。这是因为，与西方道德哲学通常的感性、理性两分的情况不同，孔子心性之学有欲性、仁性、智性三个层面。由于多了仁性这个层面，"是"与"应该"之间就有了一个过渡性的桥梁，"是"本身就是"应该"，而这也成了孔子心性之学的显著特色。

一

孔子心性之学层级结构的第一个层面是利欲，一般的做法是套用西方哲学概念，称之为感性。但孔子眼中的利欲与西方人眼中的感性不完全一致。总的来说，西方的感性和理性处于两分结构的两极，彼此对立，而孔子心性结构中的利欲与其他层面是一种价值选择关系，不构成绝对的对立关系。如果以感性一词称之，不容易注意到这种区别，也不容易彰显儒家哲学的特点。为此，本文根据《论语》中的有关论述，权且称之为欲性。

孔子不反对一定程度的利欲。孔子生于乱世，立志高远，以"从周"为其政治使命，以行道为其历史责任。但他毕竟是一个实实在在的人，生活在一个实实在在的社会中，需要实实在在的物质生活，这就决定了他从不否定利欲的作用。《论语》中的许多具体表述，如"子之燕居，申申如也，夭夭如也"（《论语》7.4）[1]；"食不厌精，脍不厌细"；"唯酒无量，不及乱。沽酒市脯不食。不撤姜食，不多食"（《论语》10.8）；"子在齐闻韶，三月不知肉味"（《论语》7.14），都足以说明这一点。

孔子不仅不反对一定程度的利欲，甚至还表露了求富的思想。"子曰：'富而可求也，虽执鞭之士，吾亦为之。如不可求，从吾所好。'"（《论语》7.12）"邦有道，贫且贱焉，耻也；邦无道，富且贵焉，耻也。"（《论语》8.13）这两章的重点虽然都在后半句，即坚持吾之所好，反对不义之富贵，但前半句毕竟也反映了孔子的真实思想。如果能得到财富，即使是不起眼的差使，也愿意干；如果天下太平，自己仍然贫贱，便是耻辱。孔子对待生活的态度是很实际的，并非像有些人理解的那样清高迂腐，连最基本的利欲都不屑

---

1 即《论语·述而》第七章，以杨伯峻《论语译注》为准。以下所引《孟子》材料也如此处理，不再说明。

一顾。

然而，孔子毕竟是孔子，他选择的价值层面很高，决不以利欲为满足，始终以道义为鹄的。孔子把人分为君子和小人，划分的标准，即在于君子志于道，小人怀于利。而孔子自己也以崇高的价值选择为后人树立了楷模。"饭疏食饮水，曲肱而枕之，乐亦在其中矣。不义而富且贵，于我如浮云。"（《论语》7.16）颜渊也是这种楷模中的一员。"贤哉，回也！一箪食，一瓢饮，在陋巷，人不堪其忧，回也不改其乐。贤哉，回也。"（《论语》6.11）这即是后儒赞许不绝的"孔颜乐处"。一个人的生命或高大或渺小，全在于自己的价值选择，选择的价值层面高便高大，选择的价值层面低便渺小。士以行道为己任，这就决定了他们必须有高层面的价值选择，以崇高的人格承担道统的重担。反之，以利为重，便不足为士了。

既不排斥一定程度的利欲，又要追求高层面的价值选择，这之间有一定的矛盾。解决的办法，全在一个"义"字。利欲不在有没有，而在是不是适度。《中庸》讲"义者，宜也"，是有一定道理的。凡利都要看是不是合义：合义，即是正确的，可以接受；不合义，就是不正确的，不可以接受。所谓"见利思义"（《论语》14.12），讲的就是这个道理。原思担任孔子家的总管，孔子不管他本人的辞让，坚持给其一定的报酬（《论语》6.5）；公西华到齐国做使者，孔子反对给其母亲过多的周济（《论语》6.4）；颜渊死，孔子不以车为之椁（《论语》11.8），而且不赞成为其厚葬，弟子们厚葬了，孔子还进行申辩（《论语》11.11）。孔子之所以这样做，都不能由利的大小来解释，只能说是义之所当然。

要而言之，孔子对欲性的看法有三个基本点：第一，欲本身不是恶，只有贪多无厌，突破了义的限度才是恶；第二，君子不应以欲性为重，而应时时处处以义为目的；第三，欲性和义不是绝对的对立，而是价值选择的关系。

二

在欲性层面之上的，是仁性。[1] 所谓仁性，亦即孔子关于仁的思想，因为是从心性结构层面上讲，故与性字相连，合称仁性。为了对仁性有比较深刻的认识，首先应该对仁性的特点有所了解。概括地说，仁性有四个特点，即情感性，内在性，自反性，流失性。

仁性的第一个特点是情感性。阅读孔子仁的论述，处处可以感受到浓厚的情感色彩："樊迟问仁，子曰：'爱人。'"（《论语》12.22）"樊迟问仁。子曰：'居处恭，执事敬，与人忠。虽之夷狄，不可弃也。'"（《论语》13.19）"仲弓问仁。子曰：'出门如见大宾，使民如承大祭。己所不欲，勿施于人。在邦无怨，在家无怨。'"（《论语》12.2）"子曰：'唯仁者能好人，能恶人。'"（《论语》4.3）情感在孔子思想中占有重要地位。应该如何对待别人，只要设身处地，问问自己的好恶情感就可以知道了：自己不愿意的，也不应该对人，这叫"己所不欲，勿施于人"；自己愿意的，也施之于人，这叫"己欲立而立人，己欲达而达人"；自己不希望受到愚弄，也不应愚弄他人，故"君子可逝也，不可陷也；可欺也，不可罔也"（《论语》6.26）；自己希望得到爱，对人也应当施之以爱，所以有子才会讲"孝弟也者，其为仁之本与"（《论语》1.2）。

情感总是内心的感受，不是外在的，这就决定了仁性的第二个

---

[1] 这是当时的提法。当时我将孔子心性之学内部的欲性、仁性、智性理解为上下关系，欲性在下，仁性居中，智性在上，构成一个上下相关的层级关系。后来几经反复，才意识到这种理解不准确。我能够有这种认识的改变，是因为我后来明白了道德结构的三分情况，同样适用于认知结构和审美结构，而审美结构、认知结构、道德结构是一个有机整体，共同组成"生命层级构成"。这种情况甚至可以扩展到社会的结构，由此而成为"社会层级构成"。无论是"生命层级构成"，还是"社会层级构成"，纵向都包括体欲、认知、道德三个层面，而其中的每一个层面，横向都由三个部分组成，道德结构中的欲性、仁性、智性即是如此。因此，道德结构内部的欲性、仁性、智性不应理解为纵向关系，而应视为横向关系，只有"生命层级构成"和"社会层级构成"才是纵向关系。参见杨泽波《孟子性善论研究》（上海人民出版社2016年版）"再修订版序"。

特点——内在性。宰我觉得三年之丧太久了，主张改为一年。"子曰：'食夫稻，衣夫锦，于女安乎？'曰：'安。''女安，则为之。夫君子之居丧，食旨不甘，闻乐不乐，居处不安，故不为也。今女安，则为之！'宰我出。子曰：'予之不仁也！'"（《论语》17.18）在孔子看来，仁与不仁的根源只有一个，即心之安与不安，仁与不仁的标准也只有一个，亦即心之安与不安。仁与不仁的根源和标准都取之于心，心是内在的，所以仁是内在的。

由于仁内在于心，所以能不能得到仁，完全在于自己，这是仁性的第三个特点，即所谓自得性。"得"字屡见于《论语》，如："求仁而得仁，又何怨？"（《论语》7.15）"欲仁而得仁，又焉贪？"（《论语》20.2）这些"得"字都是"自得"之意。类似的说法还有很多："为仁由己，而由人乎哉？"（《论语》12.1）"有能一日用其力于仁矣乎？我未见力不足者。"（《论语》4.6）"仁远乎哉？我欲仁，斯仁至矣。"（《论语》7.30）"见贤思齐焉，见不贤而内自省也。"（《论语》4.17）"内省不疚，夫何忧何惧？"（《论语》12.4）这些论述充分说明，自得是孔子一以贯之的思想。

虽然通过自得可以得到仁，但仁的境界很高，很难保证时时处处与之相合，这就形成了仁性的第四个特点，这就是流失性。"回也，其心三月不违仁，其余则日月至焉而已矣。"（《论语》6.7）颜渊虽说已达到三月不违仁的境界，但也只能保持一段时间，其余时间便不能保证了，也就是说流失了。正因为仁有流失性的特点，所以孔子决不轻易以仁称人，也不以仁自许，"若圣与仁，则吾岂敢？"（《论语》7.34）有人将此理解为孔子自谦之语，但根据仁性流失性的特点，将其从仁容易流失的角度理解或许更为合理。

以上是梳理仁性的特点，根据这些特点，我们可以说，孔子心性结构中的仁性是人在伦理道德领域中特有的一种心理境界，简称为伦理心境。伦理心境包括以下几项重要内容：1.属于伦理道德领域。2.内在于心，是心固有的。3.这个心不是空洞的抽象原则，而是具体的现实生活，包含着丰富的情感。4.是一种境界，具有相当的高度和相对的稳定性。5.通过逆觉反证可以体察到它，从而得到它的指导。

伦理心境，从根源上讲，是本文化单位（部落、民族、国家）优良习俗（包括传统制度）在个人内心的积淀。优良习俗通过积淀凝结在个人心中；个人也在这个过程中具有了优良习俗的"复本"。孔子为仁列举的孝悌忠恕等多种表现，无不可以在当时的鲁国风俗中找到原型。反过来说，鲁国的优良风俗也无不凝结在孔子身上。我们说伦理心境是"固有"的，不是从遗传角度讲，而是从习俗的熏染积习上讲。换言之，在鲁国这个特别重视伦理的国度成长的人，由于受其文化潜移默化的影响，内心都有伦理心境，所以内心都有仁。

仁的核心是什么，论者历来有不同看法，有的说是"爱人"，有的说是"己欲立而立人，己欲达而达人"，希望以此把众多仁的表现统一起来。但这种方法很难自圆其说。仁的表现实在是太丰富了，其中每一个表现，如"爱人""立人""达人"，都是一个"子项"。要想用一个子项，哪怕是大一点的子项，去统一其他子项，在方法上都有困难。于是有论者主张仁是"全德之名"，即全部德性的总称。既然是全德之名，就可以统属仁的众多表现了。这种办法有其可取之处，但并不能完全解决问题，因为它没有说明究竟什么是全德，全德的根源何在等问题。所以，我们主张仁为"诸德之家"。"诸德之家"是说仁是各种德性的家，恰似一个"蓄水池"，池子里的水是通过文化积习蓄满的，蓄满之后不断向外流溢，各种德性都由它出，所以仁是各种德性的总根源。

根据上面的分析，可以明显看出，仁性不同于西方道德哲学中的理性。理性这个概念的内涵很宽泛，但主要还是相对于感性而言的，特指认识事物本质，建构并遵守道德法则的能力。从这个意义上讲，仁性与理性有明显的区别。1.理性主要是指人的一种认知能力，通过这种能力可以建构和认识道德法则。仁性本身有实实在在的内容，遇事不需要新的学习也知道应该如何去做，如阳明所说，遇父告知去孝，遇兄告知去悌。2.理性为了保证其纯粹性，不得不贬抑情感，因为从理性的角度看，情感是感性的，没有普遍必然性。仁性与情感不相抵牾，仁人遇善而好之，遇恶而恶之，有丰富的情感性。3.理性必须依靠逻辑推理才能得出结论。仁性则是实实在在的东西，内在于心中，不虚不伪，能不能得到它，全在逆觉反证，而这种逆觉反证是一种直觉。

理性的另一个重要涵义是相对于神权而言的，主张人类自主，反对神权崇拜。在这个意义上，将孔子的仁性称为理性固无不可。但这个意义的理性在现代已经淡化了，在解决"是"与"应该"的问题上不扮演重要的角色，而且一旦把仁性称为理性，也不便于突出孔子三分而不是两分的心性结构，所以本文不在这个意义上称仁性为理性。

总的说来，仁性是孔子心性结构中十分重要、十分特殊的一个部分。因为在孔子看来，人要成就道德必须有这样一个环节，它并不同于西方道德哲学中的理性，明确这一点对于彰显孔子心性结构的特色具有非常重要的意义。

三

孔子心性之学层级结构还有第三个层面，这就是智性。"智"字源自子贡。《孟子·公孙丑上》第二章云："孔子曰：'圣则吾不能，我学不厌而教不倦也。'子贡曰：'学不厌，智也；教不倦，仁也。仁且智，夫子既圣矣。'"显然，智是指孔子关于学习的思想。《论语》知智不分，大致而言，知偏重于认识和学习的过程，智偏重于认识和学习的结果。为了避免与康德"知性"（understanding）一词相混淆，这里统称为智性。

在孔子思想体系中，智性是在人之为人的过程中，通过学习使人成就道德的一种性向。也就是说，人要成就道德，光有仁性还不够，还必须不断地学习。所以智性在孔子心性结构中是绝对不可缺少的一个部分。孔子明确讲过："好仁不好学，其蔽也愚；好知不好学，其蔽也荡；好信不好学，其蔽也贼；好直不好学，其蔽也绞；好勇不好学，其蔽也乱；好刚不好学，其蔽也狂。"(《论语》17.8) 仁、知、信、直、勇、刚，都是美德，不学则不明其义，或可转为不美。孔子又说："德之不修，学之不讲，闻义不能徙，不善不能改，是吾忧也。"(《论语》7.3)"笃信好学，守死善道。"(《论语》8.13) 孔子有四忧，其中之一就是学之不讲。守其善道有两条，一条是笃信，另一条是好学。可见学习之不可或缺以及智性之重要。

在成德过程中学习不可或缺，这是由学习的内容决定的。孔子的学不是军旅之事、稼圃之事，而主要是学诗学礼。他说："诗，可以兴，可以观，可以群，可以怨。迩之事父，远之事君；多识于鸟兽草木之名。"(《论语》17.9) 学诗有三大功用：一是诗尚兴，可以激发人之志趣，感动人之情意，观天地万物，莫不兴起人之高尚情志。二是诗之教，温柔敦厚，乐而不淫，哀而不伤。故学诗，达可以群，穷可以怨，近之事父，远之事君。三是从小处讲，至少可以多知道些草木鸟兽之名。这三项中重要的是第二项，学诗可以使人学会合群而处，事父事君。所以孔子才说："不学诗，无以言。"(《论语》16.13)

再就是学礼。孔子说："君子博学于文，约之以礼，亦可以弗畔矣夫。"(《论语》6.27) 此处之"文"概指诗书礼乐、著作义理，特别是典章制度。只有博学才能会通，才能知其真义；只有知其真义，才能见之行事，约使归己；只有约使归己，才能不背于道。由此可见学习礼文在成就道德过程中的重要意义。所以，孔子又说："不学礼，无以立。"(《论语》16.13)

在孔子心性结构中智性不可缺少，已很明显。问题在于，既有仁性又有智性，二者的关系如何呢？从《论语》有关论述分析，智性仁性互不相离，相互为用，以其层面而言，以智性为上，以其所本而言，以仁性为重。这个问题非常重要，以下具体证之。

先谈第一点：以其层面而言，以智性为上。"子曰：'弟子，入则孝，出则悌，谨而信，泛爱众，而亲仁。行有余力，则以学文。'"（《论语》1.6）孝、悌、信、爱、亲仁，这些都是仁的表现，属于仁性的范围。只重仁性，不学于文，则心胸不开，志趣不广，无以考圣王之成法，识事理之当然，达深远之大境，仅为乡里自好之士。"子曰：'十室之邑，必有忠信如丘者焉，不如丘之好学也。'"（《论语》5.28）此处的忠信，与前章所言孝悌信爱一样，同属于仁性。好学则属于智性。十家小邑，其中必有如孔子一样讲究忠信之人，但不如孔子好学。从本章辞气看，孔子认为他之所以高出其他人，是因为他好学。

将这两章联系起来，可以看出，在孔子看来，做到忠信孝悌并不特别困难，但仅仅这些并不足够，要想成为圣人还必须学习。学才能成为圣人，不学不免为乡人。圣人与乡人的区别只在一个"学"字。这就说明，在孔子心性结构的欲性、仁性、智性三个层面中，一般忠信之人只能达到仁性这个层面，行于忠义，合于伦理，圣人则可以达到智性的层面，好学不厌，熟于礼文。

再谈第二点，以其所本而言，以仁性为重。达到了智性并不是不要仁性了，这与如何理解两个"一以贯之"有关。"子曰：'参乎！吾道一以贯之。'曾子曰：'唯。'子出，门人问曰：'何谓也？'曾子曰：'夫子之道，忠恕而已矣。'"（《论语》4.15）"子曰：'赐也，女以予为多学而识之者与？'对曰：'然。非与？'曰：'非也。予一以贯之。'"（《论语》15.3）这两章"之"字略有不同。

告曾子吾道一以贯之的"之"指道。孔子说，我平日讲的道都有一个头绪贯穿者。曾子根据自己的体验，告诉其他门人这个

一、孔子心性之学的结构

头绪就是忠恕。这种理解是否合于孔子本旨，或曾子另有更深的体会，因忠恕易于把握，仅以忠恕言之，已不得而知。但《中庸》讲，忠恕违道不远，孔子自己也说，有一言而可以终身行之者其恕乎。可见以忠恕释孔子之道，虽不中亦不远。告子贡"予一以贯之"的"之"指学。孔子怕子贡只以多学而识学于圣人，故明言以告予（学）一以贯之，恰如《诗》之一贯在于"思无邪"，《礼》之一贯在于"与其奢也宁俭"。能够统贯于学的，只能有两个，一是行，学是为了力行；二是仁，学是为了成仁。故行和仁都可以指代这里的"一贯"。《中庸》述孔子之言云，"力行近乎仁"，行与仁又是一致的。所以，以"仁"释这里的"一贯"，离孔子本义亦当不会太远。两个一以贯之，表达了这样一个思想：学诗学礼的智性本身不是目的，目的是力行成仁。孔子不是一个空头学问家，首先是一个笃志践行的实践者。所谓"以其所本而言，以仁性为重"，讲的就是这个道理。

以上两点合起来无非是说，智性和仁性在一起，仁性是目的，而要更好地成就仁性，还必须有智性。因此，仁性比智性的意义重，智性比仁性的层面高。由于我们讲的是孔子的心性结构，所以，把智性放在仁性之上，作为其心性结构的第三个层面。

和仁性相比，智性与西方哲学的理性就比较接近了。这是因为智性主要表现为一种能力，通过这种能力可以认识外在的事物，恰如柏拉图通过理性认识理念，康德通过理性认识道德法则一样。就此而言，将智性称为理性亦无不可。不过西方自亚里士多德以来，一直把理性分为理论理性和实践理性，康德把这种分类推向了极致，而孔子的智性只是学诗学礼，只大致相当于西方的实践理性。为了突出这种区别，同时也是为了与欲性、仁性的提法相匹配，本文只采用智性这一说法。

性善之谜——破解儒学研究的哥德巴赫猜想

四

最后，再从西方道德哲学的角度，考察一下孔子心性结构的意义。

"是"与"应该"的矛盾，是西方道德哲学中的一个老问题。这个问题的发现始于休谟。休谟注意到，自然哲学所用命题的系词是"是"与"不是"，而道德哲学所用命题的系词则是"应该"或"不应该"，前者属"实然律"，后者属"应然律"，由前者无法直接必然推出后者。这个新发现在当时有很大的影响。"因为这个应该或不应该既然表示一种新的关系或肯定，所以就必须加以论述和说明；同时对于这种似乎完全不可思议的事情，即这个新关系如何能由完全不同的另外一些关系推出来的，也应当举出理由加以说明。"休谟相信，"这样一点点的注意就会推翻一切通俗的道德学体系"。[1]

康德继承了休谟的分类，认为以自然为对象的一切科学判断都是叙述式，而道德哲学判断的表达则属于命令式，这就决定道德哲学与自然哲学不仅内容不同，而且形式也不同。这样，"是"与"应该"之间就有了一条巨大鸿沟，这条鸿沟也为康德带来了很大的麻烦。在《道德形而上学原理》中，他公开宣称，理性要求我们尊重立法原则，但"直到现在，我还说不清尊重的根据是什么"，"我们确实不明了道德命令的无条件的实践必然性"。[2] 既然肯定了道德法则是正确的，却无法保证它必然过渡到"应该"，这不能不说是一件十分遗憾的事情。

这种情况一直影响到现代。20 世纪初，G.E. 穆尔提出，哲学伦理学的基本问题是善的意义问题，善不能定义，只能通过直觉来把握，不能由推理加以说明。30 年代逻辑实证主义严格坚持事实与价

---

[1] 休谟：《人性论》，关文运译，商务印书馆 1983 年版，第 509–510 页。
[2] 康德：《道德形而上学原理》，苗力田译，上海人民出版社 1986 年版，第 53、120–121 页。

值的分离，认为道德只是价值领域中的事，主要是表达人的情感，无真假可言。二战后，又出现了一种"充足理由法"的理论，主张在实际生活中，人们的确在为道德理论和行为提供理由，其中有些理由是充分的，所以道德不完全是直觉和情感问题。道德行为似乎可以由社会事实提供证明，事实与价值的分裂因而受到了怀疑。

但是"是"与"应该"的矛盾并没有因此得到根本的解决。威廉·K·弗兰克纳的名著《善的求索——道德哲学导论》明确谈到了这个问题。他说，如果有人（甲）问，我为什么要有道德呢？乙会说，这对群居的人们是必要的，否则社会就乱套了。甲可能说，人有道德对社会有好处，这并不错，可为什么我偏偏要有道德呢？对此可能有两种回答。从义务论意义上，乙可以说，这是你的义务，因为你是有理性的。这显然不能解决问题，因为如果甲知道自己是有理性的，就不应该提出我为什么要有道德的问题了。从目的论意义上，乙可以说，这对你有好处。这种好处有两种含义，一是非道德意义的，这种意义的好处并不能得到保证，因为道德常常意味着牺牲；二是道德意义的，也就是说人应该追求一种道德上优越的生活，但这同样不能解决问题，因为甲可以继续追问，我为什么要追求道德上的优越生活呢？[1] 看来乙无论如何不能向甲提供人应该有道德的必然理由，无法由"是"必然过渡到"应该"，尽管作者本人主张应该有这样的过渡。

这种困难的产生，究其根源，在于西方道德哲学感性与理性的两分结构。西方道德哲学，尤其是近现代以来，一般认为，人由两部分构成，一是感性，一是理性，感性为恶，理性为善。感性与理性形成鲜明对立，人一半是野兽，一半是天使，二者之间没有一个过渡性的环节。当理性认识到一个事实后，这个事实无法与人的行

---

1 威廉·K·弗兰克纳：《善的求索——道德哲学导论》，黄伟合、包连宗、马莉译，辽宁人民出版社1987年版，第244-245页。

为衔接起来，事实为事实，价值为价值。由于解决不了过渡问题，为了使法则得以实行，必须依靠上帝或法律等等作保证。这就是他律。康德强调人本身即是目的，感性必须服从理性的自我立法，变他律为自律，实现了伦理学上的哥白尼式的革命。但由于他没有打破传统的两分结构，仍然不能解决事实与价值的分裂问题。西方道德哲学到了现代，尤其是二次世界大战以后，有了很大的进步，事实与价值的分离开始受到怀疑，但由于仍然局限在感性、理性的两分结构之中，在解决这个困扰道德哲学家数百年之久的理论难题面前，至今依然没有革命性的进步。

比较起来，西方道德哲学中的这个难题，在孔子身上根本就不存在。孔子从来没有考虑过"人为什么应该有道德"，"人为什么应该做正确的事情"这类问题。这种神奇的现象是由孔子心性之学的内在结构决定的。如上所说，孔子心性之学有三个层面，一是欲性，一是仁性，一是智性。欲性负责人对物欲的看法；智性指学诗学礼，使人有知有智，利于用礼行礼。这两者与西方的感性、理性虽有不同（如欲性本身不为恶，只有不合礼义才是恶；智性的逻辑思维水平还不够高等等），但其作用却基本上是一致的。孔子心性之学的特色，是在欲性和智性之间多了一个仁性。根据上面的分析，仁性是伦理心境，是社会生活在内心的积淀，由于社会生活自古就有好善求好的内容，受其影响，伦理心境本身就有很强的向上力量。在这种力量的驱使下，凡是正确的就应该去做，凡是错误的就应该去止，否则内心就会不安稳。由此说来，仁性是欲性和智性之间非常重要的过渡环节，由于多了这个环节，智性认识到正确的事情，仁性可以提供力量，促使人们自觉自愿而行，"是"与"应该"的分裂便不再存在了。这是孔子心性之学结构相对于西方道德哲学的一个重要特色，也是困扰西方道德哲学数百年之久的理论难题在孔子身上无存身之地的根本原因。

一、孔子心性之学的结构

二、论良心

　　案：本文顺着上一篇的思路，以伦理心境解读良心，发表于《学术季刊》1994年第1期。将良心解读为伦理心境是一个重要的改变，这种改变开辟了全新的方向，极大地拓展了孟子研究乃至整个儒学研究的空间，而这也成了我孟子研究的显著标志。回头来看，这篇文章最大的不足是没有摆脱自然科学思想方式的影响，希望以生物遗传说明性善的原因，说明当时的思想还不够成熟。另外，我还有《释仁》一文，同时发于（台）《哲学与文化》1995年第1期和《孔子研究》1995年第3期。仁和良心的说法，一个出自孔子，一个出自孟子，其实是一个东西，用于解释孟子之良心的方法同样适用于解释孔子之仁，良心是伦理心境，仁同样是伦理心境。因内容相近，不再收入本书。

　　良心是儒家文化的菁华，在历史上发挥过重要的作用，在当前更具有独特的价值。但多年来，理论界对良心缺乏一个确切的解释，一间未达，一结未解之处颇多。本文对良心进行初步的探讨，试图从理论上解决这个问题。

一

　　良心一词源于《孟子·尽心上》第八章："其所以放其良心者，

亦犹斧斤之于木,旦旦而伐之,可以为美乎?"这是以牛山之木比喻良心,劝导人们不要放失了良心。虽然良心一词在《孟子》中仅此一见,但其思想贯穿于《孟子》全书,是孟子创立和宣传性善论的一个重要概念。

事物的本质都有自己的特征,表现为若干特点,透过这些特点可以显现事物的本质。要确定良心究竟何指,首先应该明确良心有哪些特点,而要了解良心有哪些特点,分析孟子关于良心的论述是一个简单有效的办法。全面考察孟子有关的论述,不难看出,孟子心目中的良心大致有如下三方面的特点:

首先,良心人所固有,是人的良知良能。在孟子看来,良心即是人原本具有之心,内在于人,不是外力强加的。他反复强调,恻隐、羞恶、恭敬(辞让)、是非之心,人皆有之,而这四心就是仁义礼智之端,所以"仁义礼智,非由外铄我也,我固有之"(《孟子》11.6),人有仁义礼智四端,就像是人有四体一般。

良心为什么是人所固有的呢?孟子有两种说法:第一,是上天赋予的,即"此天之所与我者"(《孟子》11.15)。第二,是人生而即有的,因为孩提之童都知爱其亲,及其长都知敬其兄,亲亲敬长即是仁义,即是良心善性。这两种说法虽然不同,但核心一致,都主张仁义礼智之良心为人所固有,不是从外面取得来的。

由于仁义礼智之端原本固有,所以它是不学而能的良能,不虑而知的良知,即所谓"所不学而能者,其良能也;所不虑而知者,其良知也"(《孟子》13.15)。仁义礼智之心衡于外事外物,不需要专门的外向性学习,即能应付答对。爱亲敬长生皆知之,是良知良能;见孺子入井皆有怵惕之心,是良知良能;见亲人不葬,狐狸吃,蚊虫吮,头上有泚,是良知良能;不忍牛无辜被杀,君子远庖厨,同样是良知良能。

既然人生即有良知良能,遇事需要做的,只是反身求得良心。反身求得良心,在孔子叫作"自讼",即"已矣乎!吾未见能见其过而内自讼者也"(《论语》5.27）。孟子进而将这种思想发扬光大，提出了自反的学说：我以仁爱恭敬待人，他人却强暴无理，遇此情况，"君子必自反也，我必不仁，必无礼也，所物奚宜至哉"(《孟子》8.28）。孝顺父母，使父母高兴也一定要反身而诚，否则"反身不诚，不悦于亲矣"(《孟子》7.12）。

自反的根本涵义，是反省自己的良心。孟子认为，人人都有良心，要察觉它，唯一的方法，是切己反思，逆觉体证。所以他严厉批评那些不讲仁义的人是"弗思"。如果人不善于切己自反，原本具有的良心，也会流失。牛山草木本来是美的，但砍伐不断，后来就变得不美了；人的心原来是善良的，但损害无度，结果就变得不善良了。孟子还用茅草遮蔽山间之路来说明同样的道理："山经之蹊，间介然用之而成路；为间不用，则茅塞之矣，今茅塞子之心矣。"(《孟子》14.21）这就说明，人虽有良心本心，但极不稳定。切己自反，扩而充之，可以成为圣贤；不切己自反，稍有风吹草动，就流失殆尽了。

其次，良心有丰富的内容，不是抽象的形式。良心是事物是非的标准。凡事都有是非，有标准，在孟子看来，这个标准就是良心。只依着良心，是便为是，非便为非，如镜照物，湛然明了。

孟子说："一箪食，一豆羹，得之则生，弗得则死，呼尔而与之，行道之人弗受；蹴尔而与之，乞人不屑。万钟则不辨礼义而受之，万钟于我何加焉？为宫室之美、妻妾之奉、所识穷乏者得我与？乡为身死而不受，今为宫室之美为之；乡为身死而不受，今为所识穷乏者得我而为之，是亦不可以已乎？此之谓失之本心。"(《孟子》11.10）箪食豆羹，呼尔与之，蹴尔与之，行人乞人亦知不受不屑，因为良心就有这个是非；万钟之禄，同样不能仅为宫室之美、妻妾之奉、所识穷乏者得我而受之，因为良心也装着这个是非。孟子不同意告子仁内义外说，主张仁义均为内在，也是这个道理。义为内在，即是心中有义；心中有义，即是心知是非；心知是

性善之谜——破解儒学研究的哥德巴赫猜想

非，即是心有内容，不只是一副空架子。

值得一提的是，良心判别是非，包含有丰富的情感性，有血有肉，有姿有色，而不是仅仅根据几条干巴巴的原则。从前人们不葬其亲，过后看到尸首的惨象内心不忍，头上冒汗，才用土葬之，由不葬亲到葬亲的变化，完全出于人内在的情感。见到小孩子快要掉到井里了，骤然间产生怵惕恻隐之心，不忍心看到这种情况发生，前去抢救，同样是出于内在的情感。孟子论良心，特别注重情感性，这是其思想的一大特色。

再次，良心当下呈现，体用无间。虽然儒家关于体用的明确说法是后来才有的，但这方面的基本思想孟子已具备了。孟子认为，君子所性，仁义礼智根于心，良心实了，自己容纳不住，必然表现于外，这叫作"其生色也睟然，见于面，盎于背，施于四体，四体不言而喻"（《孟子》13.21）。"四体不言而喻"是讲良心指挥四体，四体运行无不体现仁义，不必言语，别人即可一目了然。良心是道德本体，这个本体只有通过用才能说明自己的存在，只有通过用才能证实自己的价值；而心之本体只要存在，也必然要通过用来说明自己的存在，证实自己的价值。自不容已，必然发用，说来甚是简单，其间却大有深意。孟子开创的心学之所以有体用结合，知之必行的特点，其奥秘就在这里。

总之，孟子所说的良心，是人所固有的，既可以自然判明是非，又可以在判明是非的同时逼使人行善祛恶。要对良心进行正确的解说，必须考虑到这些特点。

二

发生认识论的创立是本世纪哲学思想中的一件大事。皮亚杰认为，个体认识发生于儿童。儿童初生时只会抓握、吮吸等几个简单的动作，这些都是先天的，由遗传继承所得，可以称为"遗传图式"。图式是主体接受、过滤、整合外部刺激，产生认识的必经途径。从"遗传图式"开始，经过感知运动阶段（0—2岁）、前运演阶段（2—7岁）、具体运演阶段（7—12岁），形式运演阶段（12—15岁），直至达到成人的科学思维水平。在这四个阶段中，一方面，主体不断接触客体，客体把刺激纳入主体原有的图式之中，此即同化；另一方面，主体原有图式又不断调整，以适合新的情况，此即顺应。同化使原有图式发生量的变化，顺应使原有图式发生质的变化。同化和顺应在相互作用中，由平衡到不平衡，再到平衡，使认识逐步发展，最终完成发生认识论的过程。

发生认识论对我们有很大的启发，其中我们最感兴趣的是皮亚杰雄辩地证明了认识的发生必须通过中介才能进行。这个中介就是"图式"。传统经验论认为，认识来源于客体对主体的刺激，有什么样的刺激就有什么样的认识。皮亚杰的理论彻底打破了这种陈旧的观念。他认为，认识过程并不是单纯的 S→R（刺激→反应），而是 S→AT→R，其中 AT 即图式对客体刺激的整理，是主客体之间的中介环节。客体刺激只有经过图式的整理才能成为主体的反映，形成认识。

人类学的发展与发生认识论有相似之处。随着人类学的逐步发展，人们注意到一些十分有趣的现象：现代人与原始人有着基本相同的身体构造和耳目鼻舌身等感性器官，但对同一个问题却有截然不同的看法。比如一个土著人会认为，在脖子上挂上铁项圈就能刀枪不入，如果被刀枪伤害，不是这种信念不对，而是另有巫师作怪。再比如，带上一种用象尾毛特制的领带，上面装饰上鳄鱼的牙齿，就可以免除水险。现代人并不相信这些，但土著人却笃信不疑。列维-布留尔认为，这种情况是原始人的某种集体表象所致。他说："在原始人那里，这个知觉的产物立刻会被一些复杂的意识状态包裹着，其中占统治地位的是集体表象。原始人用与我们相同的眼睛来看，但是用与我们不同的意识来感知。可以说，他们的知觉是由或多或少浓厚的一层具有社会来源的表象所包围着的核心所组成。"[1] 列维-布留尔认为，这种集体表象在该集体中世代相传，对每个人都有深刻的影响，直接关系到该集体每个人对周围事物的认识。

这种情况对我们也有很大的启迪。在每一个原始人集体中都存在一种集体表象或集体意识，世传相传，源源不断。生活在该集体中的每个人从初生就受到这种表象或意识的熏染，这种熏染逐步在这个人的思想上扎下根来，结晶为某种"图式"，这种"图式"反过来又成为该原始人认识事物的工具，使其不断用既有的"图式"去整理外部事物对主体的刺激，形成特有的认识。现代人没有受到原始集体意识的熏染，没有他们那种特有的"图式"，所具有的是现代文明熏染形成的"图式"。这是现代人与原始人对同一个问题有不同认识的根本原因。这充分说明，任何人头脑中都存在着某种"先在"的图式，这种图式是在主体与客体不断发生联系时结晶而成的，只不过人们平时不注意，不能发现它的存在罢了。

由此可以看到哲学思想的一个共同趋向：当哲学家把视线真正收归到人身上以后，就会发现，人的大脑并不是一块白板。换言之，无论是正在形成认识的儿童，还是思维已经成熟的成人，当他们在生命某一个断面认识外界事物的时候，头脑已不是一张白纸。借用朱子的话说就是"向前看得便似一张白纸，今看得，便见纸上都是字"。[2]

上面主要是讲认识领域，在伦理道德领域，"纸上有字"的情况同样适用。人生下来就要同周围的人发生联系，在这个过程中，周围人的一言一行一举一动都会对儿童发生影响。随着这种影响的

1　列维-布留尔：《原始思维》，商务印书馆1985年版，第35页。
2　黎靖德编：《朱子语类》卷一百一十三，中华书局1986年版，第2743页。

重复进行，在儿童内心就会形成某种结晶体。放羊孩子撒谎狼来了的故事，在儿童中流传很广。儿童听到这个故事后，就会形成"说谎是不好的""好孩子不能说谎"的印象。这类印象不断重复，在儿童心灵中就有了一种不应该说谎的心理境界。当儿童知道说谎不好之后，第一次有意说谎总是说不像，心慌脸红，前后矛盾，这就说明，这个儿童头脑中已经有了"字"。

另一方面，人在具备一定的思维能力之后，智性思维的过程也会在内心留下某些痕迹，形成某种类似于认识图式的东西。比如，随着社会的发展，儒学原有的五伦，即君臣、父子、兄弟、夫妻、朋友之间的关系，已经不能满足社会的需要。有人提出是否需要增加第六伦即群己关系。社会围绕这个问题进行讨论，人们开动脑筋，启动智性思维，思维的结果也会在内心深处留下某种结晶物，或者使原先已有的结晶物得以改进，增强社会群己关系方面的伦理道德意识，行动更加自觉。

可见，由于社会生活和智性思维对人心的影响，人在处理伦理道德问题时，心上已经有了"字"，这些"字"就是"伦理心境"。把心中的这些"字"叫什么，我费了很大周折。最先是按一般的做法，称为"伦理心理结构"，不久又改为"心理基质"[1]，但都不理想。当时颇有阳明"只觉有一言发不出，津津然如含诸口，莫能相度"的感觉。后来读钱穆的《论语新解·里仁篇》，看到"仁乃一种心境"一语，如获至宝，高兴万分，终于找到了"心境"这个理想的表达方式。不过"心境"在钱穆那里还只是一个具体说法，一提而过，没有形成一个系统，要以它解说良心还必须做大量工作。

"伦理心境"至少包含如下一些内容：

第一，伦理心境来源于伦理道德范围内社会生活和智性思维在内心的结晶。人只要活着，就要受到社会生活的影响，这种影响会

---

[1] 参见杨泽波《孔孟心性之学的分歧及其影响》，《学术月刊》1991年第10期。

在内心留下一些东西，同时人也一定要动用智性进行学习和认知，这种学习和认知也会对其内心产生作用。这种来自两个方面的影响，都会在内心留下一些痕迹，这种痕迹就是伦理心境。从这个角度出发，本文不使用"伦理心理结构"的说法。一段时间以来这种说法不少，而且一般都把这种说法与理性同等看待。但如上所说，伦理心境是社会生活和智性思维在内心的结晶，无论在时态上、情感上、思维方式上，都与西方道德哲学中的理性有着本质的区别。正是为了突出这种区别，本文才特意提出"伦理心境"这个概念。另外，一般来说，"伦理心理结构"的说法很大程度上是从结构主义特别是皮亚杰"认识结构"借鉴而来。但"认识结构"在皮亚杰那里主要指图式通过同化、顺应达到平衡，使认识得以发生，也就是说，这个用语主要是用于研究认识的内在结构的。把它改为"伦理心理结构"，从字面上看，似乎指人在伦理道德范围内的一种心理构架或体系。这种说法可以用于研究某一文化或某一学说的内部构成，如此前所说的"心性之学结构"，但不适合研究某种心理境况和境界。与心理境况和境界比较接近的，在皮亚杰那里可能是"图式"而不是"结构"。所以，从这个意义上说，与其称"伦理心理结构"，还不如叫"伦理心理图式"。但即使如此，"图式"一词也不够中国化，不易理解。

第二，伦理心境是心的一种境况，具有公理的性质，可以判定道德的是与非。这里使用"公理"这个说法，主要是想表达两方面的意思。首先，伦理心境是一种"理"，这种"理"是一种道德的准则。伦理心境之所以是一种道德的准则，是因为它来自社会生活和智性思维在内心的结晶，在这个过程中，社会生活中善恶是非的标准也带进内心，使内心具有辨别是非善恶的准则。儒家特别强调人心原本有一个是非，其实就是说，受到社会生活和智性思维的影响，人心之中已经有了社会道德生活的一般标准，有了这个"理"。其次，伦理心境的这种"理"是"公理"，而非"私理"。既然伦理心境来自社会生活和智性思维，那么，这种社会生活当然就不只是一个人的，而是社会性的。社会生活具有公用性、共同性，由此而来的道德准则因而也具有一定的公用性和共同性。儒家论道德常讲"人同此心，心同此理"，其实就是说，在一定文化背景下生活的人，有着相对统一的道德标准。这种相对统一的道德标准，就是道德的普遍性。必须强调的是，这种普遍性只是相对的，不是绝对的，只在一定文化背景下有效。但相对中一定有绝对，所以伦理心境的这种相对性又具有绝对的意义，只要与其文化背景有共同性，这些准则就都适用，都有效，必须遵守。

第三，伦理心境是心的一种境界，促使人不断向上，直至成就道德而后已。境界是儒学一直关注的问题。我说伦理心境是一种境界，旨在强调，伦理心境本身即是一种要求，迫使人们必须按照它的要求去做，成就道德，达成善行，从而达到道德的境界。伦理心境之所以有这种功能，一是因为人性中有一种自然生长的倾向，二是因为在伦理心境形成的过程中，社会生活中向善求好的习俗也带进了内心，好善如好好色，恶恶如恶恶臭。这两个方面的因素合在一起，共同决定了伦理心境随时会向人们提出要求。如果要求得到了满足，内心就会感到愉悦，反之就会感到愧怍。愉悦也好，愧怍也罢，都是道德情感，伦理心境一点不排除道德情感。当然，这种道德情感不是从属于物质利欲的，而是从属于良心本心，从属于伦理心境，从属于仁性的。仁性的这种情感性使伦理心境具有强大的动力，充当道德的发动机，在其驱使下，人们就可以不满足于低层的境界，不断向道德境界攀升。在历史上，以儒学为基础的中国文化历尽磨难，但始终向上向善，永不停息，这是一个重要的原因。作为良心本心的仁性具有浓厚的情感色彩，与西方道德哲学如康德所说的理性有很大差异，这是必须再三强调的。

总之，人在处理伦理道德问题的时候，内心已不是一张白纸，其间早就有了"字"，这些"字"就是"伦理心境"；"伦理心境"

是伦理道德领域中社会生活和智性思维在内心的结晶,是人处理伦理道德问题时特有的心理境况和心理境界。

三

以上分别论述了良心的特点和"伦理心境"的概念,以下再把二者联系起来,以证明良心在本质上是"伦理心境"。如上所说,"伦理心境"是社会生活和智性思维在内心的结晶物,正在成长的儿童和思维健全的成人内心都有这种结晶物。然而,孟子却讲良心是上天赋予,生而即有的,这同"伦理心境"的涵义吻合吗?

的确,孟子曾把心的根源上溯到了天,以天作为良心的根由。但对这种说法的理论价值不宜过于认真。中国自古就有天论的传统,习惯于把无法解决的问题上推到天,以天作为问题的终极根源。孟子以天作为良心的根源实际上也是这种情况。心何以为善是非常复杂的问题,孟子虽然真切地体悟到了良心,但限于条件很难把这个问题真正讲明白,所以才把良心的来源挂在天上。这种情况,正如后人所言,只是一种"借天为说"[1]的办法。哲学发展到了今天,相信不会有人真的相信天是良心的根源了。

另外,孟子也确实认为,良心是人生而即有的。既然善心出于上天赋予,当然是生而即有的,不可能是生下来后到某个阶段才突然具备的。所以他明确讲过:"人之所不学而能者,其良能也;所不虑而知者,其良知也。孩提之童无不知爱其亲者,及其长也,无不知敬其兄也。"(《孟子》13.15)

虽然孟子的意图很明确,但这种说法并不能成立。初生婴儿爱其亲,是生活常识,凡身为父母或有类似经验者,无不有这种体会,但这并不能证明人初生即有善心。爱其亲属于生物本能,而善

---

[1] 戴震:《孟子字义疏证》,《戴震全集》第一卷,清华大学出版社1991年版,第186页。

心属于社会属性。哺乳动物在初生阶段都知爱其亲，都有这种本能，但不能说猫狗等动物都有善心。生物本能与社会属性之间有一条鸿沟，不能由此之是非直接论证彼之是非，否则会发生逻辑上的非法跳跃。"及其长也，无不知敬其兄"，更是不能证明人生而即有善心。"及其长"是说长到了一定的岁数。到一定年龄后方知敬其兄，其"敬兄"的善心是不是生而即有的，已经说不清楚了。[1]可见，以"及其长也无不知敬其兄"不能证明良心为生而即有。

事实上，孟子讲良心主要还是针对成人而言的。他以不忍其觳觫启发齐宣王的恻隐之心；以不葬其亲，其颡有泚，论说孝子仁人掩其亲必有其道；以乍见孺子入井，皆有怵惕之心，证明人之有四端，犹其有四体；以舜之居深山，异于野人者几希，及其闻一善言，见一善行，若决江河，说明尧舜性者也：这些事例的对象，细细分析，无一不是思维健全的成人。如果以成人为对象，根据发生认识论和人类学，其良心就只能是社会生活和智性思维在内心的一种结晶，而这种结晶，恰恰就是我们说的"伦理心境"。

根据对"伦理心境"的界定，"伦理心境"还是心的一种境况。这种境况是自己先前直接或间接经历的各种情况经过过滤在内心的凝结，有相当的稳定性，具有公理性质，所以一旦遇到与过去经历相同或相近的情况，这种境况就会直接告知是非对错，毋需再经过理性的分析、判断、推理。"伦理心境"的这个涵义与孟子所说的良心自辨善恶，自明是非，刚好能够对应起来。

孟子论良心很多是指伦理方面孝亲敬长的是非之心，孝敬为是，反之为非，良心自然知之。这可以从邹人的习俗中找到答案。邹属于邾娄文化。所谓邾娄文化，即炎族文化，由于黄族称处于东方的炎族为东夷，所以邾娄文化又叫东夷文化。东夷中文化最发

---

[1] "孩提之童无不知爱其亲者，及其长也，无不知敬其兄也"，在逻辑上也有疏漏之处。因为"无不知"是全称判断，而这就必须包括痴呆或其他不健全儿童在内，而这类儿童中有的是不能爱其亲，敬其兄的。这是一个很枝节的问题，暂不计。

性善之谜——破解儒学研究的哥德巴赫猜想

达、人口最集中的，当数三邾地区。三邾原是一个大的国家，称邾娄国。周灭商后，周人对夷族分而治之，将其一分为三，划分为邾、小邾和滥。以三邾为代表的"邾娄文化"，自唐虞以来一直比较发达，远在其他各地之上。这个地区的文化是典型的以伦理为本位的文化，其民彬彬礼让，文质相宜。邹文化最早是从邾娄文化发展而来的，其间虽然经过变革，已经西周化，但邾娄文化重人间亲情的传统并没有根本消除。在这种地域文化背景下成长的人们毋庸置疑会受其影响。孝亲敬长、彬彬礼让的情况见多了，自然会对人的内心产生影响，形成一种特有的境况，一种标准。孟子反复强调人人均知爱亲敬长，主张"人人亲其亲、长其长而天下平"（《孟子》7.11）"亲亲，仁也；敬长，义也；无他，达之天下也"（《孟子》13.15），根源全在于邹人特殊社会习俗在个人内心结晶而成的心理境况。这种境况在内心结晶起来，自然成为衡量同类事物的标准，是便为是，非便为非，一点瞒他不得。良心这种判断是非的"本能"，只有通过"伦理心境"才能得到合理的解释。

　　根据对"伦理心境"内涵的界定，"伦理心境"的第三个涵义是经过结晶而形成的内心的一种境界。在社会生活结晶为"伦理心境"的过程中，社会生活中好善恶恶，积极进取的特点也在内心留下了痕迹，使人的境界达到了一定的高度。受这种境界的驱使，人们自然知道错了应该改，对了应该行，按境界的支配去做，从而有了向善求好，不断进取的倾向。"伦理心境"是理解良心体用无间特点的一大利器。

　　在孟子看来，良心是道德的本体，不仅遇事自不容己，当下呈露，而且在呈现的同时涌现强大的力量，迫使人们必须按它的要求去做，向善祛恶，奋进不已。如果人们按照良心的要求做了，内心就会体验到巨大愉悦和满足，即使在利欲方面受到损失也毫不在意。抢救入井孺子，自然会有体力的损耗，甚至有生命的危险，但这些并不能阻挡良心的命令；箪食豆羹，呼尔与之，蹴而及之而不受，自然会肠胃受苦甚至有饿死的危险，但这些同样不能成为违抗本心命令的理由。如果不被利欲蒙蔽，良心必然发用，体用相连，不隔一层。性善论的这个特点，在儒家发展史上又叫切己工夫，知行合一。但历史上人们往往对此缺乏深切的了解，不明白其理论根据是什么，甚至对"知行合一"的说法产生了众多的误解。如果以"伦理心境"来解释，这个问题就比较清楚明白了。所谓知之必行，体用无间，其实不过是因为"伦理心境"含有好善恶恶，近是远非的内容，内在动力充足，鞭策人必须依此而行罢了。

再比如，孟子论良心常常讲到志气、气节的问题，这也可以从"伦理心境"的角度作出解答。为什么万钟之禄虽然丰厚，若不合礼义也不能接受呢？因为孟子在成长过程中受过良好的教育，孔子重义而轻利，富贵如浮云的价值选择对他的影响很大，使其心理境界大大高于他人，所以才能作这样高层面的选择，才能讲出如此浩然之气的千古名言来。当时杨墨并起，天下之言不归杨，则归墨，孟子为捍卫孔子之道与人辩难，人心必正，邪说必息，诐行必距，淫辞必放。孟子之所以如此，只是因为他时时以尧舜孔子为榜样，常常以"不免为乡人"而忧虑，境界到了这个高度，逼使他"不得已"而已。

根据以上所述，我们可以非常有把握地说，孟子所谓的良心实质上就是社会生活和智性思维在内心结晶而成的"伦理心境"。

四

现在理论界研究良心，一般总要冠以"唯心的""先验的"的名称。这种做法是否合适，很值得研究。

唯心与唯物，是相对于思维与存在关系而言的。唯心主义认为，精神是第一性的，物质是第二性的，精神决定物质；唯物主义则主张物质是第一性的，精神是第二性，物质决定精神。无论唯心还是唯物，都只有在思维与存在的关系上才能成立，离开了思维与存在这个"参照系"，唯心与唯物没有任何意义。

孟子所说的良心与此形成鲜明对照。孟子讲良心并不关心思维与存在的关系如何，只是关心人何以能够成就道德，达成圣贤的问题。孟子鼓吹善性，是说人人有良心，由此而发，便为仁义，便成道德。这和思维与存在的关系问题根本挂不上号。虽然从字面上看，孟子也讲过"万物皆备于我"（《孟子》13.4），但那只是说，成就道德的一切根据我都具备，仁义礼智之端倪我都具有，并不是说"我"是第一性的，"万物"是第二性的，"我"中包含着"万物"。要之，孟子讲良心并不涉及思维与存在的关系的问题，不能把"唯心的"这个有特定意义的西方哲学史的名词套在性善论头上。

从另一个方面看，孟子讲良心又是典型的"唯心论"。孟子道性善，无处不谈心。恻隐之心、羞恶之心、辞让之心（恭敬之心）、是非之心，是孟子启发人相信性善论的"四大法宝"，而良心本心是孟子确立性善论的"两大根基"。性善因为心善，心善所以性善，根据全在一个善心，没有善心便没有善性。从这个意义上看，孟子讲良心又是完完全全的、彻里彻外的"唯心论"。

idealism 的本义是"理念主义""观念主义"，这由词根 ideal 一望可知。idealism 又有客观主观之分。客观 idealism 以柏拉图为代表，认为每个事物都有一个相应的概念即理念，这个理念是独立存在的，所有理念构成一个独立存在的理念世界，现实世界只是理念世界的影子。主观 idealism 以贝克莱最著名，主张"存在即被感知"，认为存在只是我的感觉，外界事物只是"感觉的组合"。可见，无论是客观 idealism，还是主观 idealism，"心"的内容即使有，也不是特别明确，所以将 idealism 译为"唯心主义"并不恰当。

儒家哲学并没有西方哲学意义的"理念主义"，西方哲学也没有儒家哲学意义的"唯心主义"；原本属于自己的，却拱手让给了人家；人家有了之后，却又名不副实——哲学史就这样向人们开了一个不大不小的玩笑。

再说"先验的"。"先验的"是康德哲学中 transcendental 一词的译名。康德重视"先验的"，出自他的知识两来源说。康德认为，知识有两个来源，一个是形式，一个质料。形式是"先验的"，质料是经验的。只有用"先验的"形式整理感性经验，才能做成知识。

康德关于"先验的"的思想与良心明显不是一码事。首先，"先验的"特指知识形式的特点，而知识形式是做成知识两个不可缺少条件中的一个。在康德那里，也只有在如何做成知识问题上"先验的"才有其意义。孟子讲良心并不管如何做成知识，更不管如何用"先验的"形式整理感性质料，它所关心的，只是道德根源何在，人何以对道德感兴趣，如何能够成就道德。更重要的是，康德之"先验的"是整理感性经验的前提条件，并不涉及认识过程谁先谁后的问题。也就是说，"先验的"只是用于说明知识形式的特点，它"优越于""重要于"感性质料，并不包含时间因子，不是在时间上"先于"的意思[1]。而孟子讲的良心完全不同。性善论有明显的时间因子，因为孩提之童即有爱亲的善端，仁义礼智之心由天"所与"之后，"固定"在个人身上，在个人遇事时，已经"早已存在"了。这里的"早已存在"就是时间因子。这两方面中以说明康德的 transcendental 并不适合用于分析孟子的良心。

单就是否具有时间因子这一点来看，相对良心而言，"先天的"（a priori）比"先验的"可能更合适一些。柏拉图认为，灵魂和理性先于肉体而存在，灵魂在进入肉体之前居于理念世界之中，早已具有对于理念的认识。当灵魂进入肉体之后，受到肉体的玷

---

[1] 从这个意义上说，"先验的"这个译名并不恰当，容易误解为时间性的概念。参见谢遐龄《康德对本体论的扬弃》，湖南教育出版社 1987 年版，第 200 页。

污，把原先具有的知识忘掉了。为了重新获得知识，就要借助个别事物的刺激，通过感觉的诱导，把忘记了的知识回忆起来。因为知识原先早已具有，所以是"先天的"，"学习就是回忆"，回忆那些原先具有而后来遗忘的东西。在孟子看来，见孺子入井而有不忍之心，见牛被杀而不忍其觳觫，见亲人尸首不埋而其颡有泚，这些都是人具有的良知良能，是"天之所与我者"。为了成就道德，必须逆觉反证，反躬自求，寻到自己早已具有的良心。因为良知良能、良心本心是与生俱来的，所以可以说是"先天的"。从这个意义上说，孟子性善论的确有和柏拉图相通的地方。

但是，"先天的"并不能真正说明性善论的实质。根据本文的基本思路，良心本心并非来自上天赋予，而是社会生活和智性思维在内心结晶而成的"伦理心境"。因此，良心本心是"后天的"，而不是"先天的"。这是我们读解性善论的一个基本原则。

虽然说是"后天的"，但是一个人处理道德问题时，作为伦理心境的良心确实又是早已存在的，是一种"先入之见"。为了说明这个特点，本文将这种"先入之见"称为"先在的"。"先在的"不同于"先验的"："先验的"用于讨论知识的两个构成部分，是"重要于""优先于"的意思，不包含时间成分，而"先在的"是指在处理伦理道德问题时良心早已经存在了，有时间因子。同样，"先在的"也不同于"先天的"："先天的"是"生前具有"或者"与生俱来"的意思，而"先在的"只是说在人们处理伦理道德问题时已经存在了，其来源主要还是后天的。

有鉴于此，本文分析良心既不说"先验的"，也不说"先天的"，而只说"先在的"。

二、论良心

三、论人性中的自然生长倾向
——关于性善论诠释的一个补充性说明

案：将良心解读为伦理心境是一个重要进步，但仅有这一步还不行，还必须解决伦理心境以什么为基础的问题。《孟子性善论研究》第一版（1995年）对这个问题已有分析，大方向是对的，但具体表述缺点较多，自然科学思维方式的痕迹比较明显。修订版（2010年）对此作了较大改动，本文即是修订版新增加的一章。非常遗憾，我的这种努力很难得到学界的认可。这一部分完成后，曾发表于《中国哲学史》2010年第2期，同时提交"上海师范大学国际儒学院成立大会"并在会上宣读。与会代表对此多有不解，甚至有不少微词，当时的情况至今仍印象深刻，难以忘怀。

一、为什么要提出这个问题

长期以来，我一直坚持主张，性善论的根基在于良心本心，而良心本心的本质是伦理心境，是社会生活和智性思维在内心的结晶。虽然伦理心境来自后天但又有时间上的"先在性"，是"后天而先在"的。孟子不明其故，才说良心本心是"天之所与我者"，"我固有之"，而后人也总是认为良心本心是生而即有的。这是我性善论研究的核心，有了这个基础，性善论中很多难题都可以得到较好的解决。但是，仅仅如此尚不足以完全破解性善论之谜，因为还有两个问题没有解决：第一，人心向善是否还有更为原始的动因？第二，伦理心境是以什么为依托的？

我提出第一个问题，主要是要解决伦理心境为什么对人有吸引力的问题。依据伦理心境解说良心本心，良心本心之所以是向善的动因，是因为伦理心境在形成过程中，将社会生活中道德的内容带进内心，使人养成一种好善恶恶的心理，受到这种力量的驱使，不受利欲的干扰，人们就可以成德成善了。但如果将视野进一步扩大，不难发现，问题并非如此简单。儒学历史上特别重视人禽之辨，强调人与动物有本质的差别。在这种理论的影响下，人们更加看重人与动物的不同之处，而不是重视人与动物的相同之处。但随着相关知识的普及，人们越来越注意到，在动物界存在着大量"爱亲""互助"甚至"自我牺牲"的行为，人虽然较一般动物更为高级，但在这些方面与其他动物有着极大的相似性。如果仅以伦理心境解释向善原因的话，我们就会面临一定的困难。这是因为，根据现在普遍认可的观点，动物界并没有人类才具有的社会生活特别是智性思维，伦理心境只能对人类而言，如果只以伦理心境解释人心向善的原因，动物界中大量存在的上述现象就无从解释了。

就伦理心境本身而言，同样存在着一些疑问。依上所说，在伦理心境形成的过程中，社会生活中的道德内容会对人心有所影响，所以人们才有一种好善恶恶的心理，向善而趋，但我们也应该承认，与此同时，社会生活中一些不道德的内容并非对内心没有影响。事实上，在现实生活中，不好的社会环境确实对人有着强烈的腐蚀作用，有些人就是因为受到这些影响而去做恶事的。既然社会生活中的道德内容与不道德的内容都会对人有影响，那么人们应该平均面对这两种内容才对，至少不应该过多偏向于道德的内容。但奇怪的是，人们向往的、对人有强烈吸引力的，一般总是社会生活中那些属于道德的内容，而不是那些不道德的内容，人好像自然就对伦理心境有兴趣似的，即使一些人一时糊涂，没有把握住自己做

三、论人性中的自然生长倾向——关于性善论诠释的一个补充性说明

了恶事，过后也常常会对自己的行为感到懊悔，以至于做一些善事来洗刷自己的过错和罪责。如果仅以伦理心境为依据，这些情况很难得到合理的解释。

我提出第二个问题，主要是考虑到任何事物都有自己的基础，良心也不能例外。伦理心境是社会生活和智性思维在内心的结晶，这个结晶的过程理当有自身的基础，只有这样，伦理心境才有附着之地，才能得到发展。就像朱子讲理气关系时说的，理一定要"搭挂"在某种东西之上，不然的话，再好的东西也没用。那么，伦理心境的基础是什么呢？历史上没有人提出过这个问题。这并不奇怪，因为过去没有人以伦理心境解说良心本心，总是把良心本心视为天生的，既然是天生的，那么这个"天生"就是它的基础，除此之外，再没有必要提什么基础问题，否则就是节外生枝了。现在的情况发生了根本性的变化。在对这个问题进行研究后，我排除了良心本心是天生的这种可能性，证明良心本心只能来自社会生活和智性思维对内心的影响，是一种伦理心境，是后天的（但同时又是"先在的"），既然如此，这种后天形成的伦理心境就不能凭空产生，必须有自己的基础。没有任何基础，没有一个源头，一片空无，却能形成伦理心境，这是根本无法想象的。

二、关于人性中的自然生长倾向的哲学证明

面对这种情况，我没有其他选择，只能承认人天生就有一种向善的潜能或倾向。为了便于表述，我把这种潜能或倾向称为"人性中的自然生长倾向"。此处的"人性"有两个涵义，一是生，指生而具有，二是性质，指生而具有的性质。此处的"自然生长倾向"是指一种不需要外力强迫，自己就能生长能发展的倾向。合而言之，人性中的自然生长倾向就是人天生具有的一种不需要外力强

迫，自己就能生长能发展的倾向。人们后来成德成善，固然主要源自社会生活和智性思维对内心的影响，但也是顺着这种自然生长倾向而趋的结果，没有任何违逆不顺畅的地方。也就是说，道德本身就是人的一种自然要求，成就道德完全是一个自然的过程，而不是迫于外力的强制。反过来讲，人们后来不能成德成善，固然与良心本心的丧失等因素有关，但从根子上说，也是对这种自然生长的倾向一种违背。由此可知，确定人性中的自然生长倾向有重要意义。一方面，我们可以懂得，除伦理心境外，人的善性还有一个纯粹是人性的根源。这里所说的"纯粹是人性的根源"是想表达这样一个意思：人来到世间的那一瞬间，不是完全空白的，原本就具有一种生长和发展的倾向，它是人的一种自然倾向，人们向善的最初动因就来自这里。另一方面，确定这样一种倾向还可以帮助我们解决伦理心境以什么为依托的问题。前面讲了，伦理心境不能建立在空无之上，必须有它的基础。在确定人性中有一种自然生长倾向之后，这个问题就解决了，人性中的自然生长倾向就是伦理心境的基础。说得具体一点，伦理心境是人成就道德的根据，有了这种根据，人自然好善恶恶，但从源头处说，伦理心境正是顺着人性中的自然生长倾向发展而来的，是人性中的这种自然倾向的进一步发展。

照我的理解，孟子关于"四端"和"才"的论述已经包含有这方面的思想了。四端是孟子很重视的一个问题。"恻隐之心，仁之端也；羞恶之心，义之端也；辞让之心，礼之端也；是非之心，智之端也。人之有是四端也，犹其有四体也。"(《孟子》3.6)端是开始、初生的意思。孟子认为，人生下来就有恻隐、善恶、辞让、是非之心，这四心分别是仁义礼智之端倪，人有这些端倪，就像人有四体一样。端不是死物，自然会生长会发展，顺着这些端去生长去发展，人就可以成就道德，成为善人了。这种端在孟子又叫"才"。"乃若其情，则可以为善矣，乃所谓善也。若夫为不善，非才之罪也。"(《孟子》11.6)"或相倍蓰而无算者，不能尽其才者也。"(《孟子》11.6）"富岁子弟多赖，凶岁子弟多暴，非天之降才尔殊也，其所以陷溺其心者然也。"（《孟子》11.7）在孟子学理中，才是草木之初的意思，每个人一生下来，就如草木之初一样，都有初生之质，都能够生长。孟子认为，就实际情况而言，人是可以为善的，所以才说一个性善，至于有人后来不善，不能成为好人，并不是他的才的过错，也不是他没有才，只是因为没有顺从这种才的方向去发展罢了。这些论述明白无误地告诉我们，在孟子看来，人出生之后，已经有了一些端倪，并不是空无一片。这些端倪就是恻隐、善恶、辞让、是非之心，恻隐、善恶、辞让、是非之心就是仁义礼智的端倪，这些端倪就是才，就是人的初生之质，这些端倪和才本身就有生长发展的潜质与倾向，这些潜质和倾向是人向善的原始动因。一个人后来成就了道德，成为了圣贤，没有别的原因，只是因为他们的这种倾向得到了充分发展，反之，一些人后来没有成就道德，沦为恶人，也不是他们另有什么恶的源头，只是他们的才没有得到好的发展，"不能尽其才"罢了。

我坚持主张，孟子的性善论并不是"性本善论""性善完成论"，而是"心有善端可以为善论"，这是一个重要的理由。孟子中相关的论述很多，既有横向的，即证明人都有善端，只要好好发展，善于扩充，都可以成就道德，也有纵向的，即从时间发展的角度证明，人生下来就有善端，人成就道德只是顺着这些善端发展而已。下面一章很有代表性："人之所不学而能者，其良能也；所不虑而知者，其良知也。孩提之童无不知爱其亲者，及其长也，无不知敬其兄也。"（《孟子》13.15）孩提之童，赵岐注为："二三岁之间，在襁褓知孩笑可提抱者也。"二三岁的婴儿都知道亲爱自己的父母，孟子认为这是良能良知。稍大一点，到一定岁数都知道尊敬自己的兄长，孟子认为这也是良能良知。这里特别值得关注的是"孩提之童无不知爱其亲者"一句。为什么婴儿都知道亲爱自己的父母呢？孟子认为这是不学而知不虑而能的良知良能。不学而知，不虑而能，当然是指生而具有。这就是说，在孟子看来，人生下来就有一种爱其亲的潜质，后来的仁义礼智均是这种潜质发展的结果，即所谓"亲亲，仁也，敬长，义也"（《孟子》13.15）。从这里可以看得很清楚，孟子确实认为人天生就有一种善的能力，这种能力叫潜质也好，叫倾向也好，总之是一种自身能够向善发展的东西，顺着这个方向发展，人就可以达成善性了。我所说的人性中的自然生长倾向与孟子这里所要表达的意思，不是刚好能够吻合起来吗？

　　承认人性中有一种自然生长倾向虽然可以帮助解决一些理论难题，但同时也将我们带进一个危险的境地。人为什么会有自然生长的倾向，这种倾向是怎样产生的？面对这些问题，人们很容易想到从生物学的角度加以说明。一段时间以来，随着西方进化伦理学的传入，以进化论解说性善论的人渐渐多了起来。但从哲学的角度来看，对这种做法应该持谨慎的态度。哲学思考必须有自己的起点，不能以另外一个学科的证明作为自己的起点，否则必将丧失自己的基础。拿性善论研究来说，如果我们以生物学的证明作为起点，那么我们所要探讨的就不再是现实的人何以具有善性的问题，而是人的进化过程中发生过哪些变化的问题，是人的遗传基因中有没有善的因子的问题。即使证明了人的遗传基因中确实有善的因子，还必须证明遗传基因中没有恶的因子，否则仍然无法说明人性为善，只能说明人性是善恶相混的。就算这些问题都清楚了，事情还没有完，还要进一步讨论遗传基因的基因是什么，这种情况套用《庄子·齐物论》的话就是"有始也者，有未始有始也者，有未始有夫未始有始也者。有有也者，有无也者，有未始有无也者，有未始有夫未始有无也者。俄而有无矣，而未知有无之果孰有孰无也"。果真如此的话，我们就会犯下一个致命的错误，在论证的恶性循环之中无法脱身。

　　所以，对于人性中自然生长倾向的来源问题，我们不能寄希望于生物学的证明,只能从哲学的意义上加以思考。从这个角度考虑问题,我们首先应该肯定这样一个现实,即人是一种能生长的存在。在哲学上证明人是一种现实的存在,这已经不是一个问题了。但仅仅如此还不够,我们还必须承认人的这种存在是能够生长的,是一种能够生长的存在。这一点并不难证明,因为如果人作为一种存在不能生长,没有生长性,那么整个人类历史也就不存在了。既然人是一种能生长的存在,那么这种生长当然首先需要有能够生长的潜能或倾向,不具有生长的潜能或倾向,却能生长,是根本不可能的。另外,我们也应该承认,在世界上完全独立的个体没有办法存在,人在其生长过程中,不是作为单独的个体,而是作为世代相继的一个分子存在的。既然如此,那么其身上就一定具有有利于其族类生存和发展的潜能或倾向,否则人类早就没有办法生存和发展到现在了。而我们看到的现实是,在漫长的发展过程中,人作为一个族类是实实在在地生存和发展着的,所以我们只能认为,人天生便有着一种生长和发展的倾向,这种倾向是有利于其族类的生存和发展的。一个人后来成为不善并不是因为没有这种倾向,也不是因为另有一个恶的源头,只是因为没有顺从自己原先具有的倾向去发展,或者说是没有让自己原先具有的倾向得到好的发展罢了。当然这不是说,恶可以轻描淡写、忽略不计,只要放眼现实,我们中的任何一个人随时随地都可以清醒地看到,恶是确确实实存在的,其力量有的时候甚至大得惊人。但是,坚持恶没有一个独立来源的立场却很重要,只有这样才能保持理论的彻底性。否则如上所说,我们不仅没有办法解释为什么在漫长的进化过程中,恶的源头没有战胜善的源头,人类为什么没有因此而走向消亡,而且还会带来更严重的问题,因为那样的话,人之所以行善或作恶只是两个源头在打架,要去除社会中的邪恶,只能在遗传基因上想办法,而不是在律法和教育

性善之谜——破解儒学研究的哥德巴赫猜想

上做文章。如此一来，整个伦理道德哲学便完全没有意义了。通过这样的分析，我们可以明白这样一个重要道理：人自来到这个世界的那一刻起，自身一定不是漫无方向的，一定带有一种生长和发展的倾向，这种倾向有利于族类的生存和发展，而这种有利于整个族类的生存和发展的倾向，就是后来人心向善的最初的动因，也就是伦理心境形成的最初基础。

有人对上述分析可能不以为然，认为这种分析是多此一举，要证明性善，只要说一个良心本心即可，根本没有必要再多讲一个生长性倾向。我的看法不同。在我看来，这一步工作非常必要，不是叠床架屋，非如此我们不仅没有办法解决上面设定的问题，即为什么伦理心境似乎天生对人有吸引力的问题以及伦理心境是以什么为基础的问题，更没有办法将成就道德视为一个自然的过程，而只能将由伦理心境而成就的道德视为由外力而来的强迫。当然，有人可能从另一个角度提出批评，认为我的上述分析软弱无力，无法真正证明人性中确实有这种倾向，不能从根本上解决问题，很不过瘾。对这种批评我倒是坦然面对的，愿意公开表明，尽管我承认人天生就有一种自然生长的倾向，但强调必须将讨论严格限定在哲学范围之内，必须就此打住，老老实实承认这就是整个性善论研究的起点，再不能往前走一步，哪怕是一小步了。换句话说，我并不关心人性中这种自然生长的倾向实际是怎样来的以及都包含哪些具体内容，那已经远远超出了我的研究范围，我只是承认人天生就有这种倾向，只是承认这种自然生长的倾向有利于人类的生存和发展，只是承认这种自然生长的倾向就是人心向善的最初动因，只是承认这种自然生长的倾向就是伦理心境作为结晶过程所必须具有的那个附着之地，一句话，只是承认这是一个不可否认的事实这就足够了。问题必须到此为止，不能有更高的奢望了。这似乎是一种不圆满，但这种不圆满又是必须的，这是我们进行性善论研究必须肯定的一个事实性的前提。

三、对人性中的两个不同部分必须严加分辨

既以伦理心境解说良心本心,又证明人性中有一种自然生长的倾向,这两个方面的内容向我们提出了一个很高的要求,要求对这两个不同部分的关系细加梳理,严格分辨。

人性中有自然生长倾向,又有作为伦理心境的良心本心,这两个方面有相通的地方。人性中的自然生长倾向是良心本心的基础,良心本心是人性中的自然生长倾向的进一步发展。人性中的自然生长倾向不可能单独存在,一讲到良心本心其实就已经蕴含了人性中自然生长倾向的内容,所以这两个方面其实是一体的。我特别强调性善是一个自然的过程,正是从这个意义上考虑的。但这两个方面的性质又有所不同。人性中的自然生长倾向是天生的,是人生下来就有的,不需要人为努力同样存在,是人的自然属性。有人后来走向了恶,只是没有顺从这种倾向发展,或者说是这种倾向受到了损伤。良心本心不是天生的,是社会生活和智性思维对人的一种影响,是后天的,但同时又有"先在性",即所谓"后天而先在",是人的社会属性。我们既不能把人性中的自然生长倾向称为良心本心,也不能把良心本心叫作人性中的自然生长倾向。人性中的自然生长倾向是良心本心的基础,但只是一个基础,而不是良心本心本身;良心本心是人性中的自然生长倾向的发展,但必须是一个发展,其本身不能完全归于自然生长的倾向。

性善论之所以难以理解,一个重要原因,是孟子不自觉经常把这两种不同性质的东西混在一起。他有时说,恻隐、善恶、辞让、是非之心是仁义礼智之端,有时又说,恻隐、善恶、辞让、是非是仁义礼智之心,强调这些是人的良知良能,是生而具有的,是"天之所与我者",是"我固有之"的。这样人们很容易以为良心本心也是天生的,是生而即有的。过去我们研究性善论,对孟子最不满

意的地方就在这里。因为随着相关研究的深入，越来越多的人已经知道良心本心不可能是天生的，而孟子却明确这样讲，这当然就不对了。不过，尽管我们不满意孟子这种讲法，需要对良心本心的来源进行新的解说，但不能因此完全否认孟子关于人天生就有四端，就有才的思想，否认人性中有一种自然生长的倾向，否则，性善论就没有办法坚持到底，性善论的这个圈就画不圆，对性善论进行新的诠释的历史使命也就没有办法完成。

  总之，性善论由两个不同的部分构成，一是人性中的自然生长倾向，一是作为伦理心境的良心本心。这两个方面从总体上说是一个东西，只是一本，不是二本，但从细处看又是两个不同的东西，这两个东西有主有次，需要分开来讲：人性中的自然生长倾向来自天生，是人的自然属性，伦理心境来自社会生活和智性思维，是后天养成的，属于人的社会属性。人性中的自然生长倾向是性善论研究不可缺少的部分，没有它，我们没有办法对人最初的向善动因以及伦理心境的附着之地等问题给出合理的说明，无助于将成就道德视为一个自然的过程；伦理心境是性善论研究最为重要的部分，是整个研究的枢纽，没有它，我们也没有办法说明人的良心本心是如何形成的，良心本心何以能够成为道德根据的问题。如果划不清这两者的界限，性善论研究必然陷入到混乱之中，一方面只能把良心本心归于自然属性，从而无法将人与动物区分开来，从根本上丧失道德的意义与价值，另一方面又无法说明在不同文化背景以及不同历史条件下生活的人，其良心本心为什么会有那么大的差异，特别是无法从理论上合理处理仁性与智性的复杂关系。这些问题都必须特别警惕，特别小心。

四、新"人禽之辨"

案：儒家历来重视人禽之辨，按照传统的说法，人有道德，禽兽没有，人如何不讲道德，便会沦为禽兽。如果以伦理心境解读良心，而伦理心境必须以生长倾向为底子，人和禽兽都有生长倾向，在这方面没有区别，那么我们对传统人禽之辨的理解就必须加以修正：不是人必须讲道德，否则会沦为禽兽，而是人如果不讲道德，连禽兽都不如。刊发于《云南大学学报》2017年第3期。

"人禽之辨"首创于孔子，大成于孟子，是儒家的重要话题，对后世有深远影响。儒家讨论这个问题，旨在强调人有道德，禽兽没有；要成为一个人，必须讲德成德，否则与禽兽无异。但是，随着历史的发展，现在也出现了一些新的问题。如何看待传统的儒家"人禽之辨"，赋予新的内涵，予以新的解释，已经成了一个无法回避的课题。本文即围绕这个话题作一些分析。

一、孟子论"人禽之辨"

在先秦诸子中，孟子谈"人禽之辨"最有力，论述也最有意义。孟子辨人禽之别，意在指明道德为人所独有，禽兽则无。这一思想又可分为性和心两个方面。

就性而言，孟子认为，人性为善，禽兽之性为恶。相关论述很多，如：

> 告子曰："生之谓性。"孟子曰："生之谓性也。犹白之谓白与？"曰："然"。"白羽之白也，犹白雪之白；白雪之白犹白玉之白与？"曰："然。""然则犬之性犹牛之性，牛之性犹人之性与？"（《孟子》11.3）

> 人之所以异于禽兽者几希，庶民去之，君子存之。舜明于庶物，察于人伦，由仁义行，非行仁义也。（《孟子》8.19）

> 舜之居深山之中，与木石居，与鹿豕游，其所以异于深山之野人者几希。及其闻之善言，见一善行，若决江河，沛然莫之能御。（《孟子》13.16）

这些论述侧重点不同，但不离一个中心：人有善性，禽兽没有。人与禽兽的差别仅在这一点。这一点十分微妙，存之即为人，即为圣贤，失之即为禽兽，即为野人。

就心而言，亦是同理。孟子认为，人之所以与禽兽有别，关键即在人有四端之心，禽兽则无。下面两则论述最为著名：

> 恻隐之心，人皆有之，羞恶之心，人皆有之；恭敬之心，人皆有之；是非之心，人皆有之。……仁义礼智，非由外铄我也，我固有之也，弗思耳矣。（《孟子》11.6）

> 无恻隐之心，非人也；无羞恶之心，非人也；无辞让之心，非人也；无是非之心，非人也。恻隐之心，仁之端也；羞恶之心，义之端也；辞让之心，礼之端也；是非之心，智之端也。（《孟子》3.6）

人人都有恻隐之心、羞恶之心、恭敬之心、是非之心，即所谓四心。因为人原本即有此四心，所以原本即具有成德的根据。要成就道德不需要做其他的工作，只要善于反思这些道德的根据即可。如果不承认人有四心，或不善于反思这些道德根据，即为非人。

四、新"人禽之辨"

人禽之分还涉及如何待人的问题。孟子说：

> 缪公之于子思也，亟问，亟馈鼎肉。子思不悦。于卒也，摽使者出诸大门之外，北面稽首再拜不受，曰："今而后知君之犬畜伋。"（《孟子》10.6）

> 食而弗爱，豕交之也；爱而弗敬，兽畜之也。恭敬者，币之未将者也。恭敬无实，君子不可虚拘也。（《孟子》13.37）

鲁缪公对于子思只是问候，送给肉食，却不真心听从其主张。子思感叹这是把他当作犬马一样来畜养，很不高兴，直至将来人赶出大门。一般待人亦是同样道理。养而不爱，等于养猪；爱而不敬，等于养狗。徒有恭敬的形式，没有恭敬的实质，君子不会为这种虚假的礼文所拘束。

由上可知，孟子严辨人禽之分，根本目的是要强调道德是一个根本的属性，这种属性只体现在人身上，禽兽并不具有。因此，人在道德层面要远远高于禽兽。要成为一个真正的人，完善自己，就必须坚守道德，努力修身，否则便与禽兽无异。古往今来，儒家大讲人禽之辨，都是为了强调这一思想，从来没有离开过这个主轴。

二、"人禽之辨"面临的新问题

近代以来，随着相关知识的普及，特别是对动物世界有了进一步了解之后，人们看到的实际情况与儒家所说有很大差异，"人禽之辨"面临着新的问题。即使不是专业的研究，仅凭对日常生活的观察也能注意到，动物界与人的行为有不少相似之处，并非完全没有"善"的行为。比如，在较为高级的动物中，雌性动物生产后，都有慈爱保护自己"子女"的行为，甚至为此不惜冒着自己生命的危险与外敌拼杀。动物之间也存在惺惺相惜的情况，一旦遇到同类受到伤害，往往也会前去相救，或在同类尸体面前表现出哀悯之情。

在与人较为亲近的动物中，家犬更能说明问题。八公的故事人皆尽知。八公是一只日本秋田犬，1924年被主人上野英三郎带到东京。每天早上，八公都在家门口目送主人上班，傍晚时分再到附近的涩谷站接其回家。一天，上野英三郎在工作时突发心脏病抢救无效去世，没有像往常一样回到涩谷站，然而八公依然忠实地在涩谷站前面等待。春去春来，花开花落，直到1934年去世为止，八公对主人的痴心等候始终不变，长达9年之久。后来报纸刊登了八公的事迹，八公对主人忠诚和眷恋的故事传遍了全日本，相关部门建立了八公的雕像，并将八公与其主人合葬在一起。

这些现象促使我们不得不重新思考所谓禽兽无德这一命题的合理性。如果我们将道德这一概念的外延尽可能扩大，动物界存在的这些"善"的行为，似乎也可以视为一种"道德"。面对这些现象再笼统讲人有道德，禽兽没有，已经很难有说服力了。

另一方面我们也应看到，虽然在传统的人禽之辨的范畴中人以有德作为其根本性的标志，但生活中我们看到的现实却并非如此。比如，明明知道交通规则，不能闯红灯，但为了自己的方便，见到红灯偏偏要闯；明明知道三聚氰胺有问题，但仍然不停地往自家生产的牛奶中掺；明明知道打上剧毒的农药蔬菜很难清洗，不能食用，却偏偏照打不误；明明知道做人要讲诚信，不能骗人，却拼命比谁骗人的手法更高明，更不易被察觉；明明知道电信诈骗可能会令受害人倾家荡产，却在电话那头不断变换花样，侃侃而谈，不达目的绝不放弃，甚至专门将受害对象指向与施害人父母年龄相仿的老者，以及与自己兄弟姐妹相仿涉世不深的年轻人。

情况还远非如此：人一旦坏起来，甚至连动物都不如。动物之间为了争得交配的权力，为了抢占地盘，也有残酷的厮杀，但这些行为都比较有限。而人类自从进入所谓的文明时代之后，为了宗教的、经济的目的而开展的战争，其残酷程度和死伤人数远非动物

四、新"人禽之辨"

界所能比拟。第二次世界大战期间,参战各国死亡高达5500万—6000万人,受伤1.3亿人,合计死伤1.9亿人。这其中也包括那些未与战争直接相关的人员。纳粹德国对犹太人的种族清洗,使近600万犹太人失去了性命。日本侵略中国,残酷杀戮中国平民,以活人做实验,其凶残程度远远超过了动物界内部的厮杀。

上述情况为我们提出了新的挑战。如果仍然停留在传统的人禽之辨的水平上,大讲人有道德,动物没有,那么我们如何面对这种情况作出合理的解释呢?

三、如何解释这种新情况

这些年来我对孟子性善论进行了系统的研究,逐渐形成了自己的一套独特看法,这些看法对于解决上述问题可以提供有益的参考。

根据我的理解,与西方感性、理性两分的格局不同,在儒家学说系统中与道德层面相关的要素共有三个,即:欲性、仁性、智性。欲性指人对物质欲望的看法,仁性指孔子的仁,孟子的良心,也就是传统中所说的道德本体,智性原指孔子学诗学礼学乐的思想,后泛指人与道德相关的一种认知性向。在这三个要素中,与成就道德直接相关的是仁性和智性。从一定意义上说,道德学说即是如何处理仁性与智性相互关系的一种学说。

在仁性与智性的关系中,首先要关注的是仁性。创立仁的学说是孔子对中国文化最大贡献。孔子关于仁的论述非常多,但这些论述只是随宜指点,并没有说明仁究竟是什么,也没有讲清仁究竟来自何处。这两个问题是由后来的孟子解决的。孟子以其大智慧,创立了性善论。性善论表面看只是讲人性之善恶问题,其实是要解决仁是什么以及仁来自何处的问题。为此孟子提出了一个核心的概

念,这就是"良心":

> 虽存乎人者,岂无仁义之心哉?其所以放其良心者,亦犹斧斤之于木也。旦旦而伐之,可以为美乎?其日夜之所息,平旦之气,其好恶与人相近也者几希,则其旦昼之所为,有梏亡之矣。(《孟子》11.8)

"良心"一词尽管在《孟子》全书中仅出现这一次,但意义重大。良心即是道德的根据,又是性善的根本理由。从这个意义上说,无论是孔子的仁,还是孟子的良心,性质并无二致。我将其统称为仁性。

仁性如此重要,那么它究竟属于什么性质,如何从理论上加以说明呢?在这方面就显出传统儒学的不足了。古往今来的学者无不强调仁的重要,将之上升为道德本体,即所谓仁体,但在我接触的范围内,很少有人对其进行真正的理论说明。就这个问题而言,二十世纪学者(如熊十力、梁漱溟、牟宗三)的思维与古人并没有什么不同。即使到了二十一世纪,这种情况仍然没有得到根本性的改变。而我多年孟子研究中的一个主攻方向,就是试图跳出传统的思维方式,对仁和良心进行理论的说明。

在我的理解中,仁由两个部分组成。第一个部分是"伦理心境"。所谓"伦理心境"是社会生活和智性思维在内心结晶而成的一种心理境况和境界。这是我在孟子研究中独创的一个概念。我创立这个概念主要是想说明,人的道德根据主要来自社会生活的影响和智性思维的内化,是后天,而非先天的。要对道德根据有一个清楚的认识,必须承认这个前提。虽然"伦理心境"来自后天,但又具有先在性,即所谓"后天而先在"。但光有"伦理心境"还不行,因为如果是这样的话,我们仍然无法说明"伦理心境"以什么为基础的问题,也无法说明"伦理心境"为什么对人天生有吸引力的问题。为此我又提出,仁性还有另一个组成部分,我将其叫作"人性

四、新"人禽之辨"

中的自然生长倾向"，简称"生长倾向"。所谓生长倾向是指人作为有生命的类的一员天生具有的一个倾向性，这种倾向性可以保证人成为自身，同时也有利于其类的健康繁衍。"生长倾向"与"伦理心境"不同，完全是先天的，因而是先在的，我将这种情况叫作"先天而先在"，以与"伦理心境"的"后天而先在"相区别。一个是"伦理心境"，一个是"生长倾向"，将这两个方面有机结合起来，就可以对仁性提供合理的说明了。

在仁性与智性的关系中，同样不能忽视智性。如上所说，智性最初指孔子学诗学礼学乐的思想，后泛指人与道德相关的一种认知性向。这种性向随着儒学的发展，内涵不断丰富，不仅认知的范围不断加深，更加入了朱子所说"因其已知之理而益穷之"[1]的内容。在朱子看来，人要成就道德，光有仁性还不行，还要格物致知，重视学习，以求得事物背后的很多道理。否则尽管可以成为乡间一善士，但终难上升为圣贤。这是朱子对象山之学大为不满的根本原因。

在我的理解系统中，与本文主题相关，仁性和智性的关系之所以要紧，一个重要原因是智性对仁性既可以有好的作用，也可以有坏的影响。从好的方面说，如果智性发达了，不仅可以认识道德的法则，而且可以"以其然求其所以然"，"因其以知之理以益穷之"，对仁性进行反思，使之达到自觉的程度。康德在建构其道德学说时，希望将普通的伦理理性上升为哲学层面，提高到形上学的高度，所蕴含的意义正于此。但必须清楚看到，智性对于仁性也可能发生坏的影响。智性与仁性之间有一个复杂的辩证关系，智性必须在仁性的基础上进行，虽然在特定条件下可以超越仁性的范围，达到更高的程度，但仁性这个基础一刻也不能脱离。如果没有仁性这个基础，智性就没有了凭借，天马行空，无拘无束，很可能会对仁

---

[1] 朱熹：《大学章句》，《四书章句集注》，中华书局1983年，第7页。

性造成根本性的损害。

这样说绝非危言耸听。前面说过，仁性包含两个部分，一是"伦理心境"，二是"生长倾向"。"伦理心境"来自后天的养成，"生长倾向"则完全是天生的。"生长倾向"告诉我们这样一个重要道理：人有"生长倾向"，在这一点上和一般动物没有原则区别。换言之，不仅人，其他动物同样具有自己的"生长倾向"。任何一个动物来到世界，都具有使自己成为自己以及有利于其族类繁衍的倾向性。只要顺着这种倾向发展，不去破坏它，就可以成为自身并利于族类的繁衍。就这一点而言，人与其他动物其实是一样的。

从这个视角出发，就可以明白传统"人禽之辨"的局限性了。儒家提倡"人禽之辨"目的是说明人有道德，禽兽没有。但根据上面的分析，虽然禽兽不具有"伦理心境"，但同样具有"生长倾向"。更加重要的是，因为禽兽不具有智性（准确说是不具有人那样高度发达的智性），所以它只是顺着自己的"生长倾向"发展。虽然这种发展的程度不如人类那样高，但并不会使这种倾向受到破坏。人就不同了，因为人有智性，智性既能从正面促进仁性的发展，也可以从负面破坏仁性，特别是其中的"生长倾向"。为此我们不妨回顾之前举的例子。人天生具有同类相怜的特性，这是由人的"生长倾向"决定的。但因为人有智性，可以精细计算利害得失。一旦一种行为可以为自己带来更大的利益，就可能为追求这种利益而损伤破坏同类。这是现代社会中诸多行伪欺诈、损人利己行为的根本原因。

更加复杂的是，人的道德行为必须有一个前在的根据，在我的理解系统中，这个前在的根据就是"伦理心境"。需要注意，"伦理心境"除来自社会生活的影响之外，还受到智性思想的影响。这个环节很容易出问题。我们知道，智性思维不可能完全脱离特定的社会背景和宗教背景，不可能完全脱离特定的意识形态。这些特定的社会背景、宗教背景对人的正常思维会产生根本性的影响。比如，原本都是人，都是同类，但受到特定意识形态的影响，在一些人眼中，就可以变成异教徒，变成邪灵，变成阶级敌人，变成低于普通人的"东亚病夫"，从而对其进行打击甚至杀戮，作出一般动物界也难理解，深为不耻的行为。更为吊诡的是，这些人这样做的时候，往往并不认为这些行为不对，反而将其视为一种正义，一种荣誉。二战时纳粹疯狂残害犹太人，日本人疯狂屠杀中国人，原因固然十分复杂，但这是一个无论如何都无法回避的理由。

四、几点结论

通过上面的分析，我们可以得出这样几个结论：

第一，仁性是与道德根据相关的重要因素，其中既包括"伦理心境"，又包括"生长倾向"。"伦理心境"是人特有的，严格说来禽兽并不具备，"生长倾向"人与禽兽都有，没有原则的区别。

第二，智性是与道德相关的另一个重要因素。人之所以可贵，就在于有智性思维，可以对仁性（其中既包括"伦理心境"，也包括"生长倾向"）进行反思，这是人优越于禽兽之处。

第三，智性思维必须在仁性基础上进行，受其制约，不能天马行空，胡乱发展，否则很可能会出现不利于"生长倾向"的情况，对其造成根本性的破坏。人们常说"人做起恶来比禽兽更坏"，道理就在于此。

这样一来，我们就可以对传统的人禽之辨作出必要的修正了：不是人必须讲道德，否则便会沦为禽兽，而是人如果不讲道德，连禽兽都不如。

五、仁与时空

案：本文是在创作《儒家生生伦理学引论》过程中完成的，刊发于《国际孔孟学刊》第 2 辑（2019），严格说不属于孟子研究系列。将其收录进来，是因为它涉及一个十分重要的话题，这就是仁和时空的关系问题。历史上很少有人将仁与时空联系起来。而根据我的解读，这种情况将会发生根本性的改观。因为仁由两个要件组成，一是伦理心境，二是生长倾向，无论伦理心境还是生长倾向都离不开时间和空间，始终处在时间和空间两个维度的夹角之中；又因为时间和空间是变化的，处于两个夹角之中的仁自然也是变化的，是一个不断流动发展的过程，绝非僵死不变之物。这种新的理解不仅打破了空头讲仁，将仁视为不变实体的陈旧做法，更有助于检讨西方哲学本体观念的缺陷，在本体论研究上开辟出一个全新的路向。

仁又称"仁体"，是儒家道德哲学的根基，但历史上很少有人将仁与时间和空间联系起来，好像这个道德根基与时空无关，完全不受其影响似的。我则认为，如果打破传统，对仁进行新的解读，就会看到仁含有丰富的时间和空间因素。

一、仁与时空的关系未能进入儒家主流视野

孔子的政治理想是复周礼。在这个过程中,他遇到了很大的困难。这些困难使他明白了,人们明明知道礼而不去做,是因为缺少行礼的内在基础。为此,他付出极大精力创立了仁的学说,将行礼的基础置于内在的仁上,强调"人而不仁,如礼何?人而不仁,如乐何?"(《论语》3.3)孔子提出仁的学说后,仁便成了儒家的核心话题之一。孔子最重要的任务是发现仁,倡导仁,仁与时间的关系问题尚未进入其视野。仁字在《论语》中出现的频率很高,但其中并没有与时间性相关的论述。

这种情况到孟子出现了转变。孟子为解释仁是何物、来自何方这两大问题提出了良心的概念,创立了性善论,仁和良心由此成了同等的概念。为了说明性善的合理性,孟子又提出了才的说法。才即草木之初,每个人生而有才。因为才是草木之初,所以自然可以生长。这一说法与端具有同等的意义。端指端倪,意即头绪。人初生即有善端,顺其方向发展,扩而充之,即可成为圣贤,这同草木之初即有参天的潜能,充其发展即可成为参天之木是一样的。孟子的这些说法说明,性善论并不是"性本善论""性善完成论",而是"心有善端可以为善论"。在孟子看来,人的良心本心最初只是仁义礼智之端,只有经过扩而充之,才能成为仁义礼智之完成;当然,心的善端也有不断完善的趋向,只要好好滋养,不去破坏砍伐,最终就可以达到目的。[1] 从这个意义上说,性善是一个过程。既然性善是一个过程,那么这个过程就离不开时间。性善论与时间有着天然的关联。

可惜的是,孟子这一思想没有引起后人足够的重视。汉代儒学研究重于注疏,在义理上进展不大。宋明时期,儒学有了很大发展,再次复兴。无论是以伊川、朱子为代表的理学,还是以象山、

---

[1] 参见杨泽波《孟子性善论研究》(再修订版),上海人民出版社 2016 年版,第 45–46 页。

阳明为代表的心学，对孔子和孟子的思想都有推进，将儒学发展到了新的高度。但是，他们都没有讨论过仁的时间性问题，好像仁与时间完全没有关联似的。其中，象山的看法最具代表性。关于良心，他有一个很有名的讲法，叫作"墟墓兴哀宗庙钦，斯人千古不磨心"。[1] 人见墟墓便兴起悲哀之感，见宗庙即兴起钦敬之心，这悲哀钦敬之心是千古不磨不灭的。从哲学上分析，所谓"不磨不灭"就是说良心没有时间性，不受时间的限制，时间对其没有意义。象山另一段论述表达了同样的意思："千百世之上，至千百世之下，有圣人出焉，此心此理莫不同也。"[2] 千百世之上和之下，圣人的心是同的，理也是同的，时间对其并不构成任何影响。

　　空间性的情况略有不同。儒家历史上对于仁和空间的关系曾有所涉及。孟子在谈到圣人之异同的时候有这样一段论述："禹、稷、颜回同道。禹思天下有溺者，由己溺之也；稷思天下有饥者，由己饥之也，是以如是其急也。禹、稷、颜子易地则皆然。"(《孟子》8.28)[3] 禹、稷、颜回处事方法不同，但道理却一样。禹、稷生于清明之世，禹以为天下有被淹溺的，好像自己被淹溺一样；稷以为天下有挨饿的，好像自己挨饿一样，所以他们拯救百姓才如此急迫。颜回生于动乱之世，居于陋巷，一箪食，一瓢饮，不改其乐。虽然他们的做法有所差异，但心却是相同的，都得到了孔子的赞许。如果互换位置，禹、稷、颜回的做法也将一致，不会有什么不同，这就叫作"易地则皆然"。孟子这个说法表达了这样一个道理：圣人所处具体环境不同，面对问题亦有差异，但心是相同的，并无区别。孟子这一思想与其才的观念并不一致。按理说，既然善端是才，就说明善性是发展的，具有时间性，既然有时间性，当然就有空间性，因为具体事物的时间总是离不开空间的。可能是受到当时文化地域

1　陆九渊：《鹅湖和教授兄韵》，《陆象山全集》，中国书店1992年版，第193页。
2　陆九渊：《年谱》，《陆象山全集》，中国书店1992年版，第317页。
3　《孟子》中还以曾子和子思论说"易地则皆然"的道理，详见《离娄下》第三十一章。

观念比较狭窄的影响，孟子没有将重点放在这里，而是强调良心相同的一面，即所谓"人同此心，心同此理"。这一思想对后人有重大的影响。以象山为例，象山并不关注良心本心的空间差异性，明言："东海有圣人出焉，此心同也，此理同也；西海有圣人出焉，此心同也，此理同也；南海北海有圣人出焉，此心同也，此理同也。"[1] 在象山看来，不管哪个地方有圣人出现，心的具体表现都是相同的，没有原则性分别。这个说法表面上涉及仁与空间性的关系，但重点是强调圣人之心不受空间的限制，不受地域的限制，放之四海而皆准。

这种情况到宋明之后越来越严重。为了应对佛教、道教的挑战，宋儒积极努力为自己的学说寻找可靠的形上根据。濂溪的太极图说，横渠的气论，都是沿着这一方向走的，但其标志还应归于明道"天理"概念的提出。"明道尝曰：'吾学虽有所受，天理二字却是自家体贴出来。'"[2] 明道颇为自豪地这样讲，可见其对这一概念的重视。"天理"概念的提出，是一块实实在在的碑石，不仅表明儒家形上意识已经十分清晰，而且寻得的结论也非常明确，这就是"天理"。朱子顺着这个路线进一步发展，大讲"天理"，大讲"理一分殊"，以确立儒家学理的终极根据，协调这个终极根据与具体万物的关系。三百年后，阳明在成德路线上与朱子的思路有异，但在坚守"天理"至上性这一点上却并无二致。宋明时期，以"天理"为核心的儒学形上系统已建构完成。

儒家建构自身形上系统有着深远的意义，因为只有具备了完善的形上根据，其理论才有完整性，才有力量与佛教、道教抗衡。但以"天理"为核心的这套形上理论也隐含着弊端。在中国文化系统中，天居于最高层面，是一切事物的形上源头，而根据传统观念，天并不具有变化性。董仲舒"天不变道亦不变"[3] 的说法最能表达这

---

[1] 陆九渊：《年谱》，《陆象山全集》，中国书店1992年版，第317页。
[2] 程颢、程颐：《河南程氏外书》第十二卷，《二程集》，中华书局1981年版，第424页。
[3] 董仲舒：《举贤良对策》三。

一思想。所谓"天不变"其实是说天不具有时间性,不受时间的限制。既然如此,作为其赋予之物的以仁为代表的道德根据,当然也就不变,不受时空的限制。这种思想后来渐渐成为一种定式,以至人们几乎完全忘记了仁还有时间性和空间性这一回事。

在这个过程中王船山的地位较为特殊。基于对宋明理学的反思,船山从"生"的角度对人性问题进行了新的思考,指出"天日命于人,而人日受命于天。故曰性者生也,日生而日成之也","命日受则性日生矣"。[1] 这里最值得关注之处,一是重新恢复了性字生的原义,二是强调了性是日生日成的。既然性日生日成,那么当然就有时间性。船山思想广受学界关注,这是一个重要原因。[2] 但必须看到,船山所论直接针对的是性,而不是仁,尽管二者密切相关,但毕竟不能画等号。另外,船山"日生日成"这一说法的理论基础是气善论,[3] 而从气的角度很难有力地说明仁之来源。由于这些缺陷,再加上明末清初特殊的思想背景,船山思想的火花闪耀了一

---

[1] 王船山:《尚书引义》,《船山全书》第二册,岳麓书社2011年版,第300、301页。

[2] 嵇文甫认为:"船山对于性命问题有精卓独到的见解,这就是所谓'命日受,性日成'。"嵇文甫:《王船山学术论丛》,生活·读书·新知三联书店1962年版,第95页。冯契接受这一看法,进一步指出:王船山"提出了'性日生而日成'的命题,把人性了解为一个过程,超出了以往任何一种人性理论,是向真理迈进了一大步"。冯契:《中国古代哲学的逻辑发展(下)》,《冯契文集》第六卷,华东师范大学出版社2016年版,第278页。

[3] 陈来《诠释与重建——王船山的哲学精神》(生活·读书·新知三联书店2010年版)对船山以气论性善的思想进行了详细分析,指出:"船山在此篇的论辩是针对于朱子学中的这些观点的,而船山所集中阐发和欲证明的,不是性本善说,而是气本善说。"(第167页)"在经历了元明理学在'理'的理解上的去实体化转向之后,理不再是首出的第一实体,而变为气的条理,因此人性的善和理本身的善,需要在气为首出的体系下来重新定义,气善论在这个意义上正是为人性和理的善提供了一个新的终极的保证。这使得北宋前期以来发展的气本论,作为儒家思想的体系,终于获得了其完整的意义。"(第194页)但问题在于,在中国哲学传统中,气是与理相对的一个概念,主要指后人称为物质性的那个东西,这种意义的气如何能够成为善的来源,在船山那里并没有得到令人信服的说明。如何解决这一问题,遂成为儒学研究的一大难题。参见杨泽波《跨越气论的卡夫丁峡谷——儒家生生伦理学关于自然之天(气)与仁性关系的思考》,《学术月刊》,2017年第12期。

下之后很快就熄灭了，未能产生实质性的影响。近年来，仁学研究有了较大进步，不断有重要成果问世。[1] 但这些新成果仍然没有能够对仁作出系统的理论说明，更没有将仁与时间和空间联系起来。[2]

二、仁蕴含时间和空间因子的证明

为了弥补这个不足，我从事儒学研究伊始特别着意的一个方向，就是借道孟子性善论研究，对孔子之仁进行哲学层面的解读。在我看来，"一个人在成长过程中总要受到社会生活的熏习和影响，与此同时，人们也必须不断动用智性思维进行学习和认知，智性思维的进行也会在内心留下一些痕迹。在社会生活和智性思维的双重作用下，在伦理道德领域，就是结晶为一定的伦理心境，这就是孔子所谓的仁"。[3] 人生下来就要同周围的人发生联系，这些人的生活方式会对其发生重要影响。这种影响不会马上消失得无影无踪，总会在内心留下某些痕迹。例如，道德的一项内容是不说谎，讲诚信，其主要来源就是社会生活。在正常情况下，儿童在成长过程中，大人总是教育他们不要说谎。随着这种教育的反复进行，在儿童内心会留下某种"结晶体"，形成"说谎是不好的""好孩子不能

---

[1] 近年来，仁学研究成果不断，牟钟鉴的《新仁学构想》（人民出版社 2013 年版）和陈来的《仁学本体论》（生活·读书·新知三联书店 2014 年版）最具代表性。前者提出了以仁为体，以和为用；以生为本，以诚为魂；以道为归，以通为路的三大命题。后者对仁进行了系统的说明，全面梳理了仁学发展的历史，以期将仁的学说发展为一个新仁学的哲学体系，代表了近一阶段仁学研究的最高水准。

[2] 在这个问题上，儒家与道家、佛家略有不同。道家以道为万事万物的本源，道的内部充满着矛盾，通过自化衍生万物。这说明道家之道本身是有时间性和空间性的，否则道如何衍生宇宙万物，就无从解释了。佛家以"诸行无常，诸法无我，涅槃寂静"为根本教义，强调世间万物没有自性，皆由因缘起而生。从理论上分析，因果缘起本身就离不开时间和空间，所以佛家并没有儒家意义上的本体观念。受主题和篇幅所限，本文只讨论儒家道德本体与时间、空间的关系，不涉及道家和佛家相关的思想。

[3] 杨泽波：《孟子性善论研究》(再修订版)，上海人民出版社 2016 年版，第 7-8 页。

说谎"的印象。另外，人在具备一定的智性思维能力之后，这种思维的过程同样会对内心产生一定的作用。儿童从小受到不说谎的教育，随着教育的深入和智性思维的发展，进一步了解到现代社会特别重视契约关系，而要维持契约的健康发展，政治诚信、经济诚信和伦理诚信必不可少。这种教育的进行，会对内心原先已有的内容加以改进，使诚信意识大为增强。社会生活和智性思维对内心影响而形成的"结晶体"，就是我所说的伦理心境。

以伦理心境解说仁，尚不是究竟之法。因为如果仅有这一步，我们既没有办法说明伦理心境是以什么为依托的，也没有办法回答伦理心境何以对人天生就有吸引力的问题。因此，除伦理心境之外，还必须承认人天生就有一种自然生长的倾向（简称"生长倾向"）。我提出这个概念旨在说明，人作为有生命的物不是孤立而来的，从降临到这个世间的那一刻起，便已带有了其前辈的痕迹，有着某种倾向性，不可能是一张白板。承认这种倾向十分必要，不然我们无法理解，在自然条件下，任凭自己的发展，人就可以成为自身，而不会成为其他的物，而人作为一个类也可以得到有效的延续，如果没有受到外力冲击，不会突然灭亡。生长倾向是伦理心境最初的那个附着之地，也是伦理心境对人天生具有吸引力的最初原因。[1]

总之，仁由两个要件组成，一是伦理心境，二是生长倾向。这两个要件有主次之分，需要分开来讲：伦理心境来自社会生活和智性思维的影响，是人的社会属性；生长倾向来自天生，是人的自然属性。伦理心境是仁最为重要的部分，是整个研究的枢纽，没有

---

[1] 提到生长倾向，人们很容易想到生物遗传，这方面的研究在海外时有所见，以至于生物遗传伦理学十分流行。在这方面必须有清醒的意识。我愿意再次指明，我讲生长倾向不是通过自然科学，而是以哲学的方式来证明的。如果将证明生长倾向的任务交给自然科学，不仅要陷入论证的恶性循环之中，无法脱身，而且还会丧失哲学自身的基础，沦为自然科学的附属品。参见杨泽波《孟子性善论研究》(再修订版)，上海人民出版社2016年版，第90—95页。

它，没有办法说明仁为什么能够成为道德的根据；生长倾向是仁不可缺少的部分，没有它，没有办法解说人最初的向善动因以及伦理心境的附着之地等问题。这两个方面不能截然分割，当我们说伦理心境的时候，已经包含了生长倾向的因素，而生长倾向也必然会发展为伦理心境。说到底，仁不过是建基于生长倾向之上的伦理心境罢了。由此说来，伦理心境当有广义和狭义之分。狭义的伦理心境特指社会生活和智性思维在内心的结晶，广义的伦理心境则包括生长倾向在内。

以广义的伦理心境解说仁，在逻辑上必然可以推出仁有时间性这一结论。[1] 伦理心境的一个重要来源是社会生活。社会生活特指人所在的那个世界，意即人从事生产、生活的那个特定的环境。社会生活的一个重要特点是具有变化性，这一点恐怕没有人可以否认。不要说孔子生活的两千多年之前的春秋时代，就是一百年之前的社会生活和现在也已经有很大的区别。社会生活不断发展，受其影响，作为道德根据的仁也会随之发展，这种发展本身即蕴含着时间性。伦理心境的另一个来源是智性思维，智性思维同样包括时间因素。智性思维离不开语言，语言是发展变化的，世界上不存在根本不变的语言。既然智性思维离不开语言，那么智性思维当然也会因语言的变化而变化。伴随着智性思维的变化，伦理心境当然也就是变化的，这种变化就是一种时间性。另外，世界上并不存在一个

---

[1] 学界往往不大重视这个问题。在一些人看来，讨论仁的时间性完全多余，因为儒家论仁从来都和"生"字密切相关，相关的学说即为生生之学，因为生生有时间性，仁自然也就有时间性。这里必须分清两个不同问题：究竟是仁的创生之生生，还是仁本身之生生？前者是说仁创生宇宙万物的存在，宇宙万物从而有了生命，这是一个历史的过程。后者是讲仁本身是发展变化的，这种发展变化即是一种时间性。我从来不反对儒家以仁论创生的意义，承认这种创生是一个生生不已的过程，但这并不能说明人们已经充分意识到了仁本身是有时间性的。学界之所以不重视仁的时间（以及空间）问题，与上述混淆不无关系。当然，这里所说的时间以及下面将要提到的空间，均是在一般意义上使用的，并不涉及所谓源始时间和源始空间问题。关于源始时间和源始空间的问题，容当另文详论。

抽象的智性思维，智性思维必须通过个体进行，而个体思维都有时间性。我今天的思维不同于昨天的思维，昨天的思维又不同于前天的思维，我今天的思维是由昨天、前天的思维一步步发展而来的。年轻时考虑的问题与年老时考虑的问题不可能完全一样，前年思考的问题与今年也会不同。这些不同同样是一种时间性。生长倾向同样如此。生长倾向只能归于历史发展，而这个历史发展就是一种时间性。生长倾向不可能离开时间，离开时间也不可能有生长倾向。当然，对于个体而言，其生长倾向来自自己所属那个类的漫长历史发展过程。这个过程是如此之长，它的变化对个体的影响十分微弱，以至于我们可以暂时忽略它，但这并不能代表生长倾向没有时间因子。

  仁的空间性也当如是观。这种空间性主要表现在狭义的伦理心境上。社会生活是具体的，不可能有抽象的社会生活。用海德格尔的话说，每个人都是一个"在世存在"（In-der-Welt-Sein）。这个"在世"必须有一个具体的空间的点。在这个具体的点中，人必须与周围的人打交道，从而形成伦理心境。甲生活的这个具体的点与乙生活的那个具体的点可能不同。如果这两个点相距不远，问题不大。如果距离大到一定程度，两个具体的点的生活方式可能就会有所差别，由此形成的伦理心境也会有所不同。智性思维属于同样的道理。人的智性思维必须在特定的文化背景下展开，什么样的文化背景决定人有什么样的智性思维。这其中一个重要因素还是语言。人的智性思维必须通过语言进行，而语言都是具体的。世界上并不存在一种完全统一的语言，因而不可能存在一个完全统一的智性思维。语言不同，决定智性思维方式的不同，进而决定了伦理心境的不同，这同样表现为一种空间性。仁的空间性还表现在生长倾向上。如上所说，生长倾向的空间性相对而言不是特别明显。因为人作为一个类来说，其生长倾向应该有较强的相通性。从这个意义上说，生长倾向的空间性并不特别重要。但这种空间性又不能完全忽略不计。因为即使人作为一个类而言，其生长倾向差不太多，在这个意义上谈空间性意义不大，但如果其他星球上也存在具有生命的类，其生长倾向是否与我们相同，仍然有待讨论。

由此说来，仁始终处在时间和空间两个维度的夹角之中。时间和空间是变化的，处于两个夹角中的仁也是变化的。仁是一个不断流动发展的过程，始终在路上，绝非僵死之物。

仁始终在路上，首先是说仁始终在时间的发展过程之中。仁的基础是生长倾向，这种生长倾向本身就表明了它有时间性。因为我来自我的父母，我的父母又来自他们的父母。以此上推，这是一个极其漫长的过程。社会生活和智性思维的情况与此相似。社会生活并非静止不动，而是不断发展变化的，伦理心境因此也是不断发展变化的。比如，孔子那个时代，人们性格质朴，以至于孔子有"刚、毅、木、讷近仁"（《论语》13.27）之说。时至今日，人们不再固守这个标准，认为培养良好的言说能力，适当表现自己，不一定是坏事。又如，春秋时期流行三年之丧的做法，宰我对此有异议，还受到孔子的严厉批评。[1] 今天随着社会生活的发展变化，人们早就不这样做了。同样的道理，智性思维也是不断发展的，不是静止的。这些变化都会对内心产生影响，决定伦理心境的细微变化。

仁始终在路上，还有空间的含义。上面讲了，生长倾向的空间性对个人来说并非十分重要，仁的空间意义，主要是针对狭义的伦理心境而言的。不管取什么含义，社会生活这个概念本身就意味着它是具体的，意即是在空间中的这一点或那一点上的生活，随着这个空间点的转移或扩大，仁的内容也会变化。这个道理同样可以用来说明智性思维。智性思维必须在某个空间的点上进行，随着这个点的扩展，一定会遇到新的情况，接受新的事物，人的视野也会随

---

[1] 事见《论语·阳货》第二十一章。

之扩大，从而影响仁的内容发生细微的变化。[1]

至此，仁有时间性和空间性这一命题就得到了证明。根据这种证明，仁有丰富的时间和空间因子，是一个不断流动的过程。这是一个带有根本性的问题，前人并未正式涉及，即使偶尔谈到，也没有得到根本性的解决。我相信，一旦上面的证明得到认可，那种将仁视为僵死不变的传统看法就没有立足之地了，我们对儒家道德哲学的认识也就提升到一个新的高度。

三、有时空因子的仁何以成为道德本体

以伦理心境解读仁，强调仁有时空因子，必然引出一个理论问题：既然仁有时间性和空间性，处在不断的流动变化之中，那么它是如何成为道德本体的呢？

首先申明，此处本体一词是在中国哲学的意义上使用的。本体的说法在中国起源甚早，根据一般的看法，汉代就有了。[2] 中国哲学讲本体，主要取本根之意。张岱年1937年完成的《中国哲学大纲》中设有一节，标题即为"本根论"。文中引《庄子·知北游》"惛然若亡而存，油然不形而神，万物畜而不知，此之谓本根"之

---

[1] 仁始终在路上还有另一层意思。与一般将与道德相关因素分为理性和感性的传统做法不同，根据对孔子思想的解读，我认为与道德相关的要素不是两个，而是三个，即欲性、仁性、智性。欲性不是成就道德的根据，暂且不论。与道德根据相关的是仁性和智性。既然二者都是道德的根据，而仁性含有时间和空间因子，智性也含有时间和空间因子，那么这两个同时具有时空因子部分的关联互动自然也有时间性和空间性。换言之，仁性和智性的关联互动必须在时间和空间的序列中进行，没有时间和空间，这种关联互动不可能成为现实。在我对于儒家道德哲学的解读中，这种关联互动发挥着极为重要的作用，展现出一番生机勃勃、充满活力的景象。一旦这个道理得以确立，一旦人们明白了这个道理，我们便可以彻底告别那种每个人都有仁，都有良心，仁和良心是道德的本体，依此而行就可以成德的陈旧模式。

[2] 强昱：《本体考原》，见王博主编：《中国哲学与易学——朱伯崑先生八十寿庆纪念文集》，北京大学出版社2004年版，第284页。

语，指出"宇宙中之最究竟者，古代哲学中谓之为'本根'"。[1]这一看法后来为学界广为接受，渐成共识。陈来在《仁学本体论》亦云"本指本根、本来，体指实体、状态、体段等"，"中文中'本'的原义是根，'体'字有从骨者，有从肉者，指整个身体"。[2]由此可知，本体在中国哲学系统中主要指那个"最究竟者"，意即事物的本根、本源。儒家特别关注道德问题，在其学理系统中，本体专指道德的本根、本源，亦即道德根据。因为自孔子开始，儒家即将仁视为道德根据，由此仁就成了道德本体，即所谓仁体。

儒家重视道德本体，一个重要用意是以其本根、本源的含义讲发用。将体用联系在一起，一般认为始于唐代易学家崔憬。其《周易探玄》云："凡天地之间，皆有形质，就形质之中，有体有用。体者即形质也。用者即形质上之妙用也。假令天地圆盖方轸为体为器，以万物资始资生为用为道。动物以形躯为体为器，以灵识为用为道；植物以枝干为器为体，以生性为道为用。"[3]这是从天地生成的角度讲体用。天地万物皆有其体，其体必资万物之用，从而形成万千事物形质之妙。自宋代起，人们开始以体用说明伦理政治问题。胡瑗的"明体达用"即是一例："君臣父子，仁义礼乐，历世不可变者，其体也。诗书史传子集，垂法后世者，其文也。举而措之天下，能润泽斯民，归于皇极者，其用也。"[4]这是以不变的原理为体，以实际的措施为用。体为第一性，用为第二性。君臣父子之仁义礼乐为体，运于实际措之天下润泽斯民为用。宋代之后，以体讲用，以用见体，已成为儒学研究的一个固定模式，直到近现代，鲜有例外。

---

[1] 张岱年：《中国哲学大纲》，《张岱年文集》第二卷，清华大学出版社1990年版，第38页。
[2] 陈来：《仁学本体论》，生活·读书·新知三联书店2014年版，第11、12页。
[3] 李鼎祚：《周易集解》引。见张岱年：《中国哲学大纲》，《张岱年文集》第二卷，清华大学出版社1990年版，第39页。
[4] 黄宗羲：《安定学案》，《宋元学案》，中华书局1986年版，第25页。

尽管儒家这种说法在历史上影响很大，但有两个问题一直未能很好解决：第一，仁为什么可以成为道德的根据？第二，仁体为什么有发用的功能？[1] 在我看来，这是儒家传统本体论的最大不足。为了将儒学研究推进一步，我们不能停留在前人的说法之上，必须对此作出解答。

要解答这两个问题，先要从道德标准的来源说起。道德学说一般都有自己的标准，按照这个标准去行即为道德，反之亦然。在孔子学说中，这个标准离不开仁。后来，孟子将是非之心作为良心的一项重要内容，与恻隐之心、羞恶之心、恭敬（辞让）之心并列，也是出于同样的考虑。仁之所以能够成为道德的标准，根据上面的分析，首先是因为人作为有生命的物来到世间的那一刻起，便不是空无所有的，一定带有某种倾向性。这种倾向性有其特有的指向，作为这个类的一员只能向这个方面，而不能向其他方向发展。这种特定的指向，就是人来到世间所带有的最初的行为标准。虽然这些标准只是自然性的，严格说来还不能用善恶来表达，但这个因素绝对不可忽略不计。另外，人不可能独立生活，必须依靠周围其他的人才能生存，周围人的生活方式会在潜移默化中对其产生影响。当周围人的生活方式"结晶"到人的内心时，这些是非标准也就固化在了人的内心。随着生命的发展，思虑的成熟，智性思维又会对原先已有的这些标准进行再认识、再思考，这个过程同样可以对是非标准产生一定的影响，在内心留下一定的痕迹。这样一来，我们就对人何以有道德是非的标准，作出自己的说明，打破了"我固有之"传统说法的局限。

有人可能对此持有异议。他们会说，你以生长倾向解说仁，生

---

[1] 仁体之发用有两方面的意义，一是道德践行意义，二是道德存有意义。前者是说道德本体可以直接引生道德践行，后者是说，道德本体可以赋予宇宙万物以价值，创生道德的存有。限于篇幅，这里所谈仅指前者，即道德践行意义之发用，但切不可误认为，儒家仁体之发用只有道德践行一种意义。

五、仁与时空

长倾向是天生的,这一点似乎还可以接受,但你又以狭义的伦理心境解说仁,而伦理心境是后天的,怎么能够以这种后天之物作为道德标准的先天依据呢?要消除这方面的顾虑,必须明白这样一个道理:狭义的伦理心境虽然是后天的,但它同时又是先在的。所谓"先在的"是说在时间上是在先的,具有先在性。这是因为在人生的任何一个时间截面,都存在着一个交叉点:从形成的过程看,狭义的伦理心境是后天的;从处理伦理道德问题的角度看,这个伦理心境又是先在的。这个时间的交叉点,我称为"时间之叉"。我提出这个说法意在表明:"伦理心境总是处在时间的交叉点之上:对于具有一定思维能力的人而言,在人生的任何一个时间断面当中,作为后天形成的伦理心境总是'先在的',或者说总具有在先的性质。"[1] 这种由后天形成但又具有先在性的情况,就是我一再提及的"后天而先在"。明白了这个道理,伦理心境为什么可以成为道德标准就不难理解了。狭义的伦理心境尽管来自后天,但又先于问题而存在;因为它先于问题而存在,所以人们在处理伦理道德问题的时候,必须经过这个环节,受到它的影响,从而成为是非的标准。

一些学者可能还有一个疑问:既然你将时间和空间加到仁体之中,强调仁始终处在流动变化之中,那么这种不断流动变化的仁怎么能够成为道德本体呢?我很能理解这些学者的疑问。在传统观念中,仁之所以能够成为道德本体,就在于它有稳定性。一个变动不居的东西不可能成为道德的本体,否则道德就无从谈起了。我承

---

[1] 这是我以伦理心境解说仁和良心面临的最大挑战。常见一些学者对我的思路不解。在他们看来,既然我以社会生活和智性思维解说仁和良心,那就说明伦理心境是后天的,怎么能够用这种后天的东西来说明孟子的性善论呢?我注意到了这一问题,在修订《孟子性善论研究》(中国人民大学出版社 2010 年版)时,增加了一个附录《性的困惑——以西方哲学研究儒学所遇困难的一个例证》,予以了初步解答。后来在写作《贡献与终结——牟宗三儒学思想研究》时,又对这个问题进行了更为具体的说明(参见《贡献与终结——牟宗三儒学思想研究》第二卷,上海人民出版社 2014 年版,以上引文见该书第 86—87 页)。

认，将仁与时空联系起来，必然得出仁是不断变化的结论。需要注意的是，尽管仁是变化的，但在面临具体伦理道德问题的那个瞬间，它却是成型的、相对稳定的。正是这种成型和相对稳定，仁可以作为道德本体，提供是非标准，而不会陷入无标准可依的状况之中。例如，在现实生活中，我们常常会遇到公共卫生间水龙头没有关紧而不断淌水的情况。此时，我们内心都会有一个道德的标准：关上为是，不关为非。这个标准根据上面的分析，不可能是天生的，只能来自后天的养成，即我说的伦理心境。但重要的是，这个标准在面临要不要关水龙头这件具体事情的时候，不仅已经存在了，而且已经成型了，是相对稳定的。因为在具体道德境遇的那一刻，它是成型的、相对稳定的，所以可以成为这件具体事情的是非标准。

仁不仅可以提供是非标准，而且遇事必然当下呈现。熊十力对冯友兰的批评，指明良知不是假说而是实在，是当下呈现的典故，现已广为人知。仁（良知）为什么能够当下呈现，根据上面的思路，同样可以作出合理的说明。人作为一种生物来到世间，天生就有吸吮、抓握等本能。这些都不需要后天学习，是生而即有的。需要注意的是，人在学会了一种本领之后，随着熟练程度的提升，这种本领也会演变成一种本能。例如，开车作为一种技能必须经过后天学习。但车开得多了，时间久了，这种技能也会上升为一种本能。有了这种本能，不需要新的学习和训练，该转弯的时候转弯，该刹车的时候刹车，自己就会作出反应，好像完全不需要经过大脑思考一样。为了便于区分，我将这两种本能分别叫作"第一本能"和"第二本能"。第一本能是天生的，不依赖后天的学习和训练。第二本能是后天的，必须依赖后天的学习和训练，但它又是一种本能，在特定场景中，自己就会呈现出来。这个道理可以用来解释伦理心境何以能够当下呈现。仁来自社会生活和智性思维对内心的影响，是一种伦理心境。这种伦理

五、仁与时空

心境是后天养成的，不是天生的。但随着后天养成活动的不断进行，熟练程度的不断提高，它也可以渐渐升华为一种本能。尽管这种情况只能归为第二本能，但它同样有本能的特性：平时处于潜存状态，遇到特定情况又会自己冒出来，告诉什么为是，什么为非，何者可以做，何者不可做。仁可以成为道德本体，有当下呈现之功，根本道理即在于此。

仁不仅可以当下呈现，而且会在呈现的同时提供动力，要求人必须按它的要求去做。道德动力是一个价值度很高的问题。牟宗三已经注意到了这个问题。与传统将宋明儒学分为理学和心学两系不同，牟宗三将其分为三系，分别以五峰、蕺山，象山、阳明，伊川、朱子为代表。他认为，在这三系中，五峰、蕺山一系价值最高，其次是象山、阳明，最差的是伊川、朱子。牟宗三作出这种判断，很重要的理由是伊川、朱子一系的理论缺乏活动性，无法保障理论直接变为道德践行。为了弥补这一缺陷，他提出在一种道德理论中一定要有孟子的本心之义，这样写道："此意志就是本心。它自给法则就是它悦这法则，它自己决定自己就是它甘愿这样决定。它愿它悦，它自身就是兴趣，就是兴发的力量，就能生效起作用，并不须要外来的兴趣来激发它。如果还需要外来的低层的兴趣来激发它，则它就不是本心，不是真能自律自给法则的意志。康德言意志自律本已函着这个意思。只是他不反身正视这自律的意志就是心，就是兴趣、兴发力，遂把意志弄虚脱了，而只着实于客观的法则与低层的主观的兴趣。"[1]

牟宗三看到了道德动力问题之重要，由此展开的对朱子之批评给人以深刻启发，但他并没有回答为什么有了孟子的本心之义，道德学说就可以具有活动性这一问题。要破解这一难题，还是要回到

---

[1] 牟宗三：《牟宗三先生全集》第5卷，（台）联合报系文化基金会、联经出版公司2003年版，第171页。

前面对于仁的诠释。上面讲过,仁有两方面的来源,一是伦理心境,二是生长倾向。这两个方面的含义不同,但目的一致,都是为了人这个类的不断健康发展。这两个方面的内容合在一起,说明道德不是外力强加给我们的,是我们自己的需要。如同人有物欲的要求,饿了要吃饭,渴了要喝水,冷了要穿衣,本身就有动力一样,人同样有道德的要求,遇到道德的场景,仁体当下呈现,发出道德命令,迫使人们必须满足它的要求,按它的指令去做。这是仁体动力十足,充满活力的根本原因。将上面的内容综合起来,我进而得出这样一个重要判断:人是一个先在的道德的存在。这个判断有两层意思。首先,人是一个道德的存在,本身就有道德的要求;其次,这种存在有其先在性,人的道德要求是自然的,并非完全来自外在的强制。从这个角度出发,我们就可以解释仁为什么不仅可以提供道德是非的标准,而且本身就有强大的动能,从而在牟宗三的基础上前进了一步。

总之,仁虽有时间和空间的因子,但因为始终处在时间之叉的那个点上,具有先在性,所以遇事不仅可以当下呈现,显露自身,而且能够提供强大的动能,要求行为者必须服从它的要求,按照它的指令去做,从而完成由体到用的完整过程。这样,我们就对为什么有时空因子、始终在路上的仁,却能够成为道德本体这一问题,作出了自己的回答。

四、将仁体置于 Ontology 背景之下的思考

在将仁作为道德本体进行解读之后,再来看它和 Ontology 的关系。我们知道,ontology 由 onta 与 logy 构成。on 是希腊文 einai 的中性分词;einai 是不定式,相当于英文的 to be;to on 是 einai 的现在时分词的中性形态;而 onta 是 to on 的复数形式。logy 从希

腊文 logos 演化而来，表示"学说"。两个部分合在一起，Ontology 现在一般界定为"关于诸存在物的存在的科学""关于作为存在的存在的科学"，译为"存在论""存有论"或"是论"，而不再使用一度较为流行的"本体论"的译法。[1]

这一学问最早来自巴门尼德。希腊哲学从神话分化出来之后，便以追求真理为己任，热衷于认识世界的本原，希望在千变万化的事物背后寻找一个统一的确定的始基或本原。在这一过程中，他们找到了不同的答案，如泰勒斯的水，阿那克西美尼的气，赫拉克利特的火，毕德哥拉斯的数。巴门尼德反对这些做法，区分了两条完全不同的途径：一是"存在者存在，它不可能不存在"；一是主张"存在者不存在，非存在必然存在"。前者是"真理之路"，必须遵循；后者则是"意见之路"，不可遵循。巴门尼德认为，只有抽象的存在（是）才是真实的实在，而且是唯一、永恒的实在。这种实在具有思维与存在的同一性，只有它才能够提供真理，提供存在，达到思维与存在的同一。[2] 柏拉图借助其理念论，第一次建构了完整的本体论系统。亚里士多德明显不同意柏拉图的这一理论，认为现实存在的具体事物，无法与理念完全分离。但另一方面，他又主张，在认识上可以将事物中的形式和质料分开，以形式作为认识的对象。就此而言，亚里士多德与柏拉图又有明显的承继关系。这种致思取向对西方哲学的发展有着决定性的影响。近代认识论转向后，笛卡尔通过天赋观念解说这种普遍性的来源。休谟则从经验的

---

[1] 俞宣孟：《本体论研究》（第三版），上海人民出版社 2012 年版，第 11 页；张志伟主编：《形而上学的历史演变》，中国人民大学出版社 2016 年版，第 4—5 页。感谢张庆熊、丁耘在这个问题上给予的帮助。

[2] 汪子嵩清楚表达了巴门尼德存在概念的重要性。他说，以巴门尼德为代表的爱利亚学派，又提出了存在的学说。存在这个哲学概念的提出，在西方哲学思想的发展上十分重要。"如果没有存在这个概念，后来的希腊哲学，特别是柏拉图和亚里士多德的哲学，可能就不会形成象我们知道的这样的体系。"汪子嵩：《亚里士多德关于本体的学说》，人民出版社 1983 年版，第 8 页。

考察证实普遍的观念（如因果律）不能从经验的概括中得到，从而怀疑运用这种观念构成的绝对普遍必然知识的有效性。康德对旧的本体论进行了批判，认为这种本体超出了经验的范围，必然导致思想的矛盾，但他以先天形式加上后天质料以形成认识的基本思路，很难说没有受到柏拉图理念论的影响。

由此不难发现，Ontology 与仁体是两套完全不同的理论。Ontology 的核心是努力寻找那个"恒定不变的一"，以此作为认识可感世界的基础。仁体完全不关心这类问题，它关注的中心是道德，旨在说明仁即是成就道德的根据。更为重要的是，尽管古希腊哲学尚无明显的时间和空间的概念，这对概念是后来才被人们重视的，[1] 但"恒定不变的一"这一说法本身即意味着它不包含时空性，因为一旦有了时间和空间，"恒定不变"和"一"这两个要求就无法满足了。而根据上面对于仁的诠释，仁体有时间性和空间性，是一个发展变化的过程，并不具有 Ontology 的特性，不是"恒定不变的一"。站在西方哲学立场上的学者可能会提出，关于仁体的上述分析在中国哲学的意义上或许可以成立，但不符合西方哲学的标准，因为按照西方哲学的传统，不管立场有多少差异，Ontology 追寻的必须是那个"恒定不变的一"。面对这种挑战，我们当然可以说，中国哲学和西方哲学性质不同，中国哲学中的仁体与西方哲学中的 Ontology 可以互不干涉，同时共存。但我们也不妨换一个角度，从根本上思考这样一个问题：儒家讲仁体为什么要以 Ontology 为标准呢？

长期以来，受西方中心论的影响，我们似乎形成了一种习惯，总是认为凡是中国哲学与西方哲学相符的内容，就是好的，反之则是不好的。殊不知，在我们眼中，西方那种所谓好的东西，西方人自己也在检讨。海德格尔是一个很好的例子。不管对其具体观点是

---

[1] 吴国盛：《希腊空间概念》，中国人民大学出版社 2010 年版，再版序。

否同意，无人能够否认《存在与时间》是一部具有里程碑意义的著作。海德格尔反复讲，他一生最关注的问题就是存在。为了阐明这一问题，他对存在的基本结构进行了详尽分析。与当时相关研究往往从意识本身或主体观念入手不同，《存在与时间》找到了一个新的出发点，这就是"此在"（Dasein）。dasein 由 da 和 sein 两部分组成。sein 指存在或是。da 在德文中语义丰富，有这里、那里、那时、因为、但是、那么等多重意思。海德格尔将这两个部分联系起来作为一个专属概念，意在表示，人这种存在者一定要处在解释学的生活情境之中，是有限的、具体的。"此在"这个概念本身即意味着它必须是"在世存在"，即总是在世界之中的。因为是"在世存在"，人的生活必然要受到他人的影响，处于"共在"之中，从而沦为"常人"。与此同时，"此在"总是要死亡的，面对死亡，"此在"又不满意这种状态，希望追求本真的存在。死亡是将来的事，面对死亡也就是面对将来。"整体时间性的视野规定着实际生存着的存在者本质上向何处展开。随着实际的在此，向来在将来的视野就有一种能在得到筹划，在曾在状态的视野就有'已经存在'得到展开，在当前的视野就有所操劳之事得到揭示"，[1]"我们把如此这般作为曾在着的有所当前化的将来而统一起来的现象称作时间性。"[2] 海德格尔这一思想的意义可以从多个角度分析，我特别关注的是，它证明了这样一个道理：此在是有时间性的。《存在与时间》之后，再去追求那个"恒定不变的一"，那个 Ontology，已经没有任何可能了。海德格尔证明了"此在"有时间性，我同样证明了仁体有时间性（以及空间性），这两点是相通的。既然海德格尔的分析已经宣告西方传统的 Ontology 的思路出现了问题，我们为什么偏要回

---

1 海德格尔:《存在与时间》(修订译本)，陈嘉映、王庆节译，生活·读书·新知三联书店 2014 年版，第 414 页。

2 海德格尔:《存在与时间》(修订译本)，陈嘉映、王庆节译，生活·读书·新知三联书店 2014 年版，第 372 页。

过头去，以传统的 Ontology 为标准来衡定我们关于仁体含有时空因子的分析是否合理，可否成立呢？证明仁体有时间性，并不是矮化了儒家仁的学说，恰恰说明了我的这种解说有很强的合理性。

尽管《存在与时间》有助于证明我将时空加入仁体这一做法是合理的，但必须指明，我与海德格尔的学术立场并不相同。海德格尔写作该书的一个重要目的，是批评两千年西方哲学史的发展忘记存在，关注的只是存有者，郑重宣告必须放弃这种做法，甚至不再使用本体这类字眼儿。这个转向对西方哲学的发展产生了重要影响，以至于后来虽然有人意图恢复形上学传统，但不少人对此抱有怀疑的态度。[1] 与此相反，我从时空角度检查仁的特性，不是不讲本体了，而是要把本体讲得更合理，更扎实。以仁为本体，是儒家道德哲学的根基。不讲仁体，等于拆毁了这个根基，丢弃了儒家道德哲学的特色。本体仍然要讲，但又不能像传统那样讲，这便成了一个难题。这个难题前人已经遇到了。20 世纪初，冯友兰在美国留学时，正赶上西方拒斥形上学的热潮。维也纳学派认为，哲学最重要的工作是提供证明。凡是无法提供证明的，如上帝、本体等，统统没有意义，必须清除出去。冯友兰对此有充分的了解，但并没有盲目跟着走，仍然坚持中国哲学的传统，大谈形上学。在他看来，西方拒斥的那个形上学有问题，是"坏底形上学"，但这并不能代表"好底形上学"也不能讲了。为此他下了很大气力，写了《贞元六书》，以建构自己理想的形上学。尽管学界普遍认为，冯友兰建构"好底形上学"的努力存在着诸多瑕疵，很难说取得了成功，但这并不能代表建构"好底形上学"这条道路不能再走下去了。[2]

从一定意义上说，我前面关于仁的分析，正是沿着这个方向作

1　参见哈贝马斯《后形而上学思想》，曹卫东、付德根译，译林出版社 2001 年版。在该书中，哈贝马斯认为"康德之后，不可能还有什么'终极性'和'整合性'的形而上学思想"（第 18 页）。

2　冯友兰：《冯友兰全集》，河南人民出版社 1986 年版，第 219 页。

五、仁与时空

出的进一步努力,以建构一种新的形上学。因为这种新的形上学完全从生活本身出发,我把它叫作"生活形上学"。这一努力的基石是对仁的全新解说。传统儒学只是肯定了仁是道德本体,并以上天作为其终极的根源,但对仁的来源缺乏合理的说明。而根据我的研究,仁其实是建基于生长倾向之上的伦理心境,有很强的时空性。这种有着时空因子的仁,又可以成为道德本体。从时间角度看,仁作为道德根据,具体标准是变化的。孔子那个时代的是非标准,早就发生了改变,已经不再完全适应今天的社会生活了。但变中又有不变,孔子关于仁的很多论述,作为道德规范,在今天仍有重要的指导意义。从空间角度看更是如此。孔子曾直接以"爱人"(《论语》12.22)回答樊迟问仁,"爱人"由此成为了仁的一个不可缺少的内容。孔子讲爱人,并非立足于某个理念,而是从具体的生活出发的。自周王封周公以鲁地之后,鲁国文化一直比较发达,以重礼仁爱闻名各国。孔子生活于其间,自然要受到影响。这个背景决定了孔子讲的"爱人"是特殊的,但这种特殊又具有普遍的意义。孟子生于邹国,尽管与鲁国十分相近,但毕竟是不同的国家。值得注意的是,孟子并没有因为这个不同而不讲"爱人",其学说中这方面的内容较孔子有过之而无不及。不仅如此,其他各国,如齐国、楚国、秦国也都可以讲"爱人"。另外,孔子在回答什么是仁的时候,曾讲过"己所不欲,勿施于人"(《论语》15.24),甚至更进一步要求,"己欲立而立人,己欲达而达人"(《论语》6.30)。同其讲"爱人"一样,这些说法也不是从某个理念来的,只能在孔子生活的鲁国文化背景中寻找原因。但孔子这一思想又并非仅仅局限于鲁国,同样有其普遍性,可以在其他各国推广,甚至在两千多年之后,受到世界不同文化的尊重。这个事实告诉我们,生活都是具体的,如孔子生活的鲁国,孟子生活的邹国,但这种具体生活也包含着普遍的意义。

蕴含时空因子的仁,在儒家学理系统中牢牢占据着道德本体的位置，这一奇特景象对我们有极大的启迪，迫使我们不得不认真检讨西方哲学追求那种"恒定不变的一"的道路是否正确。在这方面，黑格尔的辩证法思想为我们提供了有力的支撑。黑格尔之前的哲学家一般遵循柏拉图的传统，将世界划分为现实世界和理念世界两个部分，现实世界是变动的、特殊的，理念世界是不变的、普遍的。要认识现实世界，必须首先把握理念世界，找到那个不变的支点。黑格尔对这一思想提出了严厉的批评。他从抽象的无内容的"自我"出发，通过内在的否定因素，在世界进程中实现了自身的运动。在这一进程中，作为主体的实体是自在的，同时又是自为的，在自身发展中完成了自我的实现。"自在性并不是一种尚未展开的没有具体存在的抽象的普遍性；它本身直接就是个体性的历程的现在和实现。"[1]"现实性与普遍的东西是在分不开的统一体里。"[2]这样一来，黑格尔便从抽象的直接的普遍性过渡到了具体的现实的普遍性。黑格尔还从有限和无限的角度来阐发这一道理："实有在它的自在之有之中，把自己规定为有限物并超出限制，这就发生了无限的概念。超出自身，否定其否定，变为无限，乃是有限物的本性。所以无限物并不是在有限物之上的一个本身现成的东西，以致有限物都仍然长留在、或保持在无限物之外或之下。"[3]在黑格尔看来，任何一个具体物的存在都是有限的、相对的；但这种具体物又具备着超出限制以达到无限的潜质，同时又是无限的、绝对的。有限与无限，相对与绝对，二者相互依存，共同存在于具体事物之中。黑格尔的这一思想表明，普遍性不能离开特殊性，无限不能离开有限；普遍性寓于特殊性之中，无限就在有限之中。希望首先确定一个绝对普遍的理念或形式，以此来保证认识的可靠性这一

1　黑格尔：《精神现象学》上卷，王玖兴译，商务印书馆1979年版，第260页。
2　黑格尔：《精神现象学》上卷，王玖兴译，商务印书馆1979年版，第259页。
3　黑格尔：《逻辑学》上卷，杨一之译，商务印书馆1966年版，第135-136页。

思路，从一开始就值得检讨。¹ 虽然黑格尔通过正反合的逻辑环节，展现的世界历史过于"完备"，特别是其对自然哲学的描述多有牵强附会之处，很快走向其反面，但他关于具体的普遍性的思想，仍有重要的理论价值。

这个问题与 universal 一词紧密相关。寻找 universal 是以柏拉图为代表的西方哲学家建构 ontology 的基本路向。但他们用了两千多年的时间，仍然没有找到，不仅阻力重重，而且其思维方式的弊端也日渐显现出来。在政治方面，人们往往习惯于将自己喜欢的生活方式当作正确的唯一标准，强行向外推广，造成国际关系中强权横行。这些问题如果从哲学层面分析，大都与相信并追求 universal 的思维方式有关。正是由于清楚地意识到这一问题的严重性，我对仁体的诠释从一开始就摈弃了这种方式，坚持将仁体与现实生活联系起来，不再追求那个 universal。我由衷地相信，这才是建构"好底形上学"的可行道路。² 一旦这项工作做好了，不仅可以将儒学研究推进到一个崭新的阶段，为解决西方哲学的一些重要问题提供思想资源，更可以在现实生活中发挥自己独特的优势。

---

1 这个道理亚里士多德已经注意到了，但限于历史条件未能充分加以肯定。汪子嵩的看法值得参考："在《范畴篇》中只有一个缺陷，就是亚里士多德还不敢肯定：一般只存在于个别之中。"汪子嵩：《亚里士多德关于本体的学说》，人民出版社 1983 年版，第 319 页。

2 俞宣孟《论普遍主义》(《学术月刊》，2008 年第 11 期) 一文详细区分了 universal 和 general 的不同，指出前者为绝对普遍，后者为相对普遍。哲学的目的是追求前者而非后者。"普遍作为一种'主义'，总不会去张扬不够普遍的东西，反过来说，只有对于绝对普遍知识进行张扬的态度才能称为普遍主义。因为，从理论上说，那些停留在经验概括得到的普遍与绝对普遍相比只能是种特殊性，相对的普遍其实还谈不上普遍，真正的普遍只能是严格意义的绝对普遍，虽然相对普遍的问题也总是在普遍主义问题范畴内的。"从西方哲学的传统看，俞宣孟作出上述区分言之有据，很好理解。但我的立场与此不同。我认为，世界上并没有那种独立存在的绝对普遍，普遍只能存在于特殊之中。因为仁体来自社会生活，有着丰富的时空因子，所以是具体的、特殊的，不是 universal，在一定意义上可以说是 general。我主张，具体中有一般，特殊中有普遍，general 中有 universal。

六、经验抑或先验：儒家生生伦理学的自我辩护

案：我以伦理心境解读良心常常受到他人的指责，批评我是经验主义，与儒家原本的路数不合。我为此多次做过申辩，但效果不佳，在建构儒家生生伦理学过程中，不得不对这个问题加以新的说明。伦理心境必须以生长倾向为基础，但我讲生长倾向不是源于经验，而是基于内觉的哲学分析；（狭义）伦理心境虽然来源于经验，因为社会生活和智性思维是经验的，但它在处理伦理道德问题之前就已经存在了，具有先在性。这两个方面决定了我对良心的诠释不是经验主义。同样，我对良心的诠释也不属于先验主义。因为我不仅试图对先验加以解说，寻找其根源，而且不奢望先验主义所要求的那种绝对的普遍性和必然性。但我又不承认伦理心境完全是特殊和偶然的，希望走特殊中求普遍，偶然中求必然的道路，而这一思路的合理性可以在黑格尔具体普遍性原理中得到有力的支持。发表于《社会科学战线》2019年第2期。

自我从事儒学研究以来，一直坚持以生长倾向（全称为人性中的自然生长倾向）和伦理心境解读性善论，解读仁性。在我看来，"人性中的自然生长倾向来自天生，是人的自然属性；伦理心境来自社会生活和智性思维，来自后天养成，是人的社会属性。人性中

的自然生长倾向是性善论研究不可缺少的部分，没有它，我们没有办法对人最初的向善动因以及伦理心境的附着之地等问题给出合理的说明，无助于将成就道德视为一个自然的过程；伦理心境是性善论研究最为重要的部分，是整个研究的枢纽，没有它，我们也没有办法说明人的良心本心是如何形成的，良心本心何以能够成为道德根据的问题。"[1] 简言之，仁性不过是建基于生长倾向之上的伦理心境罢了。伦理心境有狭义广义之分，包含生长倾向为其广义，不包含生长倾向为其狭义。遗憾的是，学界对我的这种做法大多不予认可，在会议期间或私下交谈中，常常批评我采取的是经验主义的方法，而儒家在创立之初就以上天作为道德根据的终极来源，以康德的话语系统表示，走的是先验的路线，一个是经验，一个是先验，方枘圆凿，两不相接。近年来，在相继结束孟子研究和牟宗三研究后，我将精力全部投入儒家生生伦理学的建构之中，对上述观点进行了更为细致的梳理，为自己作出更为有力的辩护。

一、儒家生生伦理学不是经验主义

经验和先验是西方哲学的一对重要概念。经验与后天、质料、具体事物相关联，含义较为简单。较为复杂的是先验，这个概念可以追溯到柏拉图。柏拉图忧虑智者学派将思想置于感觉之上，无法保证认识客观性的弊端，提出在现实世界之外，存在着一个永恒的理型世界，这个世界先于经验，是普遍而必然的，以此可以保证知识的确定性。亚里士多德创立了四因说，其中最为重要的是形式因和质料因。形式因是普遍必然的，将这种普遍必然的形式运用质料之上，才能得到确定可靠的知识。但这个问题真正引起人们的重视实源于康德。康德将中世纪的 transcendental 与 transcendent 做了严

---

[1] 杨泽波：《孟子性善论研究》(再修订版)，上海人民出版社 2016 年版，第 97 页。

格区分（一般将前者译为先验，后者译为超验[1]），这个概念的重要性才真正凸显出来。

康德学说中的先验有两个基本内容，其一，先于经验，其二，关于经验。先于经验是说，它是经验知识的先天条件，没有这个条件，经验知识无法形成。关于经验是说，它应当运用于经验，以形成具体的知识。[2]康德的这一思想，在认识论中表现得最为突出。《纯粹理性批判》的重要目的之一，是解决认识的确定性问题。在康德看来，形式是先验的，具有普遍性和必然性，质料是经验的，具有流动性和任意性。要获得确定可靠的认识，必须走以先验形式整理经验质料的道路。在转向实践理性批判后，康德仍然没有放弃这一基本原则。《道德形而上学的奠基》将研究方法划分为分析和综合两种。分析方法的特点是谓词包含在主词之中，以此可以将一般的未经反省的理性知识上升为道德理性的最高法则。综合方法的特点是谓词处在主词之外，以此可以将已经验证了的道德理性的最高法则运用于实际的道德生活。比较而言，前者更为重要。通过这种方法，康德从普通的伦理理性知识过渡到了哲学的道德理性知识，抽取出了必须遵守的作为形式的道德普遍法则。尽管《实践理性批评》变换了论证的策略，但康德的基本原则并没有改变，这也是学界一般将康德定性为形式主义伦理学的原因。正因于此，先验

---

[1] 与学界一般做法不同，牟宗三将 transcendental 译为"超越"或"超越的"，而将 transcendent 译为"超绝"或"超绝的"。参见杨泽波《贡献与终结——牟宗三儒学思想研究》第五卷附录三《牟宗三几个英文术语的译名》，上海人民出版社 2014 年版，第 356 页。

[2] 参见邓晓芒：《康德哲学诸问题》，生活·读书·新知三联书店 2006 年版，第 18 页。倪梁康也有类似的理解，指出："（康德）首先用这个概念来指明一种哲学的提问取向：一门'先验哲学'的涉及的应当是这样一种认识，这种认识'所探讨的并不是对象，而是我们对先天可能之对象的普遍认识方式'。其次，他用这个概念所表明的'不是对所有经验的超越'，而是某种'虽然先于经验（先天的）'，'但却能使经验认识得以可能'的东西。"倪梁康：《胡塞尔现象学概念通释》（修订版），生活·读书·新知三联书店 2006 年版，第 464 页。

六、经验抑或先验：儒家生生伦理学的自我辩护

成了普遍性和必然性的代名词,要保证一种知识学说或道德学说具有普遍性和必然性,必须走先验的路线。人们批评我是经验的立场,即与这一背景有关。

首先需要说明的是,我对仁性的诠释不完全是经验的。如上所说,我对仁性的诠释首先讲一个生长倾向,它是道德根据最初的来源。然而,我提出这个看法,不是出于经验的概括,不是对张三或李四经验的总结,而是源于缜密的哲学分析。儒家生生伦理学的逻辑起点是内觉。[1] 我们通过内觉可以分别觉察到自己的智性、欲性、仁性,进而通过内识证明这种内觉不是虚幻的,由此确定了人是一个在世存在。既然是在世存在,那么这个存在就一定是发展的,否则无法解说整个人类社会的历史;既然是发展的,那么这种发展就一定有其方向性,否则无法说明人在其发展过程中何以有固有的指向。这种方向就是人的生长倾向,有了这种生长倾向,人就可以成为自己,同时也有利于其类的绵延,而仁性就建立在这种生长倾向基础之上。我的这一步工作完全出于理论的推证,不是源于某些个体经验的简单归纳。

当然,在我对仁性的诠释中,生长倾向只是一个基础,重要性远不及伦理心境。所谓伦理心境即是社会生活和智性思维在内心结晶而成的心理的境况和境界。以常规的眼光看,以伦理心境解说仁性无疑是经验的路数,因为社会生活和智性思维本身是经验的。但必须强调的是,虽然伦理心境源于经验,但它已经不再是经验本身,而是社会生活和智性思维在内心的一种结晶物。换言之,我们内心可以充当道德根据的伦理心境,不是社会生活和智性思维的一个个具体经验,

---

[1] 关于这方面的情况,请参见我下面一组文章:《我们应当如何确认自己的智性——关于儒家生生伦理学逻辑起点的思考之一》(《复旦学报》2017 年第 5 期)、《我们应当如何确认自己的欲性——关于儒家生生伦理学逻辑起点的思考之二》(《复旦学报》2017 年第 6 期)、《我们应当如何确认自己的仁性——关于儒家生生伦理学逻辑起点的思考之三》(《复旦学报》2018 年第 1 期)。

而是其抽象物。比如，见到水龙头没有关紧哗哗淌水，我们内心都有一个道德标准，知道应该把它关上。这一道德标准不可能是天生的，一定来自后天的教化，因为哪怕仅凭常识也可以知道没有人生下来就知道这样做的。不管是听爸爸妈妈讲故事，在学校选修了相关内容的课程，还是自己看到了节约水资源的宣传材料，我们内心关水龙头不能浪费水资源这一道德标准，其来源都是具体的、经验的。但是，人的内心有一种神奇的功能，这些经验的具体内容进入内心后，随着时间的延长，频率的增加，会升格为一种抽象的结晶物。为此我曾以河床和河水的关系来说明这个道理：河床是由河水流淌逐渐形成的，但河床不再是河水，而是河水长年累月流淌积累的沉积物。

更为重要的是，伦理心境虽然来自于经验，是后天的，但又具有先在性。这种先在性指向两个方面。首先是生长倾向，因为生长倾向是天生的，自然是先在的，这就是我说的"先天而先在"。其次是狭义的伦理心境，因为这种意义的伦理心境来自于后天，但同样有先在性，所以我称为"后天而先在"。但不管是哪一种情况，仅就具有先在性而言，二者又是一样的。先在与先天不同，先天含有天生即有的意思，而先在只是说在处理伦理道德问题之前就已经在了，在时间截点上是在先的。把握这种先在性，对于准确理解儒家生生伦理学至关重要。可以想象一下，我们在伸手关水龙头的时候，并不需要新的学习，不需要听从谁的教导，也不需要进行逻辑推证，内心已经有了这个道德标准。这个道德标准虽然来自于后天，不是天生的，但又是先在的。明确后天的东西可以是先在的，是一项非常困难的工作。但这一步工作必须做好，否则无法解释为什么在社会生活中面对很多情况我们不需要新的学习，原本就知道如何去做，而这些内容又不可能是生而即有的。

由此说来，一则我对仁性的解读首先讲一个生长倾向，而我这样做并非源于经验的归纳，二则伦理心境虽然来自于经验，但又有先在性，正是这个特点决定它可以成为道德的根据。基于这两点，我一再强调不能简单说儒家生生伦理学是经验主义。

二、儒家生生伦理学也不是先验主义

另外，也不能将儒家生生伦理学归结为先验主义。在西方哲学中，先验有一个重要特点，这就是不能再追问。柏拉图的理型，康德的范畴，无不如此。这早已成为哲学的一般常识。然而，我从一开始就对这种观念持怀疑和批评的态度。在我看来，世界上任何一物都有其原因，都可以追问，一直问到不能问的那一点为止。这是哲学的使命。哲学就是要刨根问底，否则配不上这个伟大的称号。那种满足先验不可追问的做法，不客气地说，是偷懒的办法，是懒汉哲学。儒家生生伦理学对于仁性的解读没有走这条道路，没有以先验作最后的挡箭牌。从这个意义上说，我说生长倾向和伦理心境有先在性，与西方哲学讲的先验并不相同。先验是不能再追问的，而先在则是可以追问的。儒家生生伦理学并不止步于先在，希望再往前走，刨根问底，首先找到伦理心境，直至最后追寻到了生长倾向。从先验的立场判断，我的这种努力与他们的原则是不合拍的。

我主张不能将儒家生生伦理学归属于先验主义，更重要的是因为它不追求先验主义所希望的那种绝对普遍性和必然性。追求绝对普遍性和必然性，进而将普遍主义视为一种理想，是先验哲学的基本精神。由此可以划分出两个不同用语：universal 和 general。学界一般将前者理解为绝对普遍，将后者理解为相对普遍，并强调哲学的目的是追求前者而非后者。"普遍作为一种'主义'，总不会去张扬不够普遍的东西，反过来说，只有对于绝对普遍知识进行张扬的态度才能称为普遍主义。因为，从理论上说，那些停留在经验概括得到的普遍与绝对普遍相比只能是种特殊性，相对的普遍其实还谈不上普遍，真正的普遍只能是严格意义的绝对普遍，虽然相对普遍的问题也总是在普遍主义问题范畴内的。"[1] 按照这种理解，我以伦理心境解说仁性，尽管可以证明它不再是一般的经验，但最多是一种相对的普遍，是 general 而不是 universal。

我公开承认，以我的方式解说仁性，因为其中有时间性和空间性，当然不具有西方所强调的那种绝对的普遍性，只具有相对的普遍性。但这不代表它不合格，与之相反，恰恰说明了它的合理性。为了说明问题，需要回到黑格尔。黑格尔之前的哲学家一般遵循柏拉图的传统，将世界划分为现实世界和理型世界两个部分，现实世界是变动的、特殊的，理型世界是不变的、普遍的。要认识现实世界，必须首先把握理型世界，找到那个不变的支点。黑格尔对这一思想提出了严厉的批评。他从抽象的无内容的"自我"出发，通过内在的否定因素，在世界进程中实现了自身的运动。在这一进程中，作为主体的实体是自在的，同时也是自为的，在自身发展中完成了自我的实现。在阐发这一道理时，黑格尔特别指出："自在性并不是一种尚未展开的没有具体存在的抽象的普遍性；它本身直接就是个体性的历程的现在和实现。"[2] "现实性与普遍的东西是在分不开的统一体里"。[3] 这样，黑格尔便从抽象的直接的普遍性过渡到了具体的现实的普遍性，实现了一个重要的转变。黑格尔还从有限和无限的角度来阐发这一道理，指出："实有在它的自在之有之中，把自己规定为有限物并超出限制，这就发生了无限的概念。超出自身，否定其否定，变为无限，乃是有限物的本性。所以无限物并不是在有限物之上的一个本身现成的东西，以致有限物都仍然长留在、或保持在无限物之外或之下。"[4] 在黑格尔看来，任何一个具体物的存在都是有限的、相对的；但这种具体物又具有超出限制以

1　俞宣孟：《论普遍主义》，《学术月刊》，2008年第11期。
2　黑格尔：《精神现象学》上卷，王玖兴译，商务印书馆1979年版，第260页。
3　黑格尔：《精神现象学》上卷，王玖兴译，商务印书馆1979年版，第259页。
4　黑格尔：《逻辑学》上卷，杨一之译，商务印书馆1966年版，第135-136页。

六、经验抑或先验：儒家生生伦理学的自我辩护

达到无限的潜质，同时又是无限的、绝对的。有限与无限，相对与绝对，二者相互依存，共同存在于具体事物之中。黑格尔这一思想阐发了一个极有价值的道理：普遍不能离开特殊，无限不能离开有限；普遍寓于特殊之中，无限就在有限之中；一言以蔽之，普遍只能在具体中寻找，这种在具体中的普遍就是具体的普遍性。尽管黑格尔通过正反合的逻辑环节展现的世界历史过于完备，引发了诸多批评，但其关于具体的普遍性的思想，仍有重要的理论意义。他迫使我们不得不认真检讨那种希望首先确定一个绝对普遍的理型或形式，以此来保证一种学说的可靠性的思路，是不是从一开始就选错了方向。

对于仁性的解读，刚好可以与此相适应。以伦理心境解读仁性，仁性当然是特殊和偶然的，但这种特殊和偶然中同时又包含着普遍和必然。从时间角度看，仁性作为道德根据，具体标准是变化的。孔子那个时代某些具体的是非标准，早就发生了改变，已经不再适应今天的社会生活了。比如，春秋时期人们性格质朴，以至于孔子有"刚、毅、木、讷近仁"（《论语》13.27）之说。现在人们不再固守这个标准，认为培养良好的言说能力，适当表现自己，不一定是坏事。又如，孔子之时流行三年之丧的做法，宰我对此有异议，还受到孔子的严厉批评。[1] 随着社会生活的发展变化，现在人们早就不这样做了。但变中又有不变，孔子关于仁的很多论述，作为道德规范，在今天仍有重要的指导意义。在回答弟子关于什么是仁这一问题的时候，孔子讲的"己所不欲，勿施于人"（《论语》15.24），"己欲立而立人，己欲达而达人"（《论语》6.30），仍然是今天必须遵守的重要道德法则。从空间角度看也是如此。孔子曾直接以"爱人"（《论语》12.22）回答樊迟问仁，"爱人"由此成为了仁的一个不可缺少的内容。孔子讲爱人，并非立足于某个理型，而

---

[1] 事见《论语·阳货》第二十一章。

是从具体的生活出发的。自周王封周公以鲁地之后,鲁国文化一直比较发达,以重礼仁爱闻名于周边各国。孔子生活于其间,自然要受到影响。这个背景决定了孔子讲的"爱人"一定是特殊的,但这种特殊又有普遍的意义。孟子生于邹国,尽管与鲁国十分相近,但毕竟是不同的国家。值得注意的是,孟子并没有因为这个不同而不讲"爱人",其学说中这方面的内容较孔子更为详尽。不仅如此,其他各国,如齐国、楚国、秦国也都可以讲"爱人"。这就说明,孔子提出"爱人"的说法虽然离不开鲁国的文化背景,但这一思想又并非仅仅局限于鲁国,同样可以在其他各国推广,包含着普遍的意义。

　　追求绝对普遍和必然,是西方哲学的重要传统,西方人为此奋斗了两千多年,至今仍然没有找到,难道我们还要再找两千年吗?虽然短期没有找到不代表未来不能找到,但在我看来,这种绝对的普遍和必然不过是西方人为自己画的一个巨大甜饼,看上云香甜艳丽,十分诱人,在世界上却根本就不存在。更为严重的是,这种思维方式负面作用很强,其弊端已经显现了出来。在文化方面,人们往往习惯于将自己的生活方式作为唯一的标准,在政治方面,人们往往习惯于将自己政治模式当作唯一的模式,强行向外推广。Ontology 与霸权主义有着天然的关联,这是我们不得不特别警惕的重大哲学问题。时至今日,应该而且必须对这种思维方式进行彻底的清理了。在特殊中寻求普遍,在个别中寻求一般,既尊重特殊和个别,又不忘其中包含的普遍和一般的意义,沿着具体的普遍性的方向,才是有望见到光明的可行之路。儒家生生伦理学正是如此。它拒绝寻找绝对的普遍和必然,坚定地沿着具体的普遍性的方向前行。但现在仍然有人抱着陈旧的观念不放,希望寻找那个本来并不存在的绝对普遍和必然,并由此批评甚至讽刺与之相反的一切努力,这就不能不说是一件令人十分遗憾的事情了。

六、经验抑或先验:儒家生生伦理学的自我辩护

三、儒家生生伦理学代表着一个新的方向

由此可知，儒家生生伦理学既不是经验主义，也不是先验主义，是超脱于二者之上的一种新方法，代表着一种新的趋势。我的这种努力在前贤身上可以看到一些具体的影子，并得到理论的支撑。

首先看一下康德。我们一般认为，康德是先验哲学的代表，这固然不错，但康德哲学还有另外一面，这在其伦理学中表现得尤为突出。康德将伦理学的探讨区分为"道德的形上学"和"实用人类学"两个部分。在他看来，道德法则因具有普遍性和必然性，所以只能建立在先验理性的基础上，任何经验成分的介入都会破坏其基础。这是其"道德的形上学"部分。但是现实生活中，人不仅有理性，同时也有感性，道德法则必须落实在实际的生命中，处理具体的善和恶。因此还需要一门"实用人类学"。我们关注较多的是前者，而容易忽视后者。但不要忘记，康德曾明确从实用人类学的角度讨论过善恶问题。《纯粹理性界限内的宗教》第一章的标题即为"论人的本性中的向善的原初禀赋"。在这里，康德将这样的禀赋分为三类。第一，作为一种有生命的存在者，人具有动物性的禀赋；第二，作为一种有生命同时又有理性的存在者，人具有人性的禀赋；第三，作为一种有理性同时又能够负责任的存在者，人具有人格性的禀赋。[1] 第一种禀赋主要指人的动物性，第二种禀赋指一种追求平等的意识，第三种禀赋则是"一种易于接受对于道德法则的敬重、把道德法则当做任性的自身充分的动机的素质"。有了这种敬重，我们便不会感到道德法则的强制性，而自愿服从。这清楚说明，康德非常重视人性中这种"向善的原始禀赋"，"这些向善的原始禀赋先于根本恶而存在于人性中，而'恶'是一种堕落，是因原

---

[1] 康德，《纯粹理性界限内的宗教》，《康德著作全集》第6卷，李秋零译，中国人民大学出版社2007年版，第24-25页。

初的'善'之丧失而形成"。[1]

有了这个前提,康德晚年的一些论述就不难理解了。在晚年的一篇文章中,康德这样写道:

> 因此,我可以假定:既然人类在作为其自然目的的文化方面不断向前推进,则这种推进也包含在它的存在的道德目的方面向着更善的进步中,而且这种进步虽然时而被打断,但绝不会被断绝。我没有必要证明这种预设,其反对者才必须证明。因为我依据的是我天生的义务,即在繁衍序列——我(作为一般而言的人)身处其中,而毕竟在要求于我的道德性状上并不像我应当因而也能够的那样好——的每个环节上都如此影响后代,使他们越来越善(因此也必须假定这件事的可能性),并且就这样使这个义务能够依照法权从繁衍的一个环节传给另一个环节。[2]

这一表述中最值得关注的是头一句:"既然人类在作为其自然目的的文化方面不断向前推进,则这种推进也包含在它的存在的道德目的方面向着更善的进步中,而且这种进步虽然时而被打断,但绝不会被断绝。"这就是说,人类有自己的自然目的,并不断朝着这个目的前进,从而决定了人类一定处在向着更善的进步之中,这种进步可以一时被打断,但绝不会断绝。这清楚说明,康德并不排除从人类学的角度确定人具有道德的禀赋,认为这种禀赋不会从根本上断绝,可以保障人不断向着自己的道德目的发展。更有趣的是,康德甚至认为,他没有必要为此提供证明,只有反对者才需要这样

---

[1] 李明辉:《康德的"根本恶"说——兼与孟子的性善说相比较》,《康德伦理学与孟子道德思考之重建》,(台)"中央研究院"中国文哲研究所1994年版,第145-146页。在该文中,作者对康德的"根本恶"的思想进行了详细分析,并与儒家学说相对照,对时下较为流行的将康德理解为性恶论者的看法,提出了严厉批评,认为"将康德的'根本恶'说与孟子的性善说视为互相对立的两种观点,乃是皮相之见"。

[2] 康德:《论俗语:这在理论上可能是正确的,但不适用于实践》,《康德著作全集》第8卷,李秋零译,中国人民大学出版社2010年版,第313页。

六、经验抑或先验:儒家生生伦理学的自我辩护

做。因为他依据的是他自己"天生的义务",他就在这个繁衍的序列之中,这个序列决定人们一定会越来越善,并将这种情况传递给自己的后代。像康德这样坚定地维持先验立场的哲学家尚且不排除从禀赋的角度探讨道德感的根源,我们通过分析的方法推论出人天生即有一种生长倾向,其合理性,就不言自明了。

舍勒的启发更为直接。我们知道,舍勒伦理学的根本特征是情感的直觉主义和质料的先天(验)主义。前者与本文没有直接关联,暂且不论,此处只谈后者。在西方哲学传统中,自古希腊哲学提出形式和质料的区分后,质料就与经验、后天联系在一起,一种学说要保证其有效性,不能将根基建立在质料之上。舍勒则提出了一种完全不同的主张:真正的伦理学应该建立在质料之上,而这种质料又是先天(验)的。"我们将所有那些观念的含义统一和定律称之为'先天的',这些含义统一和定律是在不顾及任何一种对其思维的主体及其实在自然属性之设定的情况下以及在不顾及任何一种对一个可为它们所运用对象之设定的情况下,通过直接直观的内涵而成为自身被给予性。也就是说,这里不考虑任何设定。"[1] 现相学十分重视直接的直观,认为任何现相都起于这种直观。在舍勒看来,直观先于现相,而这种直接直观中被给予的东西,就是先天(验)的。也就是说,凡是可以在直接的直观中作为自身被给予的东西,就是先天(验)的。

舍勒进而这样写道:

> 在这里,本质性(Wesenheit)和何物性(Washeit)本身既不是一个一般之物,也不是一个个体之物。例如红这个本质既在一般概念中是红,也在这个颜色的每个可直观的细微差异中一同被给予。只有本质性在其显现时与对象发生的关系,才会使这个

---

[1] 马克斯·舍勒:《伦理学中的形式主义与质料的价值伦理学》,倪梁康译,生活·读书·新知三联书店 2004 年版,第 57 页。

> 本质性的一般含义和个体含义之间的区别产生出来。因此，如果一个本质性同一地在许多不同的对象那里显现出来，并且是以所有"具有"或"载有"此本质的东西的形式显现，那么这个本质性便是一般的但它也可以构成一个个体的本质，同时却不必因此而不再是一个本质性。[1]

现相学所谓的本质不是一般之物，也不是个体之物，而是直接直观中被给予的东西。现相学经常举"红"的例子以说明这个道理。我们意识中有一个作为本质的红，它不是具体的经验，不是一个个具体的浅红、深红、大红、紫红，但在生活中遇到任何一个具体的浅红、深红、大红、紫红的对象时，我们内心的这种红的本质，通过直接直观都会告知我们那是红。特别重要的是，这种作为本质的红，是在直接直观之前就存在的，是在先的，没有这种在先的特点，直接直观便无任何可能。舍勒提出这一主张，意在强调，先天（验）的不一定是形式，质料同样可以有这种特性，这个具有先天（验）特性的质料，就是现相学所强调的那个本质，那个事实，从而一举打破康德形式是先天（验）的，质料是后天的这一固有模式，这"无疑是对康德奠定的律令伦理学的最大挑战，也是康德以来最大的一次伦理学革命"。[2] 舍勒这一思想对我们最直接的启发即在于，讨论道德根据不一定非要从形式出发，质料同样可以起到这个作用。伦理心境来源于经验，是后天的，但这种源于后天的伦理心境又具有先在性，在处理新的伦理道德问题之前就已经存在了。正是这种先在性决定它可以成为道德的根据。

当然，与我的进路联系最为紧密的是李泽厚的积淀说。早在从事美学研究的时候，李泽厚就提出了他的积淀说。在他看来，不是

---

[1] 马克斯·舍勒:《伦理学中的形式主义与质料的价值伦理学》，倪梁康译，生活·读书·新知三联书店 2004 年版，第 57–58 页。
[2] 黄裕生:《质料何以是先验的？——论马克斯·舍勒的"质料的价值伦理学"基础》，《南京大学学报》，2012 年第 4 期。

六、经验抑或先验：儒家生生伦理学的自我辩护

个人的情感、意识、思想、意志创造了美，而是人类总体的社会实践活动创造了美，人类制造和使用工具的生产活动才是美的真正根源，美的本质只有从这个角度才能得到合理的理解。换言之，美的形式是由社会实践活动中积淀出来的。后来，李泽厚又将这一思路扩展到中国哲学研究上来，用于说明中国文化的特点。在他看来，孔子的仁是由血缘基础、心理原则、人道主义、个体人格四个方面构成的一种思想模式。孔子是创立这种模式的第一人，受此影响，这种新的思想模式成为了汉民族集体无意识的原型，构成了一种民族的文化—心理结构。李泽厚将这种运用于文化研究的理论称为"广义积淀说"，以与早期的"狭义积淀说"相区分。积淀说可以说是李泽厚最具代表性的思想，自早年提出之后，一生没有原则性的更改，到了晚年更将这一思想凝练为三句话，即："由历史建成的理性，由经验变成的先验，由心理形成的本体。"[1]

　　李泽厚积淀说最大的意义在于，它打破了康德研究中先验是不可追寻的一般看法，强调先验其实是长期生产和生活活动的对人影响的一种结果。虽然李泽厚的思想历来伴有争议，但我从不否认我对仁性的解读最初就是受到了李泽厚的影响。按照我的这种理解，如果不计较来源，仅就成德的次第而言，人们处理伦理道德问题头脑里早就有了东西。这种东西按照习惯一般称为先验的。但这种作为先验的东西其实是可以追寻的，无非来自两个方面，一是生长倾向，二是伦理心境。这两个方面不能截然分割，伦理心境必须建基于生长倾向之上，生长倾向也必然会发展为伦理心境。生长倾向是天生的，伦理心境虽然来自于经验，是后天的，但又具有先在性。有了这种具有先在性的伦理心境，面对新的伦理道德问题，人们不需要新的学习，就知道应该如何去做。在这个意义上，后天变成了先在，而先在起到了先验的作用。

---

[1] 李泽厚：《哲学纲要》，北京大学出版社 2011 年版，第 69 页。

当然，我的做法与中外前贤并不完全相同。康德是通过禀赋证明人原本就有道德根据的，并认为他不需要为此提供证明，只有持相反立场的人才需要这样做。我不以禀赋讲生长倾向，我证明人天生具有一种生长倾向，完全基于哲学的分析。尽管这种证明只是那么简单几句话，但它又极难反驳。舍勒只是强调了本质也是先天（验）的，但没有分析本质的具体来源。我则希望进一步追寻那个作为先天（验）的原因，最终找到了伦理心境。伦理心境虽然来源于经验，但作为一种结晶物，已经改变了性质，不再是经验本身，而是经验的抽象物，有着相当的稳定性，具有"公理"的性质。用现相学的语言表述，已经成为了一种本质，一种事实。正因于此，伦理心境有着普适性，不管在什么场合，是医院，是宾馆，还是私人住宅，见到水龙头没有关紧，都知道要把它关上。恰如不管见到哪一种具体的红都知道它是红。我与李泽厚积淀说的差异最为细微。李泽厚积淀说的重点是分析中国人的一种特殊的文化—心理结构，重点在文化研究，而我的重点则在性善论解说。李泽厚希望通过人类长期的生产和生活说明美的形式的来源，虽然我不完全排除这一点，但更加重视的是社会生活和智性思维对每个具体人的道德行为的影响。更为重要的是，李泽厚晚年用了很大的气力建构其情本体，以打掉传统的本体，而我则希望保留这个本体。[1] 这些不同，都需要认真研究，不可笼统而论。

　　综上而言，我对仁性的解读首先讲一个生长倾向，这不是源于经验的归纳。伦理心境虽然源于经验，但已经转化为一种本质，具有先在性，有了先验的特征。因此，我的学术立场既有经验主义的因素，又有先验主义的成分，但既不能归为经验主义，也不能归为先验主义，代表着一个完全不同的新方向。

---

[1] 这个问题涉及面较宽，这里只是点出要点，当另文详述。

七、"积淀说"与"结晶说"之同异

——李泽厚对我的影响及我与李泽厚的分别

案：我公开承认，我以伦理心境解读良心，最初是受到了李泽厚"积淀说"的影响。与"积淀说"相比，我对良心的解读可以叫作"结晶说"。虽然"结晶说"脱胎于"积淀说"，但二者又有多方面的差异。为说明二者的关系，我撰写了这篇文章，发表于《文史哲》2019年第5期。文章标题中虽有"同异"二字，但讲异明显多于同。不过现在回头来看，这些异已经不是那么重要了，重要的反倒是同。文中有一句话很能代表我现在的心情，特引述如下："平心而论，环顾四周，在中国哲学范围内，迄今为止，我可能是唯一沿着这个方向努力并具有自觉意识的学者了。"另有《"积淀说"的传承与革新——纪念李泽厚先生》（《国际儒学》2023年第1期），内容相近，不再收录。

自20世纪80年代将思想重点由美学转到中国哲学，以"积淀说"解说中国文化的特点以来，李泽厚在中国哲学研究领域一直占有重要位置，同时也伴有很大的争议，"是中国近三十年来最有影响、最受关注的哲学家"。[1] 我公开承认，我三十多年来坚持以伦理心境解读性善论最初就是受到了李泽厚的影响。平心而论，环顾四周，在中国哲学范围内，迄今为止，我可能是唯一沿着这个方向

---

[1] 陈来：《仁学本体论》，生活·读书·新知三联书店2014年版，第389页。

努力并具有自觉意识的学者了。与"积淀说"相比，我的思路可以叫作"结晶说"。因为有此背景，人们往往认为，我的研究只是将"积淀"改为"结晶"，换个说法而已，没有多少新东西。其实不然。"结晶说"并不是"积淀说"的简单复本，二者之间有着多方面的差异，乃至原则性的不同。本文即就这个问题作一些梳理和澄清。[1]

一、文化—心理结构分析还是性善论解说

李泽厚的"积淀说"最初是在美学研究中提出来的，意在表明，不是个人的情感、意识、思想、意志创造了美，而是人类总体的社会实践活动创造了美，人类制造和使用工具的生产活动才是美的真正根源，美的本质只有从这个角度才能得到合理的理解。

后来，他又将这一思路扩展到中国哲学方面，用于说明中国文化的特点。1980 年，李泽厚发表的著名论文《孔子再评价》[2] 可以视为这一转向的标志。这篇文章对孔子思想进行了全新的解释，认为孔子的仁是一种思想模式，分别由血缘基础、心理原则、人道主义、个体人格四个方面构成。自原始巫史文化崩毁之后，孔子是提出这种新模式的第一人。尽管不一定自觉意识到，但建立在血缘基础上，以人情味（社会性）的亲子之爱为核心，扩展为对外的人道主义和对内的理想人格，事实上构成了一种具有实践性格而不待外

---

[1] 此前我曾发表过《仍是一偏：评李泽厚的新旁出说》(《探索与争鸣》2017 年第 7 期）一文，对李泽厚判定象山、阳明为旁出的做法提出了批评，敬请参阅。

[2] 见《中国社会科学》1980 年第 2 期。该文后收入《李泽厚十年集》第三卷（上）(安徽文艺出版社 1994 年版）。这是一篇重要文章，在学界引起了很大反响。当时中国哲学研究方法普遍比较陈旧，虽然不再满足于唯物、唯心那套范式，但大多只是在材料中挣扎，很难提出新的观念。《孔子再评价》以"积淀说"解读中国人的文化—心理结构，以此对孔子进行新的评价，打开了一个新的窗口，将人们带入一个新的领域，实有开拓之功。当时的那种感觉，只有经历那段特殊时光的人才能体会到，后人很难理解。

七、"积淀说"与"结晶说"之同异——李泽厚对我的影响及我与李泽厚的分别

求的心理模式,成为汉民族集体无意识的原型,构成了一种民族的文化—心理结构。"尽管在当时政治事业中是失败了,但在建立或塑造这样一种民族的文化—心理结构上,孔子却成功了。他的思想对中国民族起了其他任何思想学说所难以比拟匹敌的巨大作用。"[1]李泽厚将这种用于中国文化研究的方法称为"广义积淀说",而将此前单独用于美学领域的方法称为"狭义积淀说"。

李泽厚建立"广义积淀说"的目的十分明确,就是用来解说中国文化的深层结构。深层结构相对于表层结构而言。表层结构指的是孔门学说和自秦汉以来的儒家政教体系、典章制度、伦理纲常、生活秩序、意识形态。而深层结构则是"百姓日用而不知"的生活态度、思想定势、情感取向。这种结构并不纯是理性的,而毋宁是一种包含着情绪、欲望,却与理性相互纠缠的复合物,基本上是以情与理为主干的感性形态的个体心理结构。李泽厚特别指出:"这个所谓'深层结构',也并非我的新发现。其实它是老生常谈,即人们常讲的'国民性'、'民族精神'、'文化传统'等等,只是没有标出'文化心理结构'的词语,没有重视表、深层的复杂关系及结构罢了。"[2]这就看得很清楚了,李泽厚为自己规定的任务,就是通过"积淀说"对中国文化的深层结构加以解说,尽管这一结构大家都习以为常,但很少有人了解其中的真意。

李泽厚将这种深层结构概括为两个方面:实用理性和乐感文化。实用理性又叫实践理性,特指一种理性精神或理性态度。"与当时无神论、怀疑论思想兴起相一致,孔子对'礼'作出'仁'的解释,在基本倾向上符合了这一思潮。不是用某种神秘的热狂而是用冷静的、现实的、合理的态度来解说和对待事物和传统;不是禁欲或纵欲式地扼杀或放任情感欲望,而是用理知来引导、满足、节

---

[1] 李泽厚:《李泽厚十年集》第三卷(上),安徽文艺出版社1994年版,第37页。
[2] 李泽厚:《历史本体论·己卯五说》,生活·读书·新知三联书店2013年版,第276页。

制情欲；不是对人对己的虚无主义或利己主义，而是在人道和人格的追求中取得某种均衡。"[1]这种理性的重点不在理论上探求、争辩难以解决的哲学难点，而是更加看重如何在现实生活中妥善处理问题，这也成了中国文化后来没有走上纯认知道路的重要原因。乐感文化是孔子思想的另一个特点。在李泽厚看来，孔子释礼为仁，把外在的礼改造为文化—心理结构，使之成为人的族类自觉即自我意识，使人意识到他的个体的位置、价值和意义就存在于与他人的一般交往之中。"那种来源于氏族民主制的人道精神和人格理想，那种重视现实、经世致用的理性态度，那种乐观进取、舍我其谁的实践精神们，……都曾在漫长的中国历史上感染、教育、熏陶了不少仁人志士。"[2]中国文化具有如此顽强的生命力量，历经数千年内忧外患却始终能够保存、延续和发扬光大，在全世界独此一份，与孔子体现的这种乐感精神有密切关系。

这一用心后来在《中日文化心理比较试说略稿》一文中表现得更为突出。在这篇文章中，李泽厚通过分析对神的看法，对忠孝、生死的不同态度，得出了这样的结论：中日彼此相邻，文化相近，但又有很多不同的特点，而这些特点都集中在其特有的社会文化心理结构方面。他还把自己的方法与弗洛伊德相比较。在他看来，弗洛伊德治病的方法是用意识将无意识唤醒，将无意识意识化。他谈文化—心理结构，也是出于同样的目的。不同之处在于，弗洛伊德是对个体的分析，他谈文化—心理结构则是针对文化群体，"将积淀在群体心理中的文化现象及特征描述出而意识化，发现其优长和弱点，以提供视角来'治病救人'"。[3]

将李泽厚"积淀说"的相关论述归总起来，可以清楚看出，其重点始终在于文化—心理结构的分析，而不在孟子的性善论。《孔

---

1 李泽厚：《李泽厚十年集》第三卷（上），安徽文艺出版社1994年版，第33页。
2 李泽厚：《李泽厚十年集》第三卷（上），安徽文艺出版社1994年版，第42页。
3 李泽厚：《历史本体论·己卯五说》，生活·读书·新知三联书店2013年版，第342页。

子再评价》可为证明。该文原为三节，分别是"礼的特征""仁的结构""弱点与长处"，后又加补了第四节"附论孟子"。在这一节中，他特别强调，孔子之后，儒分为八，孟子的特点是"在承继孔子仁学的思想体系上有意识地把第二因素的心理原则作为整个理论结构的基础和起点，其他几个因素都直接由它推出"。[1] 这里，他的重点仍然是文化—心理结构的分析。

与此不同，我提出"结晶说"重点在于性善论的诠释。我从事儒学研究始于 20 世纪 80 年代，选择的第一个项目便是孟子性善论研究。这是一个非常困难的题目，以至于有学者将其誉为中国哲学研究中的哥德巴赫猜想。历史上孟子研究从未中断过，但这些研究往往只是简单重复孟子的说法，满足于将良心认定为"我固有之"，或将其直接归为上天的赋予，即所谓"天之所与我者"，而未能对其中的道理作出深层次的理论说明。我的研究不再满足于此，而是试图对人何以有良心，何以有善性予以哲学层面的解释。恰好在这个时候，我读到了李泽厚的那篇文章，大受启发，经过数年艰苦努力，终于有了自己的心得，走出了自己的路子。在我看来，性善因为心善，心善所以性善，性善论的基础完全在于良心。人之所以有良心，一是因为天生有一种自然生长的倾向，我简称为"生长倾向"，二是受社会生活和智性思维的影响，在内心有一种结晶物，我概括为"伦理心境"。"人性中的自然生长倾向来自天生，是人的自然属性；伦理心境来自社会生活和智性思维，来自后天养成，是人的社会属性。人性中的自然生长倾向是性善论研究不可缺少的部分，没有它，我们没有办法对人最初的向善动因以及伦理心境的附着之地等问题给出合理的说明，无助于将成就道德视为一个自然的过程；伦理心境是性善论研究最为重要的部分，是整个研究的枢纽，没有它，我们也没有办法说明人的良心本心是如何形成的，良

---

[1] 李泽厚：《李泽厚十年集》第三卷（上），安徽文艺出版社 1994 年版，第 46 页。

性善之谜——破解儒学研究的哥德巴赫猜想

心本心何以能够成为道德根据的问题。"[1]一言以蔽之,良心不过是建基于生长倾向之上的伦理心境罢了。这样,我便以自己的方式对性善论加以了诠释,为破解中国哲学研究中的这个重大难题作出了自己努力,将相关研究向前推进了一步。

从这个角度可以看出,"积淀说"和"结晶说"的重点各不相同。"积淀说"的重点在于分析中国文化的深层结构,以说明中国文化何以如此不同,"结晶说"的重点则在性善论的诠释,以说明人为什么有善性,有良心。"结晶说"虽然脱胎于"积淀说",在一定意义上可以讲是"积淀说"的具体运用和发展,但二者的对象已经有了很大的差异。我没有像李泽厚那样着重以文化—心理结构的分析为基础,从实用理性和乐感文化的角度概括中国文化的特征,李泽厚虽然在此过程中也讨论过人性问题,但没有像我一样专门以生长倾向和伦理心境为根基,对孟子的性善论进行系统的理论说明。这是显而易见的,相信不应有太大的争议。

二、"先天而先在"还是"后天而先在"

因为"积淀说"的重点在于揭示特定的文化—心理结构,所以李泽厚十分重视历史性问题。在他看来,有两种不同的历史性。马克思主义强调的历史性指一时一地的具体环境和状态,意即环境和状态都是由历史发展而来的,而他所说的历史性则是指一种历史的积累。"我以前讲自然人化,包括外在环境和内在心理,都是指它们由(原文如此——引者注)积累和沉淀的'历史'成果,人有如此这般的工具、环境,人有如此这般的能力、本领,都是通由历史(就人类群体说)和教育(就个体说)才有可能。作为理性凝聚的

---

[1] 杨泽波:《孟子性善论研究》(再修订版),上海人民出版社2016年版,第97页。

人性能力，正是如此。"[1]

李泽厚进而用这一道理解说形式美的来源。形式美是美学理论中的一个重要问题。克乃夫·贝尔曾提出过美是"有意味的形式"的观点，特别重视审美的纯形式，为后期印象派绘画提供了理论依据。但他没有办法合理说明这种"有意味的形式"的来源。李泽厚认为，"积淀说"可以克服这个困难。在他看来，仰韶、马家窑的某些几何纹样已比较清晰地表明，这里有一个由动物形象的写实而逐渐变为抽象、符号化的过程。由再现（模拟）到表现（抽象化），由写实到符号化，这正是一个由内容到形式的积淀过程，也正是美作为"有意味的形式"的原始形成过程。"在后世看来似乎只是'美观'、'装饰'而并无具体含义和内容的抽象几何纹样，其实在当年却是有着非常重要的内容和含义，即具有严重的原始巫术礼仪的图腾含义的。"[2] 抽象几何纹饰并非某种形式美，它就来自于生产劳动，来自于生活实践。"正因为似乎是纯形式的几何线条，实际是从写实的形象演化而来，其内容（意义）已积淀（溶化）在其中，于是，才不同于一般的形式、线条，而成为'有意味的形式'。也正由于对它的感受有特定的观念、想象和积淀（溶化），才不同于一般的感情、感性、感受，而成为特定的'审美感情'。"因此，"有意味的形式"一点都不神秘，"正是这种积淀、溶化在形式、感受中的特定的社会内容和社会感情"。[3] 人类在长期发展过程中，将人类的积淀为个体的，理性的积淀为感性的，社会的积淀为自然的，从而具有了美的形式。

李泽厚自我评价说，他的这种解说可以叫作"先验心理学"，以与康德哲学相区分。"这'先验心理学'不同于 Kant 的是，如已申说，Kant 将它们归之于无所由来也无从说解的'先验'，历史本

---

[1] 李泽厚：《哲学纲要》，北京大学出版社 2011 年版，第 69 页。
[2] 李泽厚：《李泽厚十年集》第一卷，安徽文艺出版社 1994 年版，第 23-24 页。
[3] 李泽厚：《李泽厚十年集》第一卷，安徽文艺出版社 1994 年版，第 33 页。

体论则认为它们乃人类长久历史实践特别是劳动操作活动的产物。但它们一经产生，便具有存在论的本体意义。这'本体'不是独立于人的身体而存在的实体，而是依附于肉体生存的人类心理功能的结构形式。这结构形式不能脱离特定社会时代的经验内容，实际乃由此经验内容经由极为漫长的历史，逐渐积淀而成。"[1] 先验是康德哲学的一个重要支点，按照西方哲学的一般看法，既然是先验就不能再追问了。李泽厚则从历史本体论出发，坚持认为所谓先验，所谓本体，都是可以追问的，都由极为漫长的历史积淀而成。"这也就是为什么说历史本体论是由 Marx 回到 Kant，即由 Marx 的人类学实践宏观视角（社会—工具本体）回归到 Kant 的普遍必然的文化—心理本体，论证由操作—实践的人类长期历史活动中建立起来专属于人类的文化心理结构的人性能力，此即积淀说。"[2] 后来，他用三句话对自己的观念加以概括："由历史建成的理性，由经验变成的先验，由心理形成的本体。"[3]

这一致思取向对李泽厚关于人性的看法有直接影响。20 世纪 70 年代哈佛大学教授 Wilson 通过包括遗传基因在内的新型研究，得出一个结论，认为人的利他行为实际是以个体及其最邻近亲属的利益为目的的，"利他主义自然要服从生物学法则"，"这种自我献身的冲动不必解释为神圣或超验的，我们有理由去寻找更为常规的生物学解释"。李泽厚高度评价这一研究，进而指出："所谓'同情心'、'恻隐之心'、'不安不忍'的真实根源，不过如此。"[4] 李泽厚甚至还将希望寄托在自然科学的未来发展之上。2006 年 4 月《科学的美国人》杂志发表了一篇瑞士人类学家的研究报告。报告指出，科学家通过对苏门答腊某一猿类的野外观察得出了这样一个结

1　李泽厚：《实用理性与乐感文化》，生活・读书・新知三联书店 2013 年版，第 34 页。
2　李泽厚：《实用理性与乐感文化》，生活・读书・新知三联书店 2013 年版，第 36 页。
3　李泽厚：《哲学纲要》，北京大学出版社 2011 年版，第 69 页。
4　李泽厚：《哲学纲要》，北京大学出版社 2011 年版，第 92 页。

论:"智性产生于文化"。李泽厚看到这一成果后非常高兴,指出:"这一实证科学的假说与我30年前的'文化心理结构'的哲学观点完全吻合,读后感到非常高兴。"[1]"未来脑科学也许能揭示所谓理性就个体说,乃大脑皮层某区域某部位(如与左脑语言中枢相关)或整个大脑在外在文化环境作用刺激下所形成的某种神经机制。它对人的动物生理反应产生的各种不同作用、关系、通道、结构,便形成了人所特有的文化心理结构而区别于其他动物族类。我认为人的理性首先产生于制造—使用工具的群体实践中,所以从根本上我是将两个著名的关于人的古老定义即'人是理性的动物'和'人是制造工具的动物'沟通联结了起来。"[2]

对李泽厚这一思路,我持有高度的警觉,保持着必要的距离。其一,我坚持认为,人之所以有善性,有良心,最为关键的是伦理心境,而不是生长倾向。如上所说,我诠释性善论有两个着力点,一个是生长倾向,一个伦理心境。生长倾向是人的自然属性,因为它来自天生,所以可以叫作"先天而先在"。"先在"或"先在性"是我非常重视的一个说法。所谓先在简单说就是先于问题而存在。在处理伦理道德问题的时候,生长倾向早就有了,所以说它是先在的,或具有先在性。照我的理解,李泽厚从生产生活实践证明"形式美"和"善端"的来源,与"先天而先在"较为接近。但我认为,光有这一条还不行,还必须再讲一个伦理心境。伦理心境是人的社会属性,来自社会生活和智性思维对内心的影响。从这个意义上说,它是后天的,但诡谲的是,这种来自后天的伦理心境同样是先在的,具有先在性,因为在处理伦理道德的时候,它已经存在了。这种已经存在,就是它的先在性。正是这种先在性,保证了由后天而来的伦理心境可以成为道德的根据。因此,要破解性善论之

---

[1] 李泽厚:《哲学纲要》,北京大学出版社2011年版,第83页。

[2] 李泽厚:《哲学纲要》,北京:北京大学出版社,2011年,第103页。

谜，说明人为什么有道德根据，眼光不宜集中于生长倾向，而应聚焦于伦理心境。准确把握和认清伦理心境的来源，特别是其"后天而先在"的性质，才是破解性善论之谜整个工作的关键。反之，如果将重点放在"先天而先在"的生长倾向上，着力证明由经验而成的"形式美"或"善端"如何在长期的历史演化中遗传给后人，且不说能否有力地证明这一点，即使可以证明，生长倾向在道德根据中也不占主要比重。这是必须再三加以强调的。

其二，不能以生物遗传的方式证明生长倾向。李泽厚以生产生活实践说明"形式美"和"善端"的来源，这种做法有一定合理性。因为在当今条件下，再按照传统的方法，无论将之归为先验还是上天赋予，都已经没有太强的说服力了。我解说性善论除着重讲伦理心境之外，一定还要讲一个生长倾向，也是考虑到了这个因素。但我关于生长倾向的讲法与其不同。李泽厚强调，无论是"形式美"还是"善端"，都来源于人类长期创造和使用工具的生产活动，康德的先验只有按照这种方式才能得到合理的理解，这也是他自称仍然是一个马克思主义者的根本理由。在我看来，李泽厚的这种做法隐含着一个根本性问题：既然形式美或道德的先验根据来自人类长期的生产活动，那么每个具体的人身上所具有的这些内容，就只能从生物遗传的角度来加以说明了。这就可以解释李泽厚为什么会对《科学的美国人》的那篇报告（见上文）抱有那么大的希望，兴奋异常了。我的性善论诠释尽管也讲生长倾向，但我坚持认为，对这个问题的证明，必须是哲学式的，而不能借助包括生物遗传在内的任何自然科学。这是哲学研究中经常有的一种混淆。过去我也犯过这个错误。《孟子性善论研究》第一版原有一个小节，标题为"良心本心的生物根源"。[1]这个标题本身即已说明，这是以生物遗传来说明性善的原因。后来我意识到了这个缺陷，在修订版中

---

1 杨泽波：《孟子性善论研究》（第一版），中国社会科学出版社1995年版，第82-85页。

对这一节作了彻底改写，着重从哲学的角度加以分析，以证明人作为一种有生命之物来到世间，一定带有一种生长的倾向性，这种倾向性既可以使其成为自己，又有利于其类的有效绵延。与此同时，我特别强调："必须将讨论严格限定在哲学范围之内，必须就此打住，老老实实承认这就是整个性善论研究的起点，再不能往前走一步，哪怕是一小步了。"[1] 常见一些学者对我这种做法不理解，批评这种证明不够有力，过于单薄，但我认为，这个原则必须坚持，一旦这个地方松动了，其研究就不再是哲学，而是自然科学了。自然科学当然可以对这个问题进行自己的研究，但我们的专业是哲学。哲学的任务是为其他科学确立可靠的起点，一旦过于谦虚地将这个责任委托给其他学科，它的死期也就随之到来了。[2] 我注意到，尽管李泽厚也曾多次声明，他的立场是哲学而不是自然科学，但如果按照他以人类的生产活动来解说"形式美"和"善端"的话，那么他就很难摆脱自然科学的阴影，从而不断受到非议。

三、"情本体"还是"仁本体"

在建构"积淀说"的过程中，李泽厚十分重视情感问题。《孔子再评价》讨论孔子关于三年之丧看法的时候，这种倾向已经很明显了。李泽厚认为，孔子没有把人的情感心理引向外在的崇拜或神秘境界，而是把它消融在以亲子关系为核心的人与人的世间关系之

---

[1] 杨泽波：《孟子性善论研究》(修订版)，中国人民大学出版社2010年版，第83页；(再修订版)，上海人民出版社2016年版，第95页。

[2] 在伦理心境之外再讲一个生长倾向，并强调对这种倾向的证明只能是哲学的，不能是自然科学的，是我以伦理心境解说性善的一个重要原则。学界不少同仁对此不以为然。2009年我在修订《孟子性善论研究》时，将原先"良心本心的生物根源"一节作了根本性的修改，撰成单文《论人性中的自然生长倾向》，提交上海师范大学国际儒学院成立大会并在会上宣读（后来该文发表于《中国哲学史》2010年第2期）。本以为可以得到同行最起码的理解和支持，但没有想到引起的多是不解乃至批评。

中，使构成宗教三要素的观念、情感和仪式统统环绕并沉浸在这一世俗伦理和日常心理的综合统一体中，而不必去建立另外的神学信仰大厦。"这一点与其他几个要素的有机结合，使儒学既不是宗教，又能替代宗教的功能，扮演准宗教的角色，这在世界文化史上是较为罕见的。不是去建立某种外在的玄想信仰体系，而是去建立这样一种现实的伦理—心理模式，正是仁学思想和儒学文化的关键所在。"[1]这就是说，孔子把三年之丧的传统礼制归结为亲子之爱的生活情理，把礼的基础直接诉于心理依靠，从而决定了儒学虽然不是宗教，却起到了宗教的作用。

在《美学四讲》中，李泽厚明确提出了建立新感性的主张。"从主体性实践哲学或人类学本体论来看美感，这是一个'建立新感性'的问题，所谓'建立新感性'也就是建立起人类心理本体，又特别是其中的情感本体。"[2]李泽厚一直坚持认为，要特别注意研究理性的东西是怎样表现在感性之中的。他提出积淀这个概念的目的之一，就是要证明社会的、理性的、历史的可以累积沉淀成个体的、感性的、直观的。这同样是一个"自然的人化"的过程。"它是对人类生存所意识到的感性肯定，所以我称之它为（原文如此——引者注）'新感性'，这就是我解释美感的基本途径。一句话，所谓'新感性'，乃'自然的人化'之成果是也。"[3]在李泽厚看来，孔子思想提供了一个非常好的模板，因为孔子特别重视人性情感的培育，重视动物性（欲）与社会性（理）的交融统一。"这实际是以'情'作为人性和人生的基础、实体和本源。它即是我所谓的'文化心理结构'的核心：'情理结构'。"[4]在另一处，他更明确

---

1 李泽厚：《李泽厚十年集》第三卷（上），安徽文艺出版社1994年版，第25页。
2 李泽厚：《李泽厚十年集》第一卷，安徽文艺出版社1994年版，第493页。
3 李泽厚：《李泽厚十年集》第一卷，安徽文艺出版社1994年版，第501页。
4 李泽厚：《论语今读》，中华书局2015年版，前言，第16页。

强调:"这是我数十年没有变动的人性论的观点圆心。"[1]

李泽厚进而用这一思想说明儒学四期发展的问题。他不同意学界普遍认可的儒学有三期发展的观点,认为儒学发展当划分为四期,即先秦时期,两汉时期,宋明时期,近现代时期。在这四期之中,最值得关注的当然是第四期。而第四期的一个核心特点,便是情感问题。他称之为情欲论。"对我来说,第四期的儒学主题便是'情欲论',它是'人类学历史本体论'的全面展开,仔细探究现代人生各种不同层次和种类的情感和欲望及其复杂的结构关系,它以情为'本体',其基本范畴将是自然人化、人自然化、积淀、情感、文化心理结构、两种道德、历史与伦理的二律背反等等。个人将第一次成为多元发展、充分实现自己的自由人。"[2]《美学四讲》的结尾处有这样一段文字:"于是,回到人本身吧,回到人的个体、感性和偶然吧。从而,也就回到现实的日常生活(every day life)中来吧!不要再受任何形上观念的控制支配,主动来迎接、组合和打破这积淀吧。""个体先天的潜力、才能、气质将充分表现,它迎接积淀、组建积淀却又打破积淀。于是积淀常新,艺术常新,经验常新,审美常新;于是,情感本体万岁,新感性万岁,人类万岁。"[3]如此酣畅激越、充满激情的文字在李泽厚著作中并不多见,足见其对这个问题的关注和用心,我甚至可以想象得出他写下这段文字时那种神采飞扬、自信满满的样子。

对于李泽厚的"情本体",学界已有不少评论。陈来的《仁学本体论》专辟一章加以讨论,意见十分集中,较有代表性。在陈来看来,李泽厚关注生命问题,这是可以理解的,但"仅仅讲生活生命,没有指明方向,这是儒家所不能满意的。如同历史上佛教讲作

---

[1] 李泽厚:《由巫到礼 释礼归仁》,生活·读书·新知三联书店2015年版,第118页。
[2] 李泽厚:《历史本体论·己卯五说》,生活·读书·新知三联书店2013年版,第154-155页。
[3] 李泽厚:《李泽厚十年集》第一卷,安徽文艺出版社1994年版,第580页。

用是性，没有设定伦理方向，遭到理学的否定和批评。事实上，熊十力也指出过，只讲生命活动，还不是儒学。我们认为，生生虽然不必是道德自觉一类的精神、意识，但生生必须和仁体连接在一起，才能成为儒家的本体大用"。[1] 这是批评李泽厚不讲仁体，失去了儒学的大本大用。根据儒家的一贯传统，讲生活、生命完全正当，但这种讲法必须以仁体为基础，否则很难保证正确的方向，很可能滑向堕落。陈来进而指出："在我们的立场来看，仁是具有形而上学意义的实在，而爱的情感只是仁体的显现之用，而李泽厚对仁的理解始终限制在'经验性的仁爱'，因此就不能肯定仁体的观念。又由于他的立场是某种后马克思主义、后现代，反对以道德为本体，最多他也不过是想把情感性内容注入康德的理性伦理本体而成为实用理性（亦即情理交融的感性），所以他必然不能走向仁本体。"[2] 这是批评李泽厚对情感的理解不透。儒家也讲情感，如喜、怒、哀、惧、爱、恶、欲，但这些情感只是仁体的具体显用。李泽厚脱离仁而谈情感，将对仁的理解限制在"经验性的仁爱"的层面，远未达到仁体的高度。[3]

我了解李泽厚提出"情本体"的初衷。李泽厚看到儒学历史上强调心体、性体固然有其意义，但也造成了压抑人性的问题。与法律属于外在强制不同，道德属于内在强制，是理性对个体欲求的压制，使行为自觉或不自觉地符合规范。中国古代的"习礼"，孔夫子讲的"立于礼"，俗话说的"学做"，以至于今天儿童教育中的区分对错好坏，都有类似的性质。"道德在心理上是人类所特有的理性凝聚的成果，这种'理性凝聚'对个体感性存在所起主宰、支配力量之强大，使康德称之为绝对律令（categorical imperative），中

1　陈来：《仁学本体论》，生活·读书·新知三联书店 2014 年版，第 401 页。
2　陈来：《仁学本体论》，生活·读书·新知三联书店 2014 年版，第 417 页。
3　我同意陈来对李泽厚"情本论"的上述批评，但对仁体这一概念的理解与其有所不同，对其建构新仁学本体论的思路也有一些不同意见。这方面的问题当另文详论。

七、"积淀说"与"结晶说"之同异——李泽厚对我的影响及我与李泽厚的分别

国宋明理学则冠之曰'天理'(朱熹)、'良知'(阳明)。"[1] 无论是康德的绝对律令，还是儒家的"天理""良知"，都造成了对人性的压抑，使人趋于异化。要避免这种情况再度发生，必须提出有效的预防办法。回到新感性，建立"情本体"，就是李泽厚设定的方案。回顾历史，这其实是近代以来儒学研究关注的中心话题，从这个意义上说，"情本体"有一定的合理性，不能完全否定。

但是，我完全不同意他回到新感性的主张，甚至根本反对"情本体"这一说法。情是儒家哲学的重要内容，历来为人们重视，宋代之后尤其如此。但情有两种，一是物欲之情，二是道德之情。物欲之情表现为人对物欲的需要。比如，饿了想吃，渴了想喝，累了想歇，到了一定年龄对异性有所要求，这些都是物欲方面的情感。道德之情则表现为对道德本身的需要，或满足了这种需要后内心的感受。李泽厚的"情本体"旨在建构一种"先验心理学"，从情理融合的角度对道德根据进行新的说明，所以他说的情主要是道德之情，而非物欲之情。但因为情有双重含义，"情本体"这个概念本身并不特别清楚，容易造成混淆。人们完全有理由询问：这里讲的是物欲之情呢，还是道德之情？如果是物欲之情，它是如何成为道德根据的？如果是道德之情，它与理性又是什么关系？

这还不是问题的关键，最为重要的是"情本体"目的是不讲本体，打掉本体。且看李泽厚是如何表白的："这个'情本体'即无本体，它已不再是传统意义上的'本体'。这个形而上学即没有形而上学，它的'形而上'即在'形而下'之中。……'情本体'之所以仍名之为'本体'，不过是指它即人生的真谛、存在的真实、最后的意义，如此而已。"[2] 这就是说，"情本体"的实质是无本体。之所以还用"本体"一词，不过是取其本源、根源、最后的实在的

---

[1] 李泽厚：《哲学纲要》，北京大学出版社2011年版，第14页。
[2] 李泽厚：《李泽厚对话集：中国哲学登场》，中华书局2014年版，第80-81页。

意思，与康德的用法有异。在这个问题上，我与李泽厚有很大的不同。我以"结晶说"诠释良心善性，不是否定本体，而是对本体作出合理的说明，把它讲清楚，坚持好。在我看来，自孔子创立仁的学说，孟子创立性善论以来，儒家道德学说最有价值之处，就在于建构了道德的根据，这就是孔子的仁，孟子的良心。因为孟子论良心来自于孔子论仁，良心和仁只是说法不同，没有本质区分，可以统称为仁体或仁本体。[1] 在儒家学理系统中，本体为本根、本源之意，与用相连，有体必有用，其用必有体，不同于西方哲学的Ontology。儒学讲道德一定要讲本体，这是儒家道德哲学的重要特点。不重视这个特点，去除了本体，没有了根据，道德岂不成了水上之萍，无根之木，怎么能讲好呢？

李泽厚之所以提倡"情本体"，不讲本体乃至打掉本体，与其头脑深处感性、理性两分的思想方法密不可分。在研究儒家思想的过程中，李泽厚正确地看到了仁含有情感，与康德道德哲学有很大差异。在康德那里，理性不能包含情感，否则无法保证其普遍性。为了凸显仁的情感性，李泽厚想到的办法是将仁归为感性，当然是一种新的感性。因为这种新的感性既包含着理性，又包含着情感，有情理交融的特性，故称为"情本论"。与李泽厚的思路不同，这些年来，我一直坚持认为，自孔子创立儒学之始，儒学就没有沿着感性、理性两分的路线走，实际遵循的是一种欲性、仁性、智性的三分模式。以此为基础，我提出了一种新的研究方法，即三分法。按照这种新方法，欲性和智性虽然也有自身的特点，但与西方道德哲学的感性和理性基本相似。儒家道德哲学可贵之处在于多了仁性

---

[1] 仁体的说法古已有之，历来为人们重视。牟宗三尤其如此，他十分看重仁体的意义，指出："就本心仁体说，察是先识仁之体，是察识此本心，是逆觉此仁体，察识同于逆觉；养亦是存养此本心仁体。是则察养唯施于本心仁体也。不是单察养那未流之情、未动之气之自身也。工夫施于体，而收其果实于情流之中节，气动之不悖，是即为察而养之于未流未动矣。若不以体为标准，单察养情与气之自身，难有果实也。"《牟宗三先生全集》第6卷，（台）联合报系文化基金会、联经出版公司2003年版，第461页。

这个部分。仁性简单说就是孔子的仁，孟子的良心。西方道德哲学也有类似的内容，但他们对此一般并不重视，更没有发展成为一个完整的系统。儒学就不同了，仁性是一个完全独立的部分，与智性一样，都是道德的根据，同样不可欠缺。

在三分法视域下，我们可以给情一个合理的定位。在欲性、仁性、智性三个要素中，智性要保证公正性不能包含情感，欲性和仁性则都有情感的因素。与欲性相关的是物欲之情，与仁性相关的是道德之情。欲性和仁性是两个不同的部分，各自包含的情也有不同的性质，不应混淆。李泽厚没有三分法，尽管正确看到了情的重要性，但没有办法给其一个准确的定位，直至最后标出一个"情本体"来，使读者不得不在物欲之情还是道德之情之间游荡。更为关键的是，在三分法视域下，仁性即是本体，即所谓仁体。按照前面的解释，通过伦理心境对性善论的诠释，仁也好，良心也罢，均来自社会生活和智性思维对内心的影响。这种情况与李泽厚讲的"理性凝聚"有一定的相似性。仁体其实是社会生活和智性思维"凝聚"出来的。但我并不把这个"凝聚"的结果归结为情，而是归结为仁，归结为仁体。仁体是儒家道德学说的根据，是区别于西方道德学说的根本法器，是一大宝贝，必须强力保留，丝毫不可动摇，须臾不可消除。

当然，李泽厚说得不错，如果固守传统的思路，仁体（不管为它起什么样的名称，心体、良知、天理，皆一样）也会出问题，阳明后学的重重流弊即是明证。这些问题必须认真对待。现在常见一些学者讲到良心，讲到良知，讲到心学就兴奋无比，尊为圣人之学，学脉正宗，完全不计较阳明后学的那些深刻教训。就这一点而言，李泽厚较这些学者要高出许多，不在一个等级上。但解决这一问题不一定必须走放弃本体的路子，完全可以想别的法子。依据我现在的理解，以三分法为基础，在仁性与智性的辩证关系上动脑筋，做文章，是一个相当有前途的方向。如果能够充分动用智性的

性善之谜——破解儒学研究的哥德巴赫猜想

力量，启动智性反思的功能，运用智性对仁性进行再认识，完全有能力克服和杜绝仁体可能产生的诸多弊端。我对牟宗三三系论形著标准的批评，就是以此为基础的，可以视为这一设想的预演。[1] 李泽厚没有能够从这个角度考虑问题，希望建立"情本体"，以取消传统的本体，这不仅不能保持儒家道德的良好传统，而且依据我的判断，是一个非常危险的路子。老实说，当我看到"情本体即无本体""'情本体'恰恰是无本体"这类说法的时候，心中有一种莫名的遗憾，感叹这位对我有过重要影响的哲学家已经离我越来越远了。

---

[1] 牟宗三划分三系有两个标准，一是形著论，二是活动论。这里涉及的只是前一个标准，而不涉及活动问题。参见杨泽波《贡献与终结》(第二卷)，上海人民出版社2014年版，第130–135页。

八、性善论的方法

案：根据《孟子性善论研究》（第一版）第二部分第一至四章改写而成，篇幅较大，发表于（台）《孔孟学刊》1995年第3期。当时台湾学术刊物可以发表较长的文章，这是大陆刊物难以做到的。在此之前，我还发表过《性善论立论之谜》(《孔子研究》1993年第4期）一文，内容与本文第二节重叠，不再收入本书。

一、性善论的发明

研究性善论是如何发明的，有很多困难。因为我们既没有如象山弟子为其写的行状，从中可以得知象山自幼聪颖过人，十三岁便有"宇宙便是吾心，吾心即是宇宙"的妙语，惊倒众人；也没有像阳明那样的自述，从中可以知晓其经过千死万难的磨砺，才悟到"吾性自足"的道理，字字千金。我们能够掌握的有关孟子的背景材料十分有限，只能利用这些有限的材料，努力探寻孟子发明性善论的一些线索。

在这些材料中，我们特别感兴趣的是孟母对孟子的影响。司马迁说，孟子"幼受贤母义方之教"，但具体情节不详。早于《史记》的《韩诗外传》卷九有两则有关的故事：

孟子少时诵，其母方织，孟子辍然中止，乃复进。其母知其喧也，呼而问之曰："何为中止？"对曰："有所失复得。"其母引

> 刀裂其织，以此诫之。自是之后，孟子不复喧矣。
>
> 孟子少时，东家杀豚。孟子问其母曰："东家杀豚何为？"母曰："欲啖汝。"其母自悔失言。曰："吾怀妊是子，席不正不坐，割不正不食，胎教之也，今适有知而欺之，是教之不信也。"乃买东家豚肉以食之，明不欺也。《诗》曰："宜尔子孙绳绳兮。"言贤母使子贤也。

比《史记》晚出的《列女传》也记载了断织的故事，文字更为详尽，但不见杀豚之事。除此之外，却多了三迁的故事：

> 邹孟轲之母也，号孟母，其舍近墓。孟子之少也，嬉游为墓间之事，踊跃筑埋。孟母曰："此非吾所以居处子也。"乃去。舍市傍，其嬉戏为贾人炫卖之事。孟母又曰："此非吾所以居处子也。"复徙舍学宫之旁，其嬉游乃设俎豆揖让进退。孟母曰："真可以居吾子矣。"遂居子。及孟子长，学六艺，卒成大儒之名。君子谓孟母善以渐化。《诗》云："彼姝者子，何以予之。"此之谓也。

这些故事是否真实，已无从考证。但孟母善于教化，长于培养，在孟子青少年的成长过程中发挥了良好的作用，当是事实。

除孟母对孟子的影响之外，古代圣贤对孟子的影响也值得注意。孟子处处以圣贤自勉，时时以尧舜自励，这在《孟子》中处处可见。《滕文公下》第九章，公都子问孟子何以好辩，孟子喟然慨叹，列举大禹、周公、孔子三位圣人的事业，讲出了自己的志向。他说，唐尧的时候，大水横流，到处泛滥，人们无处安身。禹奉命疏通河道，把水排到大海里，把蛇和龙赶到草泽里，消除了危险，人们终于可以在平原居住了。尧舜之后，圣人之道逐渐衰落。到商纣的时候，天下大乱。周公辅助武王，灭了纣王，平定天下，使百姓过上太平生活。周公之后，仁义之道又逐渐衰微，残暴的行为、荒谬的学说又猖獗起来。孔子深为忧虑，著作《春秋》，以正天下。

打那以后，圣王不再出现，诸侯无所忌惮，士人乱发议论，杨朱墨翟学说充盈天下。杨墨之说不灭，孔子之学无法发扬。所以"我亦欲正人心，息邪说，距诐行，放淫辞，以承三圣者；岂好辩哉？予不得已也"（《孟子》6.9）。

《离娄下》第二十八章更坦然道出了自己的苦衷：

> 是故君子有终身之忧，无一朝之患也。乃若所忧则有之：舜，人也，我，亦人也。舜为法于天下，可传于后世，我由未免为乡人也，是则可忧也。忧之如何？如舜而已矣。（《孟子》8.28）

在古代圣贤中，孟子最推崇孔子。他认为，古之圣人其道不同："非其君不事，非其民不使；治则进，乱则退，伯夷也。何事非君，何使非民；治亦进，乱亦进，伊尹也。可以仕则仕，可以止则止，可以久则久，可以速则速，孔子也。"（《孟子》3.2）相比而言，孔子最为伟大。他还引用宰我、子贡、有若的话盛赞孔子："以予观于夫子，贤于尧舜远矣。""见其礼而知其政，闻其乐而知其德，由百世之后，等百世之王，莫之能违也。自生民以来，未有夫子也。"至于他自己则是"乃所愿则学孔子也"（《孟子》3.2）。孟子特别反对因为标准高，而降低尺度，指出："大匠不为拙工改废绳墨，羿不为拙射变其彀率。君子引而不发，跃如也。中道而立，能者从之。"（《孟子》13.41）高明的工匠不因为拙劣的工人而改变或废弃规矩，君子教人正如射手张满了弓，却不发射，作出跃跃欲试的样子。站在正确的道路中间，有能力的人便跟随上来了。

孟子注重学习古之圣贤，固然染有当时崇古主义的色彩，但也说明古代圣贤在孟子成长过程中发挥过积极的作用。孟子之所以志向高远，气度恢宏，成为一代名儒，与圣贤的影响和鞭策是分不开的。

孟母的作用，圣贤的作用，对孟子的成长产生过十分重要的影响，说明孟子在成长过程中受过良好的教育。我在其他文章中讲过，性善论的核心是以心善论性善，人人都有良心本心，所以人人都有诚善之性，而良心本心从理论上说是社会生活和智性思维在内心结晶而成的伦理心境，以伦理心境读解性善论，是打开性善论迷宫的钥匙。虽然良好的伦理心境人人都有，但程度却不一样。在好的环境中成长的人，其伦理心境质地纯，层面高，比重大；在不好的环境中成长的人，其伦理心境相对讲则质地杂，层次低，比重小。孟子受过良好的教育，比起未受过良好教育的人来，其内在的伦理心境更加突出，更加鲜明，这就为孟子发明性善论打下了良好的基础。

良好的伦理心境只是发明性善论的坚实基础，不是唯一条件。伦理心境人人都有，但并非人人都能发明性善论。要发明性善论还有一项更为重要的工作，即反身求得自己的伦理心境，将良心本心发明出来。这就是自反。

自反的方法在孔子已见端倪。孔子创立了仁学，仁是内在的，要做到仁，就必须内求于仁。孔子所谓"仁远乎哉？我欲仁，斯仁至矣"（《论语》7.30），"内省不疚，夫何忧何惧"（《论语》12.4），全是这一思想的体现。孔子弟子当中，曾子一派较好地继承了内求的方法，"吾日三省吾身——为人谋而不忠乎？与朋友交而不信乎？传不习乎？"（《论语》1.4）运用的就是这种方法。

司马迁认为，孟子"受业子思之门人"。这一句历史上有过争论，但孟子由子思一系而来，经过近年来的研究，已成为定论。相传子思曾学于曾子，子思之门人是否把曾子内省的方法传与孟子，不得而知，但《孟子》中的确有许多关于内省自求的论述。《离娄下》第二十八章，孟子讲，爱别人的人，别人经常爱他，恭敬别人的人，别人经常恭敬他。如果一个人对我蛮横无理，"君子必自反"，自己是不是仁，是不是礼。若自己没有毛病，那人还是蛮横无理，"君子必自反"，自己是不是忠。经过两次自反之后，那人还是那样，那只能说明那人是个狂人，无异于禽兽罢了。这就是说，

八、性善论的方法

人们在接人待物中必须自反自责,即所谓"反求诸己"(《孟子》3.7)。

有趣的是,这种自反与传说中的孟母教子的故事不谋而合。《韩诗外传》云:

> 孟子妻独居,踞。孟子入户视之,白其母曰:"妇无礼,请去之。"母曰:"何也?"曰:"踞。"母曰:"何知之?"孟子曰:"我亲见之。"母曰:"乃汝无礼也,非妇无礼。礼不云乎?'将入门,问孰存,将上堂,声必扬,将入户,视必下。'不掩人不备也。今汝往燕私之处,入户不有声,令人踞而视之,是汝之无礼也,非妇无礼也。"于是孟子自责,不敢去妇。

《列女传》亦载此事,仅文字略有收入。这则故事说明遇事应首先检查自己,看看自己有没有不正确的地方。尽管我们不清楚这则故事是否真有其事,或者这是否就是孟子讲自反的源头,但这则故事明确涉及了自反的思想,则是少有争议的。

由于孟子善于自反,所以他体察到了自己的本心。《告子上》第十章可以证明这个问题。孟子在这一章里讲了两件事情,一是接受食羹,一是接受俸禄。一箪饭,一碗汤,得着便活,不得便死,如果受到欺辱,宁死而不受。万钟之禄虽然丰厚,但如果仅仅是为了住宅的美丽,妻妾的侍奉,穷人的感激,也应宁死而不受。宁死而不受,是因为自己的心知道不能接受。这个心就是本心。如果过去可以宁死而不受,现在却经受不住华丽住宅、妻妾侍奉、穷人感激等的诱惑而接受,就是没有听从本心的指挥,"此之谓失之本心"。

对本心的体察和把握,是创立性善论的关键性环节。从明确提出本心概念这一点来看,孟子确实发觉并牢牢把握住了自己体内那股生生不息的道德之源。本心是自家的本钱,是自家的主宰,自家的性,自家的体,是人成就道德的重要根据。依照孟子,应不应该接受所赐之饭食，应不应该接受万钟之俸禄，不需要询问他人，不需要考之典籍，本心就会告知一个明确的答案，只要按这个答案去做，就是正确的，就是道德的。没有本心，就没有性善；有了本心，就有了性善。孟子体验到了自己的本心，所以坚信自己的性是善的，进而相信别人的性也是善的，"非独贤者有是心也，人皆有之"（《孟子》11.10）。孟子创立性善论，很可能直接源于他自己对本心的生命体验。反过来讲，如果对本心没有深切的体会，既不可能创立性善论，也不可能相信性善论。

总之，因为孟子善于切己自反，所以把握住了自己体内实实在在，活活泼泼的道德根据，并直呼其为本心。反观本心是发明性善论的根本方法，很可能也是孟子发明性善论的直接契机。

二、性善论的立论

1. 驳倒论敌——性善论立论不可缺少的环节

孟子发明性善论后，必须处处宣传，时时鼓吹，才能使人相信，进而在社会上发挥作用。但当时社会上已有不同的人性理论，孟子宣扬性善，必然要同这些理论发生直接或间接的冲突；孟子要达到自己的目的，让性善论真正树立起来，也就必须驳倒论敌。这样驳倒论敌就成了性善论立论不可缺少的一环。

孟子与论敌辩论人性善恶，从《孟子》记载看，主要表现在他与告子的争辩当中。《告子上》记载了争辩的主要内容，共四章，一气呵成，依逻辑顺序可分为生之谓性之辩，杞柳桮棬之辩，以水喻性之辩，仁义内外之辩。[1] 孟子的争辩，从形式逻辑上说，并不严密，但由于思虑巧妙，找出了告子的疏漏之处，驳倒了告子，从而帮助性善论站住了脚跟。

---

1 参见陈大齐《孟子的名理思想及其辩说实况》，(台)商务印书馆1974年版，第六章。

第一是生之谓性之辩。这是何者为性的争辩，是整个争辩的逻辑起点：

> 告子曰："生之谓性。"孟子曰："生之谓性也，犹白之谓白与？"曰："然。""白羽之白也，犹白雪之白；白雪之白犹白玉之白与？"曰："然。""然则犬之性犹牛之性，牛之性犹人之性与？"（《孟子》11.3）

"生之谓性"代表了告子的思想。告子认为，生和性是相等的，异名而同实，人天生下来的一切心理作用都是性。孟子不同意告子的看法，主张性是人之为人的特征。不过，孟子在争辩中并没有正面阐述自己的观点，而是混淆告子使用的概念，使之归谬，从而驳倒论敌。

孟子首先把生和白、性和白对等起来，问"生之谓性也，犹白之谓白与"，告子认为，生和性是异名而同实，所以同意了孟子的设问。其实，生和性，白和白之间还是有所不同的。即使依告子，生和性是异名而同实，白和白是同名同实，二者不同甚为明显。

接着，孟子进一步追问，那是不是说白羽毛的白犹如白雪的白，白雪的白又犹如白玉的白呢？正确和回答应当是既同又不同。因为白羽之白可作双重理解，一是白羽所包含的普遍的白，即共白，一是白羽所包含的特殊的白，即别白；白雪之白亦同此理。在共同的意义上，白羽之白与白雪之白同，在别白意义上，二者又不同。告子不能分辨这两种情况，笼统肯定，钻进了孟子的圈套。

最后，孟子逼问："然则犬之性犹牛之性，牛之性犹人之性与？"犬之性，牛之性，人之性，同白雪之白，白羽之白的情况类似，也有普遍和特殊的区别。在普遍的意义上，犬之性，牛之性，人之性都是性，是相同的，在特殊的意义上，三者又各具特点，彼此相异。告子如何回答孟子的逼问，不得而知。不过，他既然不善于区分普遍和特殊，共名和别名，就只能回答"是"了。在一般人看来，牛和人不属同类，说牛之性和人之性相同，违反常理。这样人们便自然认为孟子看法是对的，告子看法是不对的。

第二是杞柳桮棬之辩。这是孟告二子就杞柳与桮棬和人性与仁义关系的一场争辩：

告子曰："性犹杞柳也，义犹桮棬也；以人性为仁义，犹以杞柳为桮棬。"孟子曰："子能顺杞柳之性而以为桮棬乎？将戕贼杞柳而后以为也？如将戕贼杞柳而以为桮棬，则亦将戕贼人以为仁义与？率天下之人而祸仁义者，必子之言夫！"（《孟子》11.1）

告子把杞柳和桮棬的关系比作人性和仁义的关系，意思是说，做成桮棬是外在加工的结果，达成仁义是外力的作用。这个比喻旨在揭露孟子只注重人的本性，忽视外在因素的问题。但杞柳就其本性是否可以制成桮棬，人性就其本性是否可以达成仁义，告子没有更多论及。

孟子在答辩中先提出一个排他的两极设问：你是顺着杞柳的本性制成桮棬呢，还是毁伤杞柳的本性制成桮棬呢？然后不待对方回答，便认定对方是主张"戕贼杞柳而以为桮棬"的。从形式逻辑上讲，这是虚设论敌，并不合理。紧接着，孟子进一步将这个话题推而广之，认定对方主张"戕贼人以为仁义"，责怪对方是"率天下之人而祸仁义者"。这在逻辑上同样不能成立。虽然孟子论辩的方法在逻辑上是错误的，但不失为一种辩难的方法，甚至可以在一定程度上一时占据上风，这则辩难是一个很好的实例。

第三是以水论性：

告子曰："性犹湍水也，决诸东方则东流，决诸西方则西流。人性之无分于善不善也，犹水无分于东西也。"孟子曰："水信无分于东西，无分于上下乎？人性之善也，犹水之就下也。人无有不善，水无有不下。今夫水，搏而跃之，可使过颡；激而行之，可使在山。是岂水之性哉？其势则然也。人之可使为不善，其性

八、性善论的方法

亦犹是也。"(《孟子》11.2)

告子又一次打比方,以水比性。他认为,水流没有固定的方向,东流抑或西流,决定于外力。这恰如人性,人性也没有固定的方向,是善还是不善,并不决定人性自身,而决定于外力影响。告子论证"人性之无分善不善",并没有提出具体的论证,只是以水打比方,在形式逻辑上缺乏说服力。

孟子看到了这个弱点,伺机反驳,手法是把告子的比喻暗中改动,另作推理。孟子在这里同样没有正面阐述自己的论题,而是在告子的比喻上再加比喻。"水信无分于东西,无分于上下乎?"孟子巧妙地把东西改换为上下。东西和上下,同是方向,但有本质之别。由于引力作用,水在自然状态下是向下的,东西只是向下的外在表现。孟子将东西改换成上下,是为了以水之向下论说"人无有不善"。

事实上,根据文脉揣摩告子原意,人性不仅没有"东西"的方向,甚至没有"上下"的方向;人性的善与不善完全由外力决定。孟子把水之东西改成上下之后,告子的比喻就改变了性质,使告子陷入被动:水虽然不分东西,但按照常识是向下的;你既然以水比性,水是向下的,那么你就不能否认性是向善的。孟子偷换概念,出奇制胜;告子不能区别东西和上下的不同,又一次败下阵来。

第四是仁义内外之辩。这是一场与性善论有密切关系的论辩。他们都同意仁内,但孟子主张义内,告子主张义外。

> 告子曰:"食色,性也。仁,内也,非外也;义,外也,非内也。"孟子曰:"何以谓仁内义外也?"曰:"彼长而我长之,非有长于我也;犹彼白而我白之,从其白于外也,故谓之外也。"曰:"异于白马之白也,无以异于白人之白也;不识长马之长也,无以异于长人之长与?且谓长者义乎?长之者义乎?"曰:"吾弟则爱之,秦人之弟则不爱也,是以我为悦者也,故谓之内。长楚

人之长，亦长吾之长，是以长为悦者也，故谓之外也。"曰："耆秦人之炙，无以异于耆吾炙，夫物则亦有然者也，然则耆炙亦有外与？"（《孟子》11.4）

原文较长，先来分析他们对于义的不同看法。告子说："彼长而我长之，非有长于我也；犹彼白而我白之，从其白于外也，故谓之外也。""彼长"是指外物（人）之年长者，"彼白"是指外物（人）之具白色者；"我长之"是我见到年长者而认其为年长者；"我白之"是我见到白色物（人）而认其为白。如此说来，凡事物的性质如此而我亦认其如此，即是告子所说的义。用陈大齐的话说，告子所谓义是今日所说之事实判断。

孟子义的涵义与告子不同："异于白马之白也，无以异于白人之白也；不识长马之长也，无以异于长人之长与？"孟子认为"白马之白"和"白人之白"是一样的，但"长马之长"与"长人之长"却有所区别。因为"长马之长"只要认其为长就可以了，而"长人之长"除了认其为长外，还有一层尊敬的意思在里边，即所谓"敬长，义也"（《孟子》13.15）。尊敬这层意思是发自内心的，所以说"义内"而非"义外"。用陈大齐的话说，孟子讲的义是仁义之义，是价值判断，即认识主体对某一事物经过过滤后的价值取舍。

对一事物既可以作事实判断，又可以作价值判断。从事实角度看，可以说"义外"；从价值角度看，可以说"义内"。孟子没有深察告子所说义字的含义，按照自己对于文字的理解毫无对象地与告子辩难，这本身是孟子的不是。

既然二人针锋不值，各说东西，其辩难理当是毫无意义的论战，但孟子借用善辩的手法，又一次占了上风。严格说来，孟子告子争论的内容共有四项，即"白马之白""白人之白""长马之长""长人之长"，但在论辩过程中孟子悄悄舍去前三项，只谈"长人之长"。推其原因，大概是前三项一般只与事实判断有关，不涉及价值判断，对孟子不利，而后一项与价值判断有关，对孟子有利。在孟子的引诱下，告子糊里糊涂地只谈"长楚人之长，亦长吾之长"，不再谈"白马之白"等内容，完全放弃了自己的优势。

进一步说，就"长人之长"一项而言，也可以既作事实判断，又作价值判断，于是孟子又很机智地把告子引到价值判断的独木桥上。在争辩的末了，孟子说："耆秦人之炙，无以异于耆吾炙，夫物则亦有然者也，然则耆炙亦有外与?"喜欢吃什么是个人的爱好，既然是爱好，便有价值的取舍，主要决定于主体，与"义内"说相符。孟子一步步把对手引入于自己有利的战场，胜券在握就不成问题了。可怜的告子对最后这个提问，似乎只能无言以答了。这样一来"义内"说起码在气势上取得了优势，对"仁义礼智根于心"的观点起了支撑作用，有力地支持了性善论。

孟子辩论的巧妙是一方面，古人缺乏逻辑知识，无法识破其中的破绽是另一方面。以上分析说明，告子是首当其冲的牺牲者，后人也很少有能全面识破孟子辩难机巧的。这方面可举两人为例。一是荀子。荀子写了"非十二子"，批评子思、孟轲"僻违而无类，幽隐而无说，闭约而无解"。《性恶篇》还批评性善论是"无辩合符验，坐而言之，起而不可设，张而不可施行"。但他并没有指出孟子性善论立论在逻辑上的疏漏。[1] 二是王充。王充写了《刺孟篇》，专门挑孟子的毛病，找出了孟子许多言论不当的地方，如不能区分货财之利与安吉之利，也找出了孟子言论中一些不合事实的地方，如仲子吐鹅，但对性善论立论不合形式逻辑要求的地方，却只字未提。当然，随着时间和发展，也有看出部分破绽的，如王安石，但多不系统，所以没有形成太大的影响。

总之，善辩是孟子所长，这对于孟子驳倒论敌确实起了很大作

---

[1] 这或许与荀子只是在稷下学宫了解过孟子的主张，而未能详细读过结集的《孟子》有关。

用，成了性善论立论不可或缺的重在环节。

2. 形上之天——性善论立论的终极根据

驳倒论敌对于性善论立论的作用十分有限，因为这种方法并不能从根本上解答良心本心的来源问题，而良心本心是性善论的核心所在，良心本心来源问题不解决，性善论就不能真正确立起来。孟子明确意识到这个问题的严重性，为了从根本上解决问题，重新启用古代天论思想的传统，以形上之天作为性善论的终极根据。孟子以天作为性善的终极根据，比较重要的论述有四处。

第一处引于《诗经》："诗曰：'天生蒸民，有物有则。民之秉彝，好是懿德。'"（《孟子》11.6）孟子认为，仁义礼智，我固有之，不由外铄，求则得之，舍则失之，只在你思与不思，这一切都是事物之则，把握住这个则，百姓就会喜欢美好的品德。但这个则来自哪里呢？来自天，因为则是民众之则，而民众来自天生。这样，孟子就把性善的终极原因归到了天上。

第二处见于《离娄上》："居下位而不获于上，民不得而治也。获于上有道，不信于友，弗获于上矣。信于友有道，事亲弗悦，弗信于友矣。悦亲有道，反身不诚，不悦于亲矣。诚身有道，不明乎善，不诚其身矣。是故诚者，天之道也；思诚者，人之道也。至诚而不动者，未之有也；不诚，未有能动者也。"（《孟子》7.12）这里由治民而获上，由获上而信友，由信友而悦亲，由悦亲而诚身，层层剥笋，级级递进，根子还在于诚身。诚者，实也。反身而诚，即反求诸身而其所以为善之心皆有其实。孟子认为，自身就有诚善之性，将其反思发明至真实不伪，就是人道之当然了。也就是说，思诚即是明善，明善即是思诚，都是讲反思发明人之诚善之性，而其前提是要肯定诚善之性为天之本然，这个形上根源不解决，一切皆空，一切皆虚。孟子知道这个问题举足轻重，所以才讲"诚者，天之道也；思诚者，人之道也"，试图以这种方法彻底解决这个难题。

再来看第三处:"耳目之官不思,而蔽于物。物交物,则引之而已矣。心之官则思,思则得之,不思则不得也。此天之所与我者。先立乎其大者,则其小者不能夺也。此为大人而已矣。"(《孟子》11.15)这里有几个地方需要注意。首先,"心之官则思"的"思",是"反思""逆觉"之思,与现代哲学术语的思考、思索不同。再有,"思则得之"的"之",参照"求则得之,舍则失之"(《孟子》11.6),是指仁义礼智之端,或仁义礼智之心。最后,"此天之所与我者"的"此",旧本多作"比",以"比方"释之,意为"比方天所与人情性"。而今本多作"此",代表上面的耳目和心,意为"此三者,皆天之所以与我者,而心为大。"朱熹《四书章句集注》认为:"未详孰是。但作比字,于义为短,故且从今本云。"据此,本章可以这样理解:耳朵眼睛这些器官不会逆觉反思,故为外物蒙蔽。一与外物接触,就被引入迷途。心这个器官的功能在于逆觉反思,反思便能得到仁义礼智之端,不反思就得不到。这三者都是天给与我的。先把重要的部分(仁义礼智之端)树立起来,次要的部分就不能把善性夺去了。这样便成了大人。很明显,这里的"天之所与我者",是以"天"作为性善的形上根据。

第四处最为费解,歧见也最多。"尽其心者,知其性也。知其性,则知天矣。存其心,养其性,所以事天也。"(《孟子》13.1)这里关键是头一句的知天作何解释。赵岐认为:"性有仁义礼智之端,以心制之,惟心为正。人能尽极其心,以思行善,则可谓知其性矣。知其性,则知天道之贵善者也。"朱熹《四书章句集注》看法与此有异,认为心是人之神明,可以具众理而应万事;性则是心所具之理,而理又出于天。一旦能极尽心之全体,就能穷尽其理而无所不知。"既知其理,则其所从出亦不外是矣。"戴震又不同意朱子的看法,认为性可分为性之欲和性之德:耳目百体之所欲为性之欲,性之欲原于天地之化,故为天道,又因为见之于日用事为,故为人道;仁义之心,原于天地之德,故为性之德。性之欲,性之德，二者为一。性之欲为自然，性之德为必然，故云："知其自然，斯通乎天地之化；知其必然，斯通乎天地之德；故曰'知其性，则知天矣'。"[1] 总之，对于知天，赵岐认为是知天道之贵善，朱子认为是知理出于天，戴震认为是由性之欲知天地之化，由性之德知天地之德。这些注解都有一定道理，但又都不尽完善。

照我的理解，要把"知天"解说圆通，当结合孟子的有关论述，一起分析。这方面以下几个要点是必不可少的。第一，心性为一。孟子道："君子所性，仁义礼智根于心。"（《孟子》13.21）这就是说，心是性的内在根据，性是心的外在表现，只是因为仁义礼智根于心，人才有诚善之性。这里虽有内外之别，实则二而一，一而二，不能截然分割。第二，心具四端是自然之理。在孟子看来，人人心中都有仁义礼智四端，这是自然之理，所以论性贵在顺其自然，根本不需要玩弄聪明，穿凿附会。第三，这个自然之理即是天之道。如上所说，孟子讲过："诚者，天之道也。"人具有仁义礼智之心，仁义礼智之性是天之道，这个天之道也就是天道自然、自然之理。所以孟子此句实际上是讲：穷极自己的本心就会知道本心具有仁义礼智之端，也就会知道自己本性固善；知道了自己本性固善，也就知道了天道是怎么回事，知道了这一切都是天道自然、固然之理。

"尽心""知性""知天"清楚了，"存心""养性""事天"也就好理解了。事者，事承而不违也。此句的意思为：将仁义礼智之端存于本心，就是滋养自己的诚善之性，也就是侍奉而不违逆于天道之本然。

总之，以上关于天的四处论述清楚表明了，孟子有意为性善寻找一个终极的根源，最后把这个根源归结到了天，以天作为性善论的形上根据。把性善的根据推给玄远难以捉摸的天，在现代人看

---

[1] 戴震：《原善》卷上，《孟子字义疏证》，中华书局1982年版，第65页。

八、性善论的方法

来，似乎什么问题也没有解决，但在当时却是十分有效的做法。中国自殷商以来一直有以德配天的思想传统，天是非常崇高的，把问题推给天，就给性善论找到了相当牢靠的终极根源。想知道为什么性善吗？天道如此，岂有他哉！已经把话说到家了，还能再说什么呢？孟子之后，凡论性善，无不以天作为形上根据，汉唐宋明直到清代，概莫能外。可见，以形上之天作为性善的终极根据，作为立论方法而言，是行之有效的。

3. 生命体验——性善论立论的命脉

除驳倒论敌和以天作为性善的终极根据外，孟子更加重视从正面对性善论加以说明。这些说明，归纳起来，内容有三：以亲情论性善，以同然论性善，以不忍论性善。

以亲情论性善。爱亲敬兄是人人都有的伦理情感，儒家文化对此更是强调，孟子牢牢抓住这种情感，为性善论立论，这样写道：

> 人之所不学而能者，其良能也；所不虑而知者，其良知也。孩提之童无不知爱其亲者，及其长也，无不知敬其兄也。亲亲，仁也；敬长，义也；无他，达之天下也。(《孟子》13.15）

孩提之童，赵岐注："二三岁之间在襁褓知孩笑可提抱者也。"幼儿都知道热爱自己的父母，这是良能、良知。"及其长也"，长到多大？孟子没有指明，只是说到一定岁数都知道尊敬自己的兄长，这也是良能、良知。

"亲亲，仁也"，仁是人与人的一种亲情，即《中庸》所谓"仁者，人也，亲亲为大"。"敬长，义也"，义是敬其兄长，即所谓"义之实，从兄是也"(《孟子》7.27）。既然仁就是亲亲，义就是敬长，每个人又都有亲亲、敬长之良知良能，那就说明每个人都有仁，都有义，仁义根于心，性自然是善的。孟子由亲情说仁义，由仁义说性善，思路非常清楚。人们只要肯定自己在孩提之时亦会爱亲，及其长亦会敬兄，也就等于肯定自己体内有仁有义，有诚善之性了。

以同然论性善。孟子认为，人与人之间有许多相同的喜好：

> 屦之相似，天下之足同也。口之于味，有同耆也；易牙先得我口之所耆者也。如使口之于味也，其性与人殊，若犬马之与我不同类也，则天下何耆皆从易牙之于味也？至于味，天下期于易牙，是天下之口相似也。惟耳亦然。至于声，天下期于师旷，是天下之耳相似也。惟目亦然。至于子都，天下莫不知其姣也。不知子都之姣者，无目者也。(《孟子》11.7）

由人们有相同的喜好出发，孟子进一步推断心亦有相同之处，这就是理义：

> 故曰：口之于味也，有同耆焉；耳之于声也，有同听焉；目之于色也，有同美焉。至于心，独无所同然乎？心之所同然者何也？谓理也，义也。(《孟子》11.7）

既然心之同然为理为义，那么就完全可以肯定仁义仁智我固有之；仁义礼智我固有之，当然也就有诚善之性了。

口同味，目同色，耳同听，这些相同人皆知之，孟子由此下手，论说心亦有相同，这个同就是仁义礼智，这对轻视逻辑思考的儒者来说，是很有影响力的。人与人有相同之处，别人之所以成为圣人，只是因为"先得我心之所同然"(《孟子》11.7）。可见人人都有仁义礼智之端，区别仅在于"思"与"弗思"，"先得"与"后得"。

以不忍论性善。"不忍"是《孟子》的重要概念。《说文》："忍，能也。"不忍即不能承受。但《孟子》中的不忍多指人们眼见他者受害时的一种心情，与怵惕恻隐相近。怵惕恻隐为惊惧哀痛之义。故《孟子》之不忍，专指见到他者遇害时惊惧哀痛的心理。

以不忍论性善，是孟子的一大发明。他对此十分重视，反复举例，说明人人都有不忍之心。这些例子中有四个特别有代表性：

八、性善论的方法

1. 今人乍见孺子将入于井，皆有怵惕恻隐之心——非所以内交于孺子之父母也，非所以要誉乡党朋友也，非恶其声而然也。（《孟子》3.6）。

2. "王坐于堂上，有牵牛而过堂下者，王见之，曰：'牛何之？'对曰：'将以衅钟。'王曰：'舍之！吾不忍其觳觫，若无罪而就死。'""是心足以王矣。百姓皆以王为爱也，臣固知王之不忍也。"（《孟子》1.7）

3. 古者棺椁无度，中古棺七寸，椁称之。自天子达于庶人，非直为观美也，然后尽于人心。不得，不可以为悦；无财，不可以为悦。得之为有财；古之人皆用之，吾何为独不然？且比化者无使土亲肤，于人心独无恔乎？吾闻之也；君子不以天下俭其亲？（《孟子》4.7）

4. 盖上世尝有不葬其亲者，其亲死，则举而委之于壑。他日过之，狐狸食之，蝇蚋姑嘬之，其颡有泚，睨而不视。夫泚也，非为人泚，中心达于面目，盖归反蘽梩而掩之。掩之诚是也，则孝子仁人之掩其亲，亦必有道矣。（《孟子》5.5）

见到小孩掉到井里，见到牛无辜被杀，见到亲人尸首的惨象，人人都会有恻隐不忍之心。人们只要设身处地，都会对此深信不疑。

孟子又指出：这种不忍之心就是仁义之端，将它扩而充之，即可以达成仁义。他说："人皆有所不忍，达之于其所忍，仁也；人皆有所不为，达之于其所为，义也。"（《孟子》14.31）"恻隐之心，仁之端也。""凡有四端于我者，知皆扩而充之矣，若火之始然，泉之始达。"（《孟子》3.6）人之所以有仁义，道理十分简单，只要把自己的不忍之心发扬光大就可以了。

孟子还认为，将不忍之心扩而充之，并非只有圣贤才能做到，人人皆可行之。齐宣王有不忍之心，却不能行仁政，孟子对他说："今恩足以及禽兽，而功不至于百姓者，独何与？然则一羽之不举，为不用力焉；舆薪之不见，为不用明焉；百姓之不见保，为不用恩焉。故王之不王，不为也，非不能也。"又说："古之人所以大过人者，无他焉，善推其所为而已矣。"(《孟子》1.7)将不忍之心扩充为仁义，这个能力是每个人都具备的，都可以做到的；至于有些人没有达成仁义，只是因为他不去做，"非才之罪也"。孟子此言既堵住了那些"不用力""不用明""不用恩"之辈的后路，使其无退路可走，无借口可寻，又从正面开启了人人都可达成仁义，都可以成为圣贤的坦途。

关于性善论孟子有许多论述，而直接从正面为其立论的，不过上面这三个方面而已。从形式逻辑角度考察，这里有两个方面的明显疏漏：

第一，使用概念不统一。这主要表现在以自然本能论证社会属性方面。孩提之童爱其亲是一种自然本能，许多动物小时候都知爱其亲。口目耳之爱相同，也是一种自然本能。不忍之心严格讲来同样是一种本能，在很多高级动物身上都存在。如蛇看到同类被车压死，会将其尸体拖向路边；鸡见到同类被杀，鲜血四溅，也会惊恐不安，啼叫不止。而仁义不是出于本能，属于社会范畴，有明显的社会性。自然本能与社会内容之间有相当的距离，不能由此岸直接跨越到彼岸。人类文化学已证明，一些民族有杀掉年迈老人的习俗，一些民族流行把一定年龄的少年放到原始森林里，让他们与野兽拼搏，以锻炼其生存能力的做法。这在儒家看来是绝对不仁的，但这些民族的人们同样具有不忍之心、亲情之性。可见，不忍、亲情等只是自然本能，孝父从兄之仁义则属于社会内容，由特定生活方式决定，不能因人有自然本能而直接证明其有仁义之心。

第二，论证条件不充分。即使亲情、同然、不忍可以作为论证性善的条件，也不能认为只要具备了这些条件就可以证明人性为善了，因为这些条件并不是充分而必要的。拿不忍之心来说，人有不忍之心固然是事实，但这个条件并不能必然得出人有仁义的结论，

八、性善论的方法

因为人在具有不忍的同时，是否也具有其负面即"残忍之心"呢？孟子没有讲。要以不忍论说性善，必须同时否定人有"残忍之心"。孟子只谈正面，不谈负面，论证不够全面。同理，要以亲情论说性善，必须排除人有非亲情的一面，方可成立。以同然论性善的情况更是如此，必有同然这不假，但这个同然为什么必是理义，而不能是非理非义呢？而且这是一个典型的归纳推理：由 A（口之同耆）、B（耳之同声）、C（目之同美）三项推出 D（心之同然）。这种推理并不具有绝对的真理性，恰如不能由太阳以前都是由东方升起而绝对推出太阳明天一定从东方升起一样。

于是就产生了如下问题：既然孟子这些论述在形式逻辑上不能成立，那么他是怎样使人相信性善论，最终使性善论得到确立的呢？要弄清这个问题，眼光不能仅盯在形式逻辑上。事实上，孟子并不是通过形式逻辑证明性善可以成立的，而主要是通过这些方法启发人们对于自己良心本心的体悟。这种方法我们称为生命体验。

良心本心的思想，来自孔子的仁学。孔子为了实现恢复周礼的理想，创立了仁的学说。历史上关于什么是仁从来没有一个统一的解释。我们认为，孔子的仁是"诸德之家"。"诸德之家"一是指"众德之名",《论语》中孔子列举的众多德性，如孝、悌、忠、恕、恭、宽、信、敏、惠等等，都是仁的表现，都可以纳入仁的范畴；二是指"众德之源"，仁是多种德性的居所和源头，各种德性都由仁产生。往深处说，作为"诸德之家"的仁，是人在伦理道德领域里特有的心理境况和心理境界，简称伦理心境。这种伦理心境是社会生活和智性思维在个人内心的结晶。一个人在成长过程中，总要受到社会生活的熏习和影响，这种影响久而久之，会在内心形式结晶体。与此同时，人们也要不断进行智性思维。智性思维的进行，总会在内心留下一些痕迹，这叫作智性的内化。习俗和智性内化的结果，就是形成一定的伦理心境，这就是孔子所谓的仁。

孟子以其大智慧，大彻悟，顺孔子仁性一路飞流直下，纳仁入心，以良心本心为根据，创立性善之论。综合孟子有关论述，良心本心有三方面的特点：一是人所固有，表现为人的良知良能；二是本身包含丰富的内容，而不是单调的形式；三是遇事当下呈现，体用无间。由此不难明白，良心本心与西方道德哲学中的理性明显不同。理性一般来讲是一种能力，通过这种能力可以构建和认识道德法则。人遇到事情可以通过理性去认识道德法则，但理性不能提供现成的答案。良心本心就不一样了。良心本心是社会生活和智性思维在内心的结晶物，对于成人而言，如孟子所说是"我固有之"的。对于这种"我固有之"的仁性，人只要反身自问就可以得到，一旦得到就可以听到它的指导。对于成就道德来说，良心本心是一种"先在"的前提。孟子认为，由于有这样一个前提，这个前提自不容已，当下呈现，遇事只要发现良心本心，真心按其要求而行就可以了。人们如果能够证明良心本心确实存在，笃实不虚，就是肯定了道德的"先在"前提，肯定了道德的可能性。套用康德的句式，"道德如何其本身即是可能的"这个问题就不复存在了。

虽然孟子对于良心本心的真正来源无法给予哲学式的说明，只是讲"我固有之""此天之所与我者"，将其挂在天上算数，但人们通过生命体验，通过逆觉反省，可以感觉到它的存在。这一环非常重要，一旦感到自己有良心本心，也就肯定了仁义礼智我固有之；肯定了仁义礼智我固有之，也就相信了自己有诚善之性；相信了自己有诚善之性，由于人同此心，心同此理，也就肯定了人人都有善性；性善论因此就坚如磐石，牢不可摧了。由此看来，孟子以亲情、同然、不忍论性善，固然有为性善论作正面证明的因素，但主要还是通过各种途径诱导人们对自己良心本心的体认。他同齐宣王谈话通过杀牛启发其不忍之心，通过乍见孺子将入于井，使人们纳情入景激发恻隐之心，都是出于相同的立意。这种方法也确实有效，因为儒家历来轻于逻辑思维，重于生命直觉。当人们切己自反，求于良心本心的时候，的的确确会体察到自己体内那触之能

八、性善论的方法

动，动之能觉，呼之欲出的良心本心，由此对性善论真诚不二了。

仅仅依靠形式逻辑是读不懂性善论的。有的学者发现孟子性善论立论有不少不合形式逻辑的地方，便认为性善论不能成立。孟子以后不少人从逻辑上挑过性善论的"刺"，特别是近现代以来随着形式逻辑的发展，性善论的逻辑破绽更加暴露出来，但性善论从来没有因此而被真正驳倒，而且可以肯定，将来也不会被驳倒。原因很简单：尽管人们可以找出性善论在形式逻辑方面的不足，但不能否认自己"先在"的那个良心本心。这里也可以引出一个如何研究儒学的问题。叔本华说过，一流哲学家从生活中发现问题，二流哲学家从书本上发现问题。这对我们研究儒家哲学也是适用的。儒学与其说是学问，毋宁说是生命，学习儒学必须从生活出发，强调生命体验，绝不能从书本到书本，扣着名词概念作死学问，否则一辈子也读不懂性善论，入不了儒家的门。

总起来说，孟子特别重视通过生命体验启发人们对自己体内良心本心的体悟，尽管这些方法不完全合乎形式逻辑的要求，但确实起到了诱导启发作用，使人们把握住自己内在的道德根据，由此对性善论抱信任的态度。孟子性善论立论的奥秘皆在于此。

三、性善论的践履

性善论的践履，指人们在生活中把性善变成具体的道德行为。性善论的践履也离不开自反，内含下列四个环节。

其始于反。《孟子》中关于反的论述非常多。如下面两章：

> 爱人不亲，反其仁；治人不治，反其智；礼人不答，反其敬——行有不得者皆反求诸己，其身正而天下归之。《诗》云："永言配命，自求多福。"（《孟子》7.4）

> 仁者爱人，有礼者敬人。爱人者，人恒爱之；敬人者，人

恒敬之。有人于此，其待我以横逆，则君子必自反也：我必不仁也，必无礼也，此物奚宜至哉？其自反而仁矣，自反而有礼矣，其横逆由是也，君子必自反也，我必不忠。自反而忠矣，其横逆由是也，君子曰："此亦妄人也已矣。如此，则与禽兽奚择哉？于禽兽又何难焉？"（《孟子》8.28）

良心本心是真实的基础，自反是探求这个真实的基础，也是回归这个真实的基础。孟子强调在爱人、治人、礼人过程中反问自己的仁、智、敬，正是此意。孟子形象地说："仁者如射：射者正己而后发；发而不中，不怨胜己者，反求诸己而已矣。"（《孟子》3.7）射箭之人只有自身正才能射中，为善之人也只有自身正才能为善。

反归良心本心不能依赖他人。孟子对然友的一番谈话很能说明问题。滕定公死了，太子让然友到孟子那里请教。孟子说："三年之丧，齐疏之服，飦粥之食，自天子达于庶人，三代共之"，建议行三年之丧。但这个办法滕国的父老官吏都不愿意，太子命然友再次请教孟子。孟子说：

> 不可以他求者也。孔子曰："君薨，听于冢宰，歠粥，面深墨，即位而哭，百官有司莫敢不哀，先之也。"上有好者，下必有甚焉者矣。君子之德，风也；小人之德，草也。草尚之风，必偃。是在世子。（《孟子》5.2）

这里的关键是头一句。为什么举三年之丧"不可以他求者"呢？《四书章句集注》引林氏注说："孟子之时，丧礼既坏，然三年之丧，恻隐之心，痛疾之意，出于人心之所固有者，初未尝亡也。唯其溺于流俗之弊，是以丧其良心而不自知耳。文公见孟子而闻性善、尧舜之说，则固有以启发其良心矣，是以至此而哀痛之诚心发焉。"滕国是周朝的一个弱小国家，在今山东滕县西南，与孔孟家乡很近，风俗当庶几近之。虽然此时三年之丧的做法，已有了很大阻力，但这种行事的标准仍在心中，只要反身自问，仍然知道应该如何去做,"不可以他求"。朱子认为"孟子言但在世子自尽其哀而已",即含有这个意思。

反即是思。良心本心自在己身,真实无虚。要成德成善必须首先反身找到它。这种找的过程即是"思"的过程。《告子上》第六章非常明显地表达了这个思想:"仁义礼智,非由外铄我也,我固有之也,弗思耳矣。"(《孟子》11.6)人人都有仁义礼智之端,这是性善的内在根据,有人"为不善"并不是没有这个根据,只是不善于反思而已。同篇第十七章:"人人有贵于己者,弗思耳矣。"(《孟子》11.7)也是这个意思。孟子强调,人人都希望尊贵,然而每人都有"贵于己者",只是不去思考罢了。这个"贵于己者"就是自己的仁义之心。人人都有仁义之心,都有成就道德的根据,就看你去不去"思"。

最典型的例子还是《告子上》第十五章:

> 耳目之官不思,而蔽于物。物交物,则引之而已矣。心之官则思,思则得之,不思则不得也。(《孟子》11.15)

有的注释家把这句解释为:"耳朵眼睛这类的器官不会思考,故为外物所蒙蔽。一与外物相接触,便被引向迷途了。心这个器官的职在于思考,一思考便得着,不思考便得不着。"[1] 这是把"思"等同于一般意义的思考了。依据孟子良心本心是内在的,是道德的根据,要成就道德就要发明良心本心,而发明的途径是切己自反的一贯思想,孟子此句当理解为,耳朵眼睛不会反思良心本心,所以要受蒙蔽,而心的功能是反思,反思了就可以得到良心本心,不反思就得不到。所以,这里的思是反思之"思"。

在反思方面,"夜气"是一个重要话题:

> 其日夜之所息,平旦之气,其好恶与人相近也者几希,则其

---

1 杨伯峻:《孟子译注》,中华书局2008年版,第209页。

> 旦昼之所为，有梏亡之矣。梏之反复，则其夜气不足以存；夜气不足以存，则其违禽兽不远矣。(《孟子》11.8)

关于夜气有待讨论的问题较多。首先，为什么此章由牛山之木讲起？孟子启发人的良心本心多从正面出发，如"仁义礼智，非由外铄我也，我固有之也"(《孟子》11.6)，"君子所性，仁义礼智根于心"(《孟子》13.21)，"臣固知王之不忍也"(《孟子》1.7)等等，而夜气一章口吻有些特别，似乎是从"反面"进入的。此章先讲牛山之光秃，虽如此，却"非无萌蘖之生焉"，然后讲人也并非"无仁义之心"。《孟子》是对话体的著作，此章之缘由与对象，已无可考，但给人的印象好像是孟子因景生情，或批评什么人，恰如下面一章批评"无或乎王之不智也"(《孟子》11.9)。

另外，为什么存夜气有助于良心本心的发现？白天也可以反思良心本心，未必非要夜间不可。但白日之间，纷纷扰扰，心境烦乱，荆棘丛生，常生阻滞，不利自反。与之不同，夜间之时，不与物接，宁心静气，由外至内，路途通畅，有助于得到良心本心。我们常常有类似的体会，日常生活中做了错事，昼间事杂，心境烦乱，只是到了夜深人静，无物干扰，才能真正坐下来，反思一番，想些问题。"良知在夜气发的，方是本体，以其无物欲之杂也。"[1] 阳明此言，讲的正是这个道理。

再有，孟子为什么使用夜气的说法？这可能与受其他学派影响有关。养气之说并非始于孟子，道家有相当完整的养气理论。孟子之时，气的说法非常流行。《管子·内业》说："凡物之精，比则为生，下生五谷，上为列星。流于天地之间，谓之鬼神。藏于胸中，谓之圣人，是故名气。"[2] 孟子在这种环境中，很容易受到影响，而其善养浩然之气的说法，正是受到这种影响的具体体现。

1　王阳明：《传习录下》，《王阳明全集》，上海古籍出版社1992年版，第106页。
2　翟廷晋：《孟子思想评析与探源》，上海社会科学院出版社1992年版，第163页。

思即能得。得指自得，这一说法见于《离娄下》第十四章：

> 君子深造之以道，欲其自得之也。自得之，则居之安；居之安，则资之深；资之深，则取之左右逢其原，故君子欲其自得之也。(《孟子》8.14)

学术界对自得有两种不正确的理解。第一，将"自"理解为"自觉"。《孟子》"自"字76见，共有两义，一是"从"，如"自有生民以来"(《孟子》3.5)，"自楚之滕"(《孟子》5.4)，二是"自己"如"自反而不缩""自反而缩"(《孟子》3.2)，"自以为是"(《孟子》14.37)，均没有"觉"的涵义。所以，自得不是"自觉地得到"，只能是"自己得到"。第二，将"得"解释为"得到学问"，这更是增字为释。《四书章句集注》："言君子务于深造而必以其道者，欲其有所持循，以俟夫默识心通，自然而得之于己也。"与"大人者，不失其赤子之心者也"(《孟子》8.12)，"学问之道无他，求其放心而已矣"(《孟子》11.11)参读，可知此处的"得"应该理解为"得到仁义礼智之心即良心本心"，而非"得到学问"。

得必须诚。通过反，通过思，找到了自己的道德根据，除此之外，还有一个重要的工作要做，这就是诚。孟子很重视诚，请看下面这则论述：

> 悦亲有道，反身不诚，不悦于亲矣。诚身有道，不明乎善，不诚其身矣。是故诚者，天之道也；思诚者，人之道也。(《孟子》7.12)

良心本心有形上学的根据。由于有"天之所与我"之因，才有"万物皆备于我"(《孟子》13.4)之果。良心本心，至诚不欺，是天之道；反躬而求，真心不二，是人之道。良心本心实实在在地在那里，你去向它求问，须有一个真诚不虚的态度，虔诚笃信。如果你利欲熏心，反身不诚，良心本心就会蒙蔽，发不出光亮。世子反身而诚，果然"五月居庐，未有命戒"，不仅了却了悲哀之情，痛切

之意，而且使四方观之，吊者大悦。这就是孟子说的："至诚而不动者，未之有也；不诚，未有能动者也。"（《孟子》7.12）

诚即是无愧于自己的良心本心。这一思想见于《尽心上》第二十章：

> 君子有三乐，而王天下不与存焉。父母俱存，兄弟无故，一乐也；仰不愧于天，俯不怍于人，二乐也；得天下英才教育之，三乐也。（《孟子》13.20）

孟子认为，君子有三乐，其中第二乐是仰不愧于天，俯不怍于人。只有做到心正无邪，才能无所愧怍，可见仰不愧于天，俯不怍于人，根据全在于内心，而问题的实质是在反思过程中于心要诚，要无愧于心。

无愧于心是孟子一个非常重要的思想。比如，孟子非常著名的浩然之气，就离不开无愧于心。

> 其为气也，至大至刚，以直养而无害，则塞于天地之间。其为气也，配义与道；无是，馁也。是集义所生者，非义袭而取之也。行有不慊于心，则馁矣。我故曰，告子未尝知义，以其外之也。必有事焉，而勿正心；勿忘，勿助长也。无若宋人然：宋人有闵其苗之不长而揠之者，芒芒然归，谓其人曰："今日病矣！予助苗长矣！"其子趋而往视之，苗则槁矣。天下之不助苗长者寡矣。（《孟子》3.2）

赵岐注："慊，快也。自省所行仁义不备，干害浩气，则心腹饥馁矣。"浩然之气，最伟大、最刚强，与义和道相配合，就会充满上下四方，无所不在。但只要做一件于心有愧的事，这种气就疲软无力了。这里的"行有不慊于心"，就是有愧于心，于心不诚。因此，要培养浩然之气，必须做到一个诚字，要无愧于心。

孺子将入于井的例子，说的也是这个道理：

八、性善论的方法

> 今人乍见孺子将入于井，皆有怵惕恻隐之心——非所以内交于孺子之父母也，非所以要誉乡党朋友也，非恶其声而然也。（《孟子》3.6）

见到小孩子快要掉到井里了，怵惕恻隐之心自然发动而前去抢救。前去抢救是于心而诚，无愧于心，就可以完成道德践履；不去抢救，是于心不诚，有愧于心，就无法完成道德践履。

孟子使用诚字，与孔子相比，有重大发展。在孔子那里，诚字只出现过两次，一次是"主忠信，徙义，崇德也。爱之欲其生，恶之欲其死。既欲其生，又欲其死，是惑也。'诚不以富，亦祇以异'"（《论语》12.10）。"诚不以富，亦祇以异"是《诗经·小雅·我行其野》句子，原是"绝不是好她家殷富，只为新人异故"的意思，引在这里，语义不顺。程颐认为是错简，当在第十六篇之中。朱熹《四书章句集注》云："旧说：夫子引之，以明欲其生死者不能使之生死。如此诗所言，不足以致富而适足以取异也。"再一次是"'善人为邦百年，亦可以胜残去杀矣。'诚哉是言也"（《论语》13.11）。这两处的基本涵义都是真正、真实，总的看意义还比较虚。到孟子，诚字基本涵义已转移为诚恳、真诚，特指反求于良心本心，听命于良心本心时的心理状态。在自反的意义上使用诚字，是孟子的进步。这说明，在儒家心性之学发展史中，由孔子之仁学到孟子之本心，诚的出现是历史的必然；同时也说明，在性善论自反方法中，诚是绝对不可缺少的。

总起来说，性善论的践履，其始于反，反就是思，思即能得，得必须诚，其基础全在一个"反"字：反身求得自己的良心本心。

四、自反：性善论的基本方法

性善论的发明离不开自反。孟子受子思学派的影响，善于反求诸己,靠自反体悟到自己内在的良心本心,把握住了自己体内生生不息的道德之源,这是性善论发明的直接契机。没有自反就没有性善论的发明。

性善论的立论也离不开自反。孟子与告子四辩,虽然甚为精彩,回味无穷,但孟子的辩论在形式逻辑上并不能成立。事实上,孟子是依靠生命体验,通过一系列的联想,启发人们自反,体悟自己"先在的"良心本心,从而使性善论立稳脚跟的。没有自反就没有性善论的立论。

性善论的践履也离不开自反。只有自反才能求得自己的良心本心,只有求得自己的良心本心才能听到道德的命令,只有听到道德的命令才能知道如何去做,只有知道如何去做才能合于伦理,成就道德。没有自反同样没有性善论的践履。

性善论的发明,性善论的立论,性善论的践履都离不开自反,所以,自反是性善论的基本方法。性善论自反方法有两个优点,首先是简约易行。由反开始,经过思,达到得,做到诚,这个过程非常简单,这就是孟子说的"约"。约是孟子一个非常重要的思想。《公孙丑上》第二章有这样一段话,公孙丑问孟子不动心有什么办法,孟子举了北宫黝和孟施舍的例子。孟子说:

> 北宫黝之养勇也:不肤桡,不目逃,思以一豪挫于人,若挞之于市朝;不受于褐宽博,亦不受于万乘之君;视刺万乘之君,若刺褐夫,无严诸侯,恶声至,必反之。孟施舍之所养勇也,曰:"视不胜犹胜也;量敌而后进,虑胜而后会,是畏三军者也。舍岂能为必胜哉?能无惧而已矣。"孟施舍似曾子,北宫黝似子夏。夫二子之勇,未知其孰贤,然而孟施舍守约也。(《孟子》3.2)

北宫黝有外向必胜之勇,孟施舍有内向无惧之勇。孟子把他们与子夏和曾子相比。子夏以广博著称,得道众;曾子以重孝闻名,得道大。北宫黝事事皆求胜人，故似子夏知道之众；孟施舍不问能不能胜，只专守己之不惧，故似曾子之得道之大。所以孟子讲"孟施舍守约"(《孟子》3.2)，就是说孟施舍比较简易可行。

接着孟子进一步对孟施舍与曾子进行比较：

> 昔者曾子谓子襄曰："子好勇乎？吾尝闻大勇于夫子矣：自反而不缩，虽褐宽博，吾不惴焉；自反而缩，虽千万人，吾往矣。"孟施舍之守气，又不如曾子之守约也。(《孟子》3.2)

孟施舍养勇只是保持一股无所畏惧之气，而曾子却以理之曲直为断，孟施舍自然又不如曾子的方法简约易行。所以孟子讲孟施舍之守气不如曾子之守约，即又不如曾子简易可行。

另外，《尽心下》第三十二章也讲到约：

> 言近而指远者，善言也；守约而施博者，善道也。君子之言也，不下带而道存焉；君子之守，修其身而天下平。(《孟子》14.32)

《离娄上》第十九章有助于这一章的理解：

> 事，孰为大？事亲为大；守，孰为大？守身为大。不失其身而能事其亲者，吾闻之矣；失其身而能事其亲者，吾未之闻也。孰不为事？事亲，事之本也；孰不为守？守身，守之本也。(《孟子》7.19)

这个约也是简要可行的意思。理由有二。其一，此处"守约"连称，与前两处相同；其二，此处约与博相对，近与远相对，上下平行，而与近相当的只能是简要。孟子认为，守的项目很多，但其至大简要处是守仁修身。

孟子有时又称"约"为"易"。他说：

> 道在迩而求诸远，事在易而求诸难：人人亲其亲、长其长，而天下平。(《孟子》7.11)

道在近处却往远处求，事情原本容易却往难处做，实在大可不必。人人只要亲爱自己的双亲，尊敬自己的长辈，天下就太平了。孟子还讲："亲亲，仁也；敬长，义也；无他，达之天下也。"(《孟子》13.15)亲爱父母便是仁，尊敬兄长便是义，不需要其他，只要将这两种品德推行于天下就可以了。也就是说，人人都有爱亲敬长的良知良能，都有良心本心，只要将它充分扩充发展，就可以平治天下了。在孟子看来，这是最简易的办法，所以称为"易"。

"约"和"易"的对立面是"凿"。《离娄下》第二十六章详细讲到了这个问题：

> 天下之言性也，则故而已矣。故者以利为本。所恶于智者，为其凿也。如智者若禹之行水也，则无恶于智矣。禹之行水也，行其所无事也。如智者亦行其所无事，则智亦大矣。天之高也，星辰之远也，苟求其故，千岁之日至，可坐而致也。(《孟子》8.26)

孟子认为，讨论性的问题，厌恶使用聪明，因为聪明容易陷入穿凿附会。假如聪明人像禹之行水那样，顺其自然，行其无事，也就不必对聪明厌恶了。如果聪明人也能行其无事，那聪明也就不小了。此章后半段主要是反对在人性问题上乱用"智"的倾向。因为在孟子看来，良心本心，人人都有，切己自反，即可自得，这是何等简约。但有人不是这样，乱用聪明，穿凿附会，令人厌恶。值得注意的是，孟子把这种情况抬高到事物规律的高度。行简约，不穿凿，恰如禹之行水；如此推广，千岁之冬至亦可推算出来。孟子对这个问题想得是很深的。

这就说明，孟子已经明确认识到了性善论自反方法有简约可行的优点。修身守仁，反求诸己，守是守良心本心，求是求良心本心，良心本心就在自己体内，只要善于自反，不仅可以体悟，坚定善性，而且可以依此而行，成就道德，这当然是简约易行了。与后来理学事事物物都要格，一物也不能放过相比，自反方法的这个优

八、性善论的方法

越性十分明显。象山大力提倡"易简工夫",反对"支离事业",其源头确实在孟子。

性善论自反方法的第二个优点,是鞭逼有力。

鞭逼有力一语取自朱子。朱子论傅子渊道:"彼一般说话,虽是近禅,却能鞭逼得人紧。"[1] 朱子批评弟子为学不肯切己,悠悠岁月,全无理会。与此相比,象山为学的长处就显露出来了。傅子渊是象山门人,着力做自家工夫。朱子虽然不同意象山之学,讥之为禅,但也不得不承认象山之学"能鞭逼得人紧"。鞭逼有力,的确是孟子开创之心学的一大长处。

从性善论本身分析,鞭逼有力是因为切己自反的时候,良心本心会发布命令,逼使人必须按它的要求去做。从正面讲源于一个"乐"字,从反面讲源于一个"愧"字。一件事出来,良心本心自然当下呈现,想遮掩也遮掩不住。当人们真的按良心本心的要求行事了,就会感到自己做了一件善事,心中充满欢乐,有很大有满足感。

> 仁之实,事亲是也;义之实,从兄是也;智之实,知斯二者弗去是也;礼之实,节文斯二者是也;乐之实,乐斯二者,乐则生矣;生则恶可已也,恶可已,则不知足之蹈之手之舞之。(《孟子》7.27)

如果真的听良心的话,就会产生快乐,快乐一发生便无法休止,直至手舞足蹈。难怪后来阳明讲"'乐'是心之本体"。[2] 反过来说,如果没有按良心本心的要求做,就会有一种内疚感、犯罪感。即使别人不知道,这种感觉也会搅得心神不宁,浑身不安。这就是孟子讲的"愧于天而怍于人"。再以乍见孺子将入于井为例,恻隐之心此时会告知不管有多大困难,都应该前去抢救。抢救了,即使衣服

---

[1] 黎靖德编:《朱子语类》卷一百一十六,中华书局1986年版,第2792页。
[2] 王阳明:《传习录中》,《王阳明全集》,上海古籍出版社1992年版,第70页。

性善之谜——破解儒学研究的哥德巴赫猜想

脏了，身体受伤了，也心甘情愿，满心快乐；不去抢救，即使四下无人，没有受到他人的指责，也于心有愧，甚至一生不得安宁。总之，一个乐字，一个愧字，一个正面，一个反面，这是性善论鞭逼有力的源泉所在。

　　从理论上进一步分析，鞭逼有力是因为伦理心境是非分明，好善恶恶。上面讲过性善论是以心善论性善的，心是良心本心，良心本心是社会生活和智性思维在内心结晶而成的伦理心境。伦理心境在形成的过程中经历了各种各样的事情，有的与抢救儿童相同，有的与它类似，但这些情况中有一点是相同的，即应该有同情心，应该救死扶伤。一旦真的发生儿童遇险的情况，心中早就有了一个是非标准。另外，在伦理心境形成过程中，社会生活和智性思维都会告诉人们应该做好人，不应该做坏人，善的就去实行，恶的就去制止。好人人人喜欢，恶人人人讨厌。雁过留声，人过留名。在世上活一辈子，上要无愧于祖宗父母，下要对得起子孙儿女。既有是非标准，又知好善恶恶，内心发动，欺骗不得，当然也就鞭逼有力了。

　　鞭逼有力其实是一个自愿的问题。自觉自愿是冯契首先提出来的一对重要概念。他指出："真正自由的道德行为就是出于自觉自愿，具有自觉原则与自愿原则统一，意志和理智统一的特征。一方面，道德行为合乎规范是根据理性认识来的，是自觉的；另一方面，道德行为合乎规范要出于意志的自由选择，是自愿的。只有自愿地选择和自觉地遵守规范，才是道德上真正自由的行为。这样的德行，才是以自身为目的，自身具有内在价值。这样的道德行为才是真正自律的，而不是他律的。"根据这种区分，冯契进一步确定"自觉是理智的品格，自愿是意志的品格"。[1]

　　自觉自愿是一个非常重要的理论问题。这个问题经过冯契发明

---

[1] 冯契：《人的自由和真善美》，华东师范大学出版社1996年版，第220、222页。

和其弟子的阐释,已经产生了广泛的影响,对我有很大的启迪。按照我的理解,自觉是对道德原则、道德标准的认识,自愿是出于心愿去执行这些道德原则和道德标准。在性善论体系中,道德原则、道德标准都内在于自己的良心本心,所以要成就道德,就要反躬自求,体悟到自己的良心本心,这样也就认识到了道德原则和标准,这是一种自觉;与此同时,良心本心又有好善恶恶,从是去非的特性,从而有一种发自内心的力量,要求人们自愿行善去恶,这就是自愿。这样,自觉和自愿就有机结合了起来。一般来说,心学(如孟子、象山、阳明)自觉自愿的问题解决得比较好,道理就在这里。但应该指出的是,自觉并不是一个层面的,而是两个层面的,也就是说,既有仁性一层的自觉,又有智性一层的自觉。心学的自觉只是仁性一层的自觉,即良心本心的自觉,少了智性一层即对外在道德规律法则的自觉。这又是心学的不足。只有不断汲取理学的长处,充分重视智性层面的自觉,才能真正把自觉和自愿有机结合起来。[1]

当然,自反方法也有难于言表的缺点。如上所说,自反的基础是自己的良心本心,而良心本心是社会生活和智性思维在内心结晶而成伦理心境。伦理心境最大的特点在于,不管其来源如何,它都是"现成的",有"先在性",只要眼光内收,切己自反,就能听到它的声音。这种自反不需要逻辑推理,也难以用言语表明其过程,其思维形式是一种直觉。孟子千言万语,反反复复讲"反求诸己""思则得之",批评他人"弗思耳矣""弗思甚也",所要凸显的就是这个直觉的思维方式。但是受时代条件限制,他没有也不可能把这个问题真正从理论上说清楚。后人不明其故,还认为孟子故作神秘。这种看法固然与他们没有读懂性善论有关,但也说明自反方

---

[1] 虽然在自觉自愿问题上冯契对我影响很大,但我对自觉和自愿的上述看法与其又略有不同。对此我曾当面向冯先生请教。对于冯先生在学术上的慷慨大度之风,积极鼓励后学"不要因袭前人的成果","努力搞自己的东西","写出自己的真体会",印象极深。

法确实有难于言表的缺点。

  自反方法的这个缺点,为后人带来了很大的麻烦。象山是孟子之后真正读懂性善论的第一人,对性善论体会极透,解说极明,但他也只是让弟子按自反方法去做而已,同样无法把它真正说清楚。朱子没有真正读懂性善论,不了解自反方法直觉的特点,批评象山是禅,"不肯说破","绣出鸳鸯与人看,莫把金针度与人",其实是对孟子性善论直觉思维方式不理解。阳明遇到的困难也不少。从"知来本无知,觉来本无觉"[1]等论述分析,阳明确实掌握了直觉的特点,但他同样没有办法讲清楚这个问题,直至把"我这个良知就是设法的麈尾"[2]都逼了出来。

  到了近代,受西方哲学理性思维方式的影响,人们对自反的直觉方式更加难以理解了,直至将其讥为神秘主义。虽有熊十力、牟宗三等人著书行文,对自反方法极力表彰,但他们的书很少有人真正读得懂。世界上的东西都是一样,神秘只因不懂,懂了决不神秘。自反方法真是个冤家,它为儒学作出了非凡的贡献,但也不知难煞了多少英雄好汉。

  另外,性善论自反方法还有容易趋于保守的缺点。前面讲过,孟子创立性善论,主要是以良心本心论善性,而良心本心从来源上讲,是社会生活和智性思维在内心结晶而成的伦理心境。我们说性善论自反方法容易趋于保守,主要是指伦理心境容易趋于保守。

  伦理心境容易趋于保守,是因为社会习俗容易趋于保守。社会生活的一项重要内容是社会习俗。社会习俗是在社会发展过程中逐渐形成的,社会习俗的发展与社会本身的发展,总的来说是一致的。不过社会习俗一旦形成,就具有一定的稳定性,表现为某种惰性力量,其发展变化一般要落后于社会经济、政治制度的发展变

---

[1] 王阳明:《传习录下》,《王阳明全集》,上海古籍出版社1992年版,第94页。
[2] 王阳明:《传习录下》,《王阳明全集》,上海古籍出版社1992年版,第109页。

化。伦理心境的主要来源之一是社会习俗，由于社会习俗本身的这个特点，伦理心境一般也跟不上社会本身发展的步伐。另外，由社会生活结晶而成的心理的境况境界，一经形成，同样会具有一定的稳定性，表现为某种惰性力量，其变化发展一般要落后于社会习俗的变化发展。受这两个方面的影响，伦理心境不仅要落后于社会本身的变化，而且要落后于社会习俗的变化。

由此可见，一个是社会习俗，一个是心理境况境界，两方面结合起来铸成这样一个不幸的事实：伦理心境从它产生的第一天起，就包含了容易趋于保守的种子。虽然建立在伦理心境基础上的自反方法是成就道德的重要方法，但它决不是成就道德的全部方法，如果将自反方法看作成就道德的唯一方法，就有趋于保守的危险。这个问题涉及甚广，已超出了本文的范围，拟他文详述。

九、性善论的原则

案：根据《孟子性善论研究》第二章"性善论的基本原则"改写而成，发表于（台）《孔孟学刊》1995年第4期。文章将存心养性、先立其大、无愧于心、知之必行列为性善论的基本原则。这种概括在其后的研究中具体表述略有变化，但没有原则性的改动。

性善论作为一门完整而有效的伦理道德学说，必然有自己基本的原则。详细探讨这些原则，对于研究性善论，弘扬儒学精神，有重要意义。本文的任务，就是对这些原则加以概括和分疏。我认为，根据孟子所说，这些原则大致可以归纳为以下四点。

一、存心养性

存心是孟子的重要思想：

> 君子所以异于人者，以其存心也。君子以仁存心，以礼存心。（《孟子》8.28）

君子与庶人本是同类，君子后来高于庶人，只是因为君子善于存心。人人都有仁义礼智之心，把它保存好，不要丢失了，就成了君子；不能保存好，丢失了，就成了庶人。

下面一段话有同样的意义：

> 大人者，不失其赤子之心者也。(《孟子》8.12)

赵岐注云："大人谓君，国君视民当如赤子，不失其民心之谓也。一说曰，赤子，婴儿也。少小之心，专一未变化，人能不失其赤子时心，则为贞正大人也。"在孟子，大人未必专指国君，也指有德之人，而且联系孟子整个思想分析，此句"赤子"与"孩提之童无不知爱其亲者"中的"孩提之童"同义，故此处当取后者。在孟子看来，一个人从小就有亲情之性，仁义之心，要成为大人非常简单，只要能保证原有的赤子之心不丢失就可以了。反过来说，一些人成了恶人，只是因为没能保住原有的赤子之心。由此足以看出存心在性善论中的重要地位了。

与存心相反的是放心。《告子上》讲：

> 仁，人心也；义，人路也。舍其路而弗由，放其心而不知求，哀哉！人有鸡犬放，则知求之；有放心而不知求。学问之道无他，求其放心而已矣。(《孟子》11.11)

放心与"放其良心""失其本心"同义，都是因为不注意操守而丢失了良心本心的意思。良心本心丢失了，就应该把它找回来。鸡狗丢失了，还知道去寻找，良心本心丢失了，却不知道去寻找，这是非常可悲的。

与存心相近的是养性。养性的提法在《孟子》中仅出现一次，见于《尽心上》之首章：

> 存其心，养其性，所以事天。(《孟子》13.1)

人天生就有诚善之性，但比较娇惯，容易受损。恰如牛山之木曾经很美，如果"郊于大国"，"斧斤伐之"，也可以变为不美。只有好好保养，才能成材。这就叫作"苟得其养，无物不长，苟失其养，无物不消"。从这个意义是说，存心就是养性，养性就是存心，一旦真的将仁义礼智之端存于内心，就是滋养自己的诚善之性，也就是侍奉而不违逆于天道之本然了。

存心养性必须做到专心致志。孟子借用一个喻言故事来讲这个道理:

> 今夫弈之为数,小数也;不专心致志,则不得也。弈秋,通国之善弈者也。使弈秋诲二人弈,其一人专心致志,惟弈秋之为听。一人虽听之,一心以为有鸿鹄将至,思援弓缴而射之,虽与之俱学,弗若之矣。(《孟子》11.9)

此段本义是说,君王也有良心的萌芽,但孟子没有更多的机会劝说,所以没有什么结果。不过这里也讲到了良心本心的修养问题,只有专心致志,才能取得成果,否则即使有再好的良心本心的基础,也没有用处。

存心养性和培养浩然之气有密切关系。公孙丑问孟子,假如做了齐国卿相,孟子会不会有所恐惧疑惑而动心呢?孟子说,不会,他四十岁以后就不再动心了,并认为做到这一点并不难,告子不动心比他还早,并谈了他的不动心和告子的不动心的情况。

> 告子曰:"不得于言,勿求于心;不得于心,勿求于气。"不得于心,勿求于气,可;不得于言,勿求于心,不可。夫志,气之帅也;气,体之充也。夫志至焉,气次焉;故曰:"持其志,无暴其气。"(《孟子》3.2)

告子的观点有两条,一是"不得于言,勿求于心",二是"不得于心,勿求于气"。孟子不同意前一句,同意后一句。前一句与本节关系不大,暂不论,[1]这里只谈后一句。

---

[1] "不得于言,勿求于心"比较难解。之所以如此,一个重要原因,是《孟子》讲话跳动太大。严格讲来,孟子这里是讲言、气、心(此外还谈到志,志和心为同类,可合并在一起)三者的关系,但实际上只是大谈了心和气,对于心和言却言之甚少,只是到了弟子问"何谓知言"以后,才讲到心和言的问题。其实,若与孟子关于知言的论述参看,"不得于言"就是"不知言"。孟子对于"言"十分重视,因为言为心声,"生于其心,害于其政;发于其政,害于其事"。而告子"不得于言,勿求其心",在孟子看来当然就是不对的了。参见杨泽波《孟子气论难点辨疑》,《中国哲学史》2001年第1期。

此处有如下一些问题：其一，什么是"得"？《孟子》中得字的基本意思是得到，求得，如"君子深造之以道，欲其自得之也"（《孟子》8.14）。有论者将这个得字解释为"不能得胜"，恐根据不足，不从。其二，什么是"不得于心"？此前，孟子讲了曾子守气"自反而不缩""自反而缩"的问题，核心是说心与气的关系，从语意上看和这里关系密切，所以，"不得于心"大致即相当于"自反而不缩"。其三，孟子为什么讲"不得于心，勿求于气"？因为在孟子看来，如果"自反而不缩"，只是求助于气，结果只能成为鲁夫之勇，求之无益，所以"不得于心，勿求于气"是对的。总之，孟子突出心和志的作用，认为只有在这个基础上才能谈气，否则就是"暴其气"。

从这个思想出发，孟子详细谈了自己的养气之道。

> 其为气也，至大至刚，以直养而无害，则塞于天地之间。其为气也，配义与道；无是，馁也。是集义所生者，非义袭而取之也。行有不慊于心，则馁矣。我故曰，告子未尝知义，以其外之也。必有事焉，而勿正，心勿忘，勿助长。无若宋人然：宋人有闵其苗之不长而揠之者，芒芒然归，谓其人曰："今日病矣！予助苗长矣！"其子趋而往视之，苗则槁矣。天下之不助苗长者寡矣。（《孟子》3.2）

养气并不是孟子的首创，与孟子同时的稷下学宫的不少学派都喜欢谈气。孟子曾游学于稷下学宫，很可能受到了这些学派的影响。但孟子养气有自己的特点。孟子特别强调气与义（道）的关系，认为养气必须"配义与道"，"是集义所生者"。这就是说，在心和气的关系上，心是基础，气是表现，心是主根，气是枝叶。这样养出来的气才是"浩然之气"，才至大至刚，塞于天地之间（不是说气可以塞于天地之间，而是说有浩然之气的人可以立于天地之间。注家多不得此义）。孟子为此批评告子，说他"未尝知义"。因为如果按告子所说，把义看作外在的，那么气就没有了心的基础。[1]

由此，孟子批评了当时两种不好的做法：

> 以为无益而舍之者，不耘苗者也；助之长者，揠苗者也——非徒无益，而又害之。(《孟子》3.2)

首先，以为养气没有用处而不去做，孟子批评这种人是种庄稼而不锄草的懒汉；其次，养气不是"集义而生"，而是人为助长，孟子批评这种人是拔苗助长的蠢人。虽然孟子两方面都讲到了，但此处主要还是反对后一种情况，感叹"天下之不助苗长者寡矣"。也就是说，当时养气的人不少，但很多并无内心的根基。孟子培养浩然之气，强调既要有内在的根据，即"配义与道"，又要有正确的途径，即"集义所生"，自然生长。"配义与道"和"集义所生"加起来，都离不开存心养性。存心养性做好了，养气就有了基础，气就会自然生长，培养出来的就是浩然之气；反之，养气就没有基础，人为助长只能有害无益，培养出来的也只能是"暴于气"之气。

存心养性还有一个境界不断提高的问题。浩生不害问孟子乐正子是什么人，孟子说："善人也，信人也。"浩生不害又问什么是善，什么是信。孟子解释道：

> 可欲之谓善，有诸己之谓信，充实之谓美，充实而有光辉之谓大，大而化之之谓圣，圣而不可知之之谓神。(《孟子》14.25)

孟子在这里区分出了善、信、美、大、圣、神六个层次：人欲求仁义礼智，就是善；不仅欲求，而且确实存于己身，就是信；不仅信，而且其内容充实，就是美；不仅充实，而且表现出光辉，就是大；不仅表现出光辉，而且能使天下四方发生变化，就是圣；不仅

---

[1] 王阳明有段话，可以作为这个问题的注脚："告子是硬把捉着此心，要他不动；孟子却是集义到自然不动。""心之本体原自不动。心之本体即是性，性即是理，性元不动，理元不动。集义是复其心之本体。"王阳明：《传习录上》，《王阳明全集》，上海古籍出版社1992年版，第24页。

能使天下四方发生变化，更能根据不同情况，采取不同做法，致使其言行不为一般人所理解，就是神。

总之，存心养性在性善论中占有特殊的地位，是性善论作为一门伦理道德学说的一个重要前提。

二、先立其大

存心养性做好了，良心本心发展了，就有了道德的基础，顺其发展就可以合于伦理，成就道德。但是除此之外，人还有食色利欲。孟子分别将良心本心和食色利欲称为"大体"和"小体"。以良心本心为大体，因其作用大；以食色利欲为"小体"，因其作用小。这种区分是很有见地的，没有这种区分，便不能高扬人性，获得人性的自觉。

既有"大体"又有"小体"，怎样处理两者关系就成了一个重要问题。孟子主张以"大体"制约、决定"小体"。"公都子问曰：'均是人也，或为大人，或为小人，何也？'孟子曰：'从其大体为大人，从其小体为小人。'"（《孟子》11.15）"小体"不能决定人的价值，"大体"才能决定人的价值，以"大体"决定"小体"，才会使人内在的价值得以显现。以"大体"决定"小体"，是孟子的一贯思想：

> 人之于身也，兼所爱。兼所爱，则兼所养也。无尺寸之肤不爱焉，则无尺寸之肤不养也。所以考其善不善者，岂有他哉？于己取之而已矣。体有贵贱，有大小。无以小害大，无以贱害贵。养其小者为小人，养其大者为大人。今有场师，舍其梧槚，养其樲棘，则为贱场师焉。养其一指而失其肩背，而不知也，则为狼疾人也。饮食之人，则人贱之矣，为其养小以失大也。饮食之人无有失也，则口腹岂适为尺寸之肤哉？（《孟子》11.14）

人对于身体的各个部分都要爱护，但身体有重要部分，也有次要部分，不要因小的部分影响大的部分，因次要部分影响重要部分。保养小的部分的是小人，保养大的部分的是大人。如果一个园艺家放弃梧桐梓树而去培养酸枣荆棘，那他就不是一个好的园艺家，如果一个人丧失肩头背脊，那他就是一个糊涂透顶的人。

"大体""小体"又叫"天爵""人爵"：

> 夫仁，天之尊爵也，人之安宅也。莫之御而不仁，是不智也。不仁、不智、无礼、无义，人役也。（《孟子》3.7）

> 有天爵者，有人爵者。仁义忠信，乐善不倦，此天爵也；公卿大夫，此人爵也。古之人修其天爵，而人爵从之。今之人修其天爵，以要人爵；既得人爵，而弃其天爵，则惑之甚者也，终亦必亡而已矣。（《孟子》11.16）

"天爵"即仁义忠信，"人爵"即公卿大夫。理想的情况是修其天爵，而人爵从之。如果只要人爵，而弃天爵，那就太糊涂了。孟子区分"天爵""人爵"与区分"大体""小体"的思路完全相同。

孟子由此提出了成德成善的一个重要原则，这就是"先立乎其大"：

> 先立乎其大者，则其小者不能夺也。此为大人而已矣。（《孟子》11.15）

"大体"决定"小体"，就是良心本心决定食色利欲。良心本心是向善的可能性，食色利欲超过限度，可能发展为恶。良心本心决定食色利欲，就是不为食色利欲所累，依靠良心本心的指引达成仁义，合于伦理。这样良心本心就可以充盈整个生命，使生命布满光辉，而不沉溺于食色利欲，沦为禽兽。

"大体"和"小体"的关系，实际上也是两种幸福的关系。与"大体"相比，"小体"虽然次要一些，但并不能化除。一个人生活在社会上，必然有对"小体"的要求，一旦这种要求实现了，就会

九、性善论的原则

有感到满足，这种满足就是幸福，可以称为"小体"幸福，或者利欲幸福。除此之外，一个人要想成为高尚的人，有道德的人，自然还有对"大体"的要求，一旦这种要求实现了，也会感到满足，这种满足也是幸福，可以称为"大体"幸福，或者道德幸福。在求得道德幸福的时候，可能要牺牲一些利欲幸福，甚至吃很多的苦，受很多的罪，但也正因为这样，道德幸福才更有意义，更有价值。虽然孟子两种幸福都承认，但更重视道德幸福，始终以道德幸福为最终目的，而不斤斤计较于利欲幸福。因为孟子有这样崇高的价值选择，所以才能成为一代大儒，为后人所景仰。

孟子先立其大的思想对后世有深远影响。象山讲过："近有议吾者云：'除了先立乎其大者一句，全无伎俩。'吾闻之曰：'诚然。'"[1] 别人原本是批评象山，象山却坦然承认，强调他的学说除先立乎其大者一句，别无其他，可见先立其大是多么重要了。儒学教人，非常重要的一条，就是求其"大体"，就是先立其大。实践证明，这是保证人心向上，自强不息关键之所在。中华民族历经磨难，屡受挫折，但仍然始终积极向上，奋斗不止，论其贡献，孟学的先立乎其大，不能不占据重要的一席之地。

三、无愧于心

无愧于心，就是无愧于良心本心。这一说法见于《尽心上》第二十章：

> 君子有三乐，而王天下不与存焉。父母俱存，兄弟无故，一乐也；仰不愧于天，俯不怍于人，二乐也；得天下英才教育之，三乐也。（《孟子》13.20）

---

[1] 陆九渊：《陆象山全集》卷三十四，中国书店1992年版，第255页。

孟子认为，君子有三乐，其中第二乐是仰不愧于天，俯不怍于人。"愧"和"怍"在《孟子》中都只出现一次。"愧"即惭愧，"怍"即愧怍。赵岐注云："不愧天，又不怍人，心正无邪也。"只有做到心正无邪，才能无所愧怍，可见仰不愧于天，俯不怍于人，根据全在于内心，而问题的实质是无愧于心。

无愧于心是非常重要的思想，贯穿《孟子》始终。比如，上面讲的培养浩然之气，就离不开无愧于心。"其为气也，配义与道；无是，馁也。""行有不慊于心，则馁也。"（《孟子》3.2）赵岐注为："慊，快也。自省所行仁义不备，干害浩气，则心腹饥馁矣。"浩然之气，最伟大、最刚强，与义和道相配合，就会充满上下四方，无所不在。但只要做一件于心有愧的事，这种气就疲软无力了。这里的"行有不慊于心"，就是有愧于心。要培养浩然之气，必须首先做到无愧于心。

孺子将入于井的例子，最能说明问题：

> 今人乍见孺子将入于井，皆有怵惕恻隐之心——非所以内交于孺子之父母也，非所以要誉乡党朋友也，非恶其声而然也。（《孟子》3.6）

见到小孩子快要掉到井里了，怵惕恻隐之心自会发动而前去抢救。抢救不是为了别的，只是为了对得起自己的良心本心。如果不去抢救，心中必然有所愧怍。

葬亲的例子，说的也是这个问题。上古的人不埋葬父母，父母死了，将之抛弃在山沟里了事。后来看到尸首狐狸吃，蚊虫嘬，内心不忍，才拿来工具掩埋。可见"孝子仁人之掩其亲"，是为了无愧良心本心。只是为了无愧于心，才有了由"不葬其亲"到"掩其亲"的进步。就"掩其亲"本身而言，也有一个规模问题：

> 古者棺椁无度，中古棺七寸，椁称之。自天子达于庶人，非直为观美也，然后尽于人心。不得，不可以为悦；无财，不可以

九、性善论的原则

为悦。得之为有财，古之人皆用之，吾何为独不然？且比化者无使土亲肤，于人心独无恔乎？吾闻之也：君子不以天下俭其亲。(《孟子》4.7)

有人指责孟子葬母的棺木太好了，孟子不以为然。他认为棺椁不是为了好看，而是为了尽孝子之心，仅仅让死者的尸体不与泥土相挨，对孝子来说是远远不够的。只有将棺椁的事情办好了，才能"尽于人心"。"尽于人心"也就是无愧于心。

有关的例子还有很多，《离娄下》第二十四章颇值得细细玩味：

> 郑人使子濯孺子侵卫，卫使庾公之斯追之。子濯孺子曰："今日我疾作，不可以执弓，吾死矣夫！"问其仆曰："追我者谁也？"其仆曰："庾公之斯也。"曰："吾生矣。"其仆曰："庾公之斯，卫之善射者也；夫子曰吾生，何谓也？"曰："庾公之斯学射于尹公之他，尹公之他学射于我。夫尹公之他，端人也，其取友必端矣。"庾公之斯至，曰："小人学射于尹公之他，尹公之他学射于夫子。我不忍以夫子之道反害夫子。虽然，今日之事，君事也，我不敢废。"抽矢，扣轮，去其金，发乘矢而后反。(《孟子》8.24)

庾公之斯不忍心用子濯孺子的技巧反过来伤害子濯孺子，因为是国家公事，又不敢完全废弃，于是便去掉箭头，发射四箭而回。孟子在这里讲子濯孺子会挑选学生，超过了羿，但对庾公之斯的行为也持赞同的态度。庾公之斯之所以这样做，也是因为良心本心本来如此。

一个人存活一生，要不要有远大的理想，宏大的抱负，同样应该无愧于心。立志高远，有强烈的历史责任感，在孟子身上有突出的表现：

> 五百年必有王者兴，其间必有名世者。由周而来，七百有余岁矣。以其数，则过矣；以其时考之，则可矣。夫天未欲平治天下也；如欲平治天下，当今之世，舍我其谁也？吾何为不豫哉？(《孟子》4.13)

> 由孔子而来至于今，百有余岁，去圣人之世若此其未远也，近圣人之居若此其甚也，然而无有乎尔，则亦无有乎尔。(《孟子》14.38)

为什么孟子会有如此强烈的历史使命感呢？孟子认为，人活一辈子，总要做几件大事情，如舜而已。如果平平庸庸过一生，眼看着别人成为圣人，"为法于天下，可传于后世"，而自己仍"未免为乡人"，就会有所忧患，就会有愧于心。

孟子指点评议君王政治，也常常以无愧于心来立论。《梁惠王下》第六章记载的孟子同齐宣王的一段对话很有意思：

> 孟子谓齐宣王："王之臣有托其妻子于其友而之楚游者，比其反也，则冻馁其妻子，则如之何？"王曰："弃之。"曰："士师不能治士，则如之何？"王曰："已之。"曰："四境之内不治，则如之何？"王顾左右而言他。(《孟子》2.6)

齐宣王为什么"顾左右而言他"？因为没有治理好国家，心中有愧。孟子由齐宣王不愿看见牛被杀而断定其有不忍之心，并认为这点不忍之心足以施行王政，其不行王政的事实，和他的不忍之心是不一致的，也就是说对不起他的不忍之心。可见"顾左右而言他"是现象，有愧于心是本质。

由此可以看出，孟子政治理论的基础并不复杂：人人都有不忍之心，君王亦不例外，将君王的不忍之心扩充开来，老吾老以及人之老，幼吾幼以及人之幼，树民以产，与民富足，国家自然太平，国力自然强盛，人心所向，趋之若鹜，无需征战夺地，"箪食壶浆以迎王师"(《孟子》2.10)，"四海之内皆举首而望之"(《孟子》6.5)，仁者无敌，不战自胜。这种政治理论的立脚点只在一个不忍之心：施行仁政便合于不忍之心，不行仁政便有愧于不忍之心。

无愧于心主要是说做事应该对得起自己的良心本心，但也包含

九、性善论的原则

道德的目的问题。孟子认为，道德善行必须是为了道德而道德：

> 舜明于庶物，察于人伦，由仁义行，非行仁义也。(《孟子》8.19)

> 尧舜，性者也；汤武，反之也。动容周旋中礼者，盛德之至也。哭死而哀，非为生者也。经德不回，非以干禄也。言语必信，非以正行也。君子行法，以俟命而已矣。(《孟子》14.33)

为了仁义而仁义，而不是把仁义作为谋取其他利益的工具。哭死者而悲哀，不是做给活着的人看的；由道德而行，不致违礼，不是为了求取官职；言语一定有信，不是为了让人知道我的行为端正。这些论述明白无误地说明了这样一个道理：真正的道德必须是为了行善而行善，为了道德而道德，除此之外再不能有其他的利欲目的。

道德不能掺杂其他目的，也就是通常说的道德自律。道德自律是康德哲学的重要概念。简单说来，道德自律就是自我立法，自我服从，所言所行只是服从理性的立法原则，只是为了成就道德，不能预设任何别的目的。性善论强调存心养性，无愧于心，凡事只是服从良心本心的安排，而不能掺杂什么其他想法，这是性善论作为一门伦理道德学说的一个显著特点。从表面看，孟子上面的那些说法确实与道德自律有相似之处。但是如果进一步分析，又不难发现，康德的道德自律与孟子的性善论仍很大的不同。康德的道德自律是对理性法则的服从，是理性的自律，孟子的性善论则是对良心本心的服从，是良心的自律。更重要的是，由于康德是理性自律，而理性不能掺杂情感，所以康德的道德自律中很难为情感安排合适的地位。孟子就不同了，孟子是良心自律，良心不排斥情感，所以在孟子的性善论中情感占有非常重要的位置。

综上所说，良心本心，原本内在，犹如清泉，恰似明镜，是非对错，自然知之。如果一件事情良心本心告知不应该去做，你还是做了，良心本心就会不安，就会有愧，这叫有愧于心；如果一件事情良心本心告知应该去做，你照此做了，良心本心就会安稳，就是无愧，这叫无愧于心。无愧于心是性善论的大学问。

四、知之必行

性善论主张良心本心是道德的基础，是性善的根据，从这个意义上说，孟子实际上是把良心本心作为道德本体看待的。既然是道德本体，必然有所发用，表现在知行关系上，就是知之必行。知之必行，具体来说，含有以下四个方面的内容：属于内，而必发于外；属于知，而必见于行；属于己，而必致于人；属于心，而应施于政。

属于内，而必发于外。孟子说：

> 君子所性，仁义礼智根于心，其生色也睟然，见于面，盎于背，施于四体，四体不言而喻。（《孟子》13.21）

君子之性，仁义礼智根于心中，却表现于面部、肩背、四肢，不用言语，一见即知有大人之象，一望即晓有君子之貌。

《离娄上》第十五章讲得更为具体：

> 存乎人者，莫良于眸子。眸子不能掩其恶。胸中正，则眸子瞭焉；胸中不正，则眸子眊焉。听其言也，观其眸子，人焉廋哉？（《孟子》7.15）

自己是不是按良心本心做事，是不是做到了诚，自己心里明白，一点瞒它不得。外人做得好不好，也可以从他的眼睛里看出来。为什么"胸中正，则眸子瞭焉"呢？因为无愧于心，身上就有正气，眼睛自然明亮。为什么"胸中不正，则眸子眊焉"呢？因为心中有愧，眼睛想明亮也明亮不起来。这就说明良心本心虽然是内在的，但必然表现于外。过去常有学者批评孟子此章有神秘成分，其实那只是从书本出发。如果着眼于实际生活，就会知道，通过观察眼神猜测别人的内心世界，几乎是生活常识。孟子不过长于观察，善于体会，把它形象表述出来而已。

属于知，而必见于行。

> 舜之居深山之中，与木石居，与鹿豕游，其所以异于深山之野人者几希；及其闻一善言，见一善行，若决江河，沛然莫之能御也。(《孟子》13.16)

圣人与常人原本相差无几，后来之所以有天壤之别，只在于圣人能够听到了善言，见到了善行，就去学习，就去推行。本心本性不是死寂之物，活活泼泼，当体呈露，遇事毋需劳神费力，自然告诉应如何去做，如何去行。与此同时，本心本体还有强大的鞭策力量，迫使人必须按它的命令去做。听从它的命令，就会感到巨大的愉悦，违背它的命令，就会内心深感愧怍。性善论的这个特点本身就决定了，本心本体与实际践行只是一步之转，决无万里鸿沟。

属于己，而必致于人。

> 故士穷不失义，达不离道。穷不失义，故士得己焉；达不离道，故民不失望焉。古之人，得志，泽加于民；不得志，修身见于世。穷则独善其身，达则兼善天下。(《孟子》13.9)

士有失义与得志之别。失义时，独善其身，修身于世，成为世人学习的模范；得志时，兼善天下，惠泽于百姓平民。本心本体充满活力，生机勃勃，不管是失义还是得志，只要坚守住本心本体，就会对外人有一定的影响，产生一定的作用。

属于心，而应施于政。

> 《诗》云："刑于寡妻，至于兄弟，以御于家邦。"言举斯心加诸彼而已。故推恩足以保四海，不推恩无以保妻子。古之人所以大过人者，无他焉，善推其所为而已矣。(《孟子》1.7)
>
> 今恩足以及禽兽，而功不至于百姓者，独何与？然则一羽之

不举,为不用力焉;舆薪之不见,为不用明焉;百姓之不见保,为不用恩焉。故王之不王,不为也,非不能也。(《孟子》1.7)

人有仁心仁闻,怜悯禽兽,免其一死,依此顺理成章,也应该施行仁政,功及百姓。这就是孟子说的"人皆有不忍之心。先王有不忍之心,斯有不忍人之政矣。以不忍人之心,行不忍人之政,治天下可运于掌上"(《孟子》3.6)。仁政不能施行,不是没有力量,而是不用心力。为此孟子猛烈抨击霸政,抨击征战夺地,鼓吹仁政,鼓吹推恩及人。

以上所说,一言蔽之,即是知之必行。知之必行的"必"字,既指必然,又指必须。指必然,是说本心本体包容不住,必然表现于外,故有其体必然有其用。指必须,是说道德之知必须见之于行才为真道德,故有其知必须有其行。本心本体是智慧,是思想,一定要行之于外,从而做到知行和合为一。这既是性善论的重要原则,也是性善论的一大特色。

十、麦金太尔解决休谟伦理难题的贡献与困惑

案：休谟伦理难题为何在孔子身上不存在，是我从事儒学研究最初的问题意识。围绕这个问题我对休谟伦理难题进行了较为系统的研究，同时也特别关注西方学者在这方面的成果，其中尤以麦金太尔为重。麦金太尔虽然在这方面有重要推进，但因为他没有儒家心学的传统，所以仍然无法从根本上解决这个问题。这篇文章就是对麦金太尔相关成果的评述，发表于《现代哲学》2002年第2期。与此相近，另有《我们应当如何理解休谟伦理难题？——兼评孙伟平博士的新著〈事实与价值〉》一文，刊发于《中州学刊》2002年第4期，未收录。

麦金太尔（A.C. MacIntyre）是20世纪80年代以来英美著名的道德哲学家，也是当代西方道德哲学领域中具有转折意义的学者。其名著《德性之后》出版后，对西方学术界造成了巨大的冲击，引起了强烈的反响，认为是近些年来最好的哲学著作，是伦理学研究的一个新的转折点。《德性之后》的一个重要理论贡献，是对传统的休谟伦理难题，即"是"不能产生"应该"的问题，发起了有力的挑战，提出了一些独辟蹊径的见解。在解决休谟伦理难题方面，麦金太尔无疑处于当今世界学术界的最前沿。但在解决这一难题的过程中，麦金太尔也存在着一些困惑。深入研究麦金太尔的这些贡献和困惑，对于解决休谟伦理难题有重要的理论意义。本文

旨在对于这些问题作一些初步的分析。

一

如所周知,所谓休谟伦理难题,是在其《人性论》第三卷附论中提出来的。在那个附论中,休谟写道:他在考察各种道德理论时发现,事实判断和道德判断是两类完全不同的判断,事实判断的系词为"是"与"不是",道德判断的系词为"应该"与"不应该",可是人们在按照常规进行道德推理的时候,总是不知不觉改变判断的性质,"这个变化虽是不知不觉的,却是有极其重大的关系的。因为这个应该或不应该既然表示一种新的关系或肯定,所以就必需加以论述和说明;同时对于这种似乎完全不可思议的事情,即这个新关系如何能由完全不同的另外一些关系推出来的,也应当举出理由加以说明"。[1]

休谟伦理难题提出后,哲学家一直在努力解决,近几十年来,塞尔(J.R. Searle)、马斯洛(A.H. Maslow)等人都取得了一定的成绩,但其成果并没有得到哲学界的一致认可。麦金太尔在这个基础上又大大前进了一步,他将休谟伦理难题置于西方伦理思想发展的大背景之下,认定休谟伦理难题之所以能够产生,是西方伦理思想拒斥亚里士多德哲学传统的结果,正因为此,18世纪以来西方道德哲学家所从事的运动必定要失败。麦金太尔这一看法与前人截然不同,可谓语出惊人。

麦金太尔认为,亚里士多德伦理学是一个目的论体系,在这个体系中,"存在着一种'偶然成为的人'与'一旦认识到自身基本本性后可能成为的人'之间的重要对照"。[2] 伦理学就是一门使人们

---

[1] 休谟:《人性论》,商务印书馆1980年版,第509–510页。
[2] 麦金太尔:《德性之后》,龚群、戴扬毅等译,中国社会科学出版社1995年版,第67页。

懂得如何从前一种状态转化到后一种状态的科学。在这个重要对照中，有三个基本的要素：一是未受教化偶然形成的人性，二是认识到自身目的后可能形成的人性，三是作为从前者向后者转化的合理的伦理戒律。这三者缺一不可，其中任何一个要素都必须参照其他要素才能发挥作用，其中第二个要素更是如此，没有它就没有办法保证由第一个要素转化为第三个要素。

　　进入中世纪后，这一体系被置于了神学信仰的框架之中。伦理戒律不仅是理性的要求，同时也上升为神的禁令。在当时"说某人应该做某事也就是说这种行为在这些环境中将导致人的真实目的，同时还是说，这一行为是与神规定的及理性所理解的律法的命令相一致"。[1] 在这样一种框架中，神的力量和理性的力量共同在第二个要素中发挥重要作用。但是，在新教和天主教出现后，理性的力量受到了很大怀疑。他们认为，理性只能用来计算，虽然可以确定事实，但在实践领域作用甚微，对于解决人生目的问题无能为力。这种变化使理性的作用大受冲击，神性的作用显得更加重要了。尽管有了这个变化，亚里士多德伦理学的基本框架并没有本质上的改变，神的力量仍旧承担着由第一要素向第三要素转变的"教导者"。[2]

　　启蒙运动和理性主义时代之后，人们既放弃了新教和天主教，也放弃了亚里士多德的学说。这种做法等于取消了亚里士多德理论中的第二个要素，使三大要素不再完整，一方面是一组光秃秃的道德律令，另一方面是未受教化的人性，其间没有任何的"教导者"。这种改变造成了严重的后果。因为道德哲学家们既放弃了原先较为完整的人性理论，又要为道德律令寻找合理的基础，所以他们的人性观念与他们所追求的道德律令"从产生之时起就预先注定不相

---

[1]　麦金太尔：《德性之后》，龚群、戴扬毅等译，中国社会科学出版社1995年版，第69页。
[2]　麦金太尔：《德性之后》，龚群、戴扬毅等译，中国社会科学出版社1995年版，第69页。

符合"。[1]

但是,哲学家们往往沉浸在自己的理论中怡然自得,看不到由于第二要素缺失所造成的理论困难。当然也有例外,狄德罗是典型的例子。从狄德罗死后发表的《拉摩的侄儿》来看,他对18世纪道德哲学进行了尖锐的批评,其力度远远超过了他的同时代的哲学家们。康德则更进了一步,一方面批评将道德置于人性基础之上的做法,希望以理性作为道德的基础,另一方面却又留下一个尾巴,承认没有目的论的构架整个道德就无法理解,并把这种框架表述为"纯粹实践理性的先决条件"。过去人们总是以为,这个尾巴是康德哲学的不彻底性,但实际上这里隐藏着重大的理论玄机。18世纪的道德确实是以神、自由、幸福为内容的目的论体系为前提条件的,这是一个历史事实。"若将道德与这一构架分开,你就失去了道德;至少也得说,你就极大地改变了道德的特性。"[2] 对于康德这一问题的重新评价,也从另一个角度说明了第二要素在道德理论体系中是多么重要了。

启蒙运动和理性主义放弃了神性,也放弃了亚里士多德的目的论,三大要素缺少了第二大要素,这直接导致了"是"与"应该"的分裂。人们开始相信,从纯粹事实性的前提中得不出任何道德的或评价性的结论。休谟开始表述这一观点的时候,态度还比较和缓。到了康德那里,则断然认定,从任何关于人的幸福或上帝意志的陈述中,都不能推出关于道德律法的命令。其后的哲学家走得更远,坚持认定在一个正确有效的论证中,结论中不能出现任何前提中没有包含的东西,任何试图从事实前提推出道德或评价性结论的论证,必然是虚假的,不成功的。这个转化具有巨大的冲击力,因为一旦接受了这个原则,这个原则"便会成为他们整个运动的墓

---

[1] 麦金太尔:《德性之后》,龚群、戴扬毅等译,中国社会科学出版社1995年版,第71页。
[2] 麦金太尔:《德性之后》,龚群、戴扬毅等译,中国社会科学出版社1995年版,第72页。

志铭"。[1]

显然，麦金太尔看待休谟伦理难题的方法非常有特点，这个特点使他的思想显得深刻而浑厚，远远超过了他的同辈。他不是就这个问题而解决这个问题，而是将其置于西方伦理思想史发展的整个过程之中。通过对前亚里士多德传统到亚里士多德传统、中世纪传统、理性主义传统发展历程的考察，人们不难发现，无论是在前亚里士多德传统、亚里士多德传统，还是中世纪传统中，所谓"是"与"应该"的矛盾都不存在。理性主义之后，这个矛盾之所以能够产生，是理性主义拒斥亚里士多德传统的恶果。亚里士多德目的论体系中原本有一个非常重要的内容，即"认识到自身目的后可能形成的人性"。这个内容不管是以神性的形式还是以理性的形式出现，都是不可或缺的，是保证第一要素向第三要素过渡的重要力量。但是，启蒙运动和理性主义放弃了亚里士多德体系中的这个重要内容，使第一要素无法过渡到第三要素。正是这个变化宣告了他们从事的运动从一开始就注定要失败，而休谟提出"是"无法过渡到"应该"的难题，不过是这种失败的一个具体表现而已。

二

解铃还须系铃人。既然休谟伦理难题是拒斥亚里士多德道德传统造成的，要解决这一难题，就必须重新回到亚里士多德的理论上来。麦金太尔正是这样做的。他在解决休谟伦理难题的过程中，主要借助了亚里士多德两个概念，即功能性概念和目的论概念。

受到休谟伦理难题的影响，有人认为，任何道德结论都不可能从一组事实前提中得出。麦金太尔对这种看法表示怀疑。他指出，在一些实际情况中，某些论证的结论中的因素在前提中并未出现，

---

[1] 麦金太尔：《德性之后》，龚群、戴扬毅等译，中国社会科学出版社1995年版，第72页。

但这些论证仍然是有效的。他举出 A.N. 普赖尔的例子为证。普赖尔认为,从"他是一个大副"这一前提中,可以正确有效地推出"他应该做大副该做的事情"的结论。"这一相反的例证不仅表明根本不存在什么上面那种普遍性原则,而且它本身还至少表明了这样一条语法规则方面的真理;一个表述'是'的前提能够在一定场合中包含有表明'应该'的结论。"[1]

当然,有人可以反驳说,这种反证并不包括实质性的评价内容和道德内容,不足以说明问题。麦金太尔进一步举出了自己的例证。他认为,从"这块表走得不准且不稳定"和"这块表重得不好携带"这类事实前提中,可以正确地得出"这是一块坏表"的结论。从"他种这种作物每英亩的平均产量比当地任何其他农夫的产量都高"、"他所采用的恢复和提高土地肥力的方法是迄今所知的最佳方法"和"他饲养的奶牛群在农业展览会上赢得了头等奖"这类事实性的前提中,可以正确地得出"他是个好农夫"的结论。[2] "好表""好农夫"都属于评价性的结论,可见从事实性前提中可以得出评价性的结论。

这些反证为什么有效,是一个值得深入研究的问题。麦金太尔认为,其中一个重要原因,就是功能性的概念在发挥作用。"这种论证之所以正确,是因为'表'与'农业'是具有特殊性的概念。它们是功能性的概念,也就是说,我们通过表和农夫被通常期望发挥的特有功能或具有的特有目的来限定'表'和'农夫'。"[3] 所以,"表"不可能完全独立于"好表"的概念,"农夫"不可能完全独立于"好农夫"的概念。我们平时所说,某物是某物和某物是好物,这两者不能分离开来,因为我们说某物是某物,实际上总是以某物的一个通行的标准来衡量它的。这个通行的标准就是功能性的

---

1 麦金太尔:《德性之后》,龚群、戴扬毅等译,中国社会科学出版社 1995 年版,第 73 页。
2 麦金太尔:《德性之后》,龚群、戴扬毅等译,中国社会科学出版社 1995 年版,第 74 页。
3 麦金太尔:《德性之后》,龚群、戴扬毅等译,中国社会科学出版社 1995 年版,第 74 页。

概念。因此，如果能够判断某物某事符合于那一类的标准，那么就完全可以说"某物某事是好的"。这种推理是完全合理的，有效的。"从而，我们可以安全地断言，如果某人要提出某种修正方案来使'是'中无法得到'应该'这一原则成立，那么这种方案必须从某范围内排除牵扯到功能性概念的有关论证。"[1]

重视功能性概念，在亚里士多德道德传统中一直是一个重要问题。考察亚里士多德的理论不难发现，亚里士多德传统中的道德论证，至少包含一个功能性概念。说某物或某人是好的，也就是意味着这种物或这种人符合其特有的功能。表、农夫、人都有自己的特殊功能，能够满足其功能，就是好表、好农夫、好人。"在古典传统中，'人'与'好人'恰如'表'与'好表'或'农夫'与'好农夫'的关系一样。亚里士多德认为，和'竖琴师'与'竖琴弹得好'的关系相类似，'人'与'生活好'的关系构成伦理探讨的始点。"[2] 这种理论对于人来说特别重要，因为一个人就应该生活好，做一个好人，如果这个基点确立不下来，整个道德理论就无从谈起了。"这种用法实际上植根于古典的传统理论家们所要表述的社会生活形式。这是因为，根据这一传统，成为一个人也就是扮演一组角色，其中每一个角色都有其自身的特征和目的：家庭成员、公民、战士、哲学家、上帝的仆人等等。只有在把人视为先于和分离于这全部角色的独立个体时，才可能不再把'人'作为功能性概念。"[3] 古典传统道德理论之所以较为健全，重要原因之一就在于这个基点是牢不可破的。

但是，随着历史的变迁，人们拒斥了亚里士多德的道德传统，功能性概念随之丧失，表与好表，农夫与好农夫，人与好人，完全脱节了。"是"与"应该"的分离，就是在这个特定背景下产生的。

---

1 麦金太尔：《德性之后》，龚群、戴扬毅等译，中国社会科学出版社1995年版，第75页。
2 麦金太尔：《德性之后》，龚群、戴扬毅等译，中国社会科学出版社1995年版，第75页。
3 麦金太尔：《德性之后》，龚群、戴扬毅等译，中国社会科学出版社1995年版，第75页。

麦金太尔一针见血地指出:"处于古典的亚里士多德传统中的道德论证——不论在其古希腊形式中还是在其中世纪形式中——都至少包含一个功能性概念,即被理解为具有其本质特性和本质目的或功能的人这一概念;并且,当且仅当这种古典传统在整体上遭到基本否定时,道德论证的特性才被改变,从而落入某种形式的'是'前提中得不出'应该'结论这一原则的范围之内。"[1] 这就是说,功能性概念的丧失是直接导致"是"与"应该"分离的罪魁祸首。

在亚里士多德传统中,不光有功能性概念,还有目的论概念。亚里士多德认为,人生的目的就是追求"幸福"。"幸福"一词希腊原文为 ludamacma,包含"很好"(lu)、"精神"(damacma)等意义,另外也含有"繁荣昌盛"的意思。亚里士多德认为,幸福就是至善。这种学说的意义非常深远,直接决定了人们不必询问为什么,而自然去行善。麦金太尔写道:"在亚里士多德传统中,说 X 是好的(这个 X 可以意指多种事件,其中包括人、动物、政策或事态),也就是说想要把具有 X 所具特性的事物作为自己目的的人都会选择 X 类事物。"[2] 显然,在当时的传统中,说某物是好的,已经包含了我要以某物为自己的目的的意思。这个关系非常直接,其间几乎没有任何形式的过渡。亚里士多德以幸福作为人生目的,其理论的重要意义正表现在这里。

有了目的论的基础,也就有了行善的动力,这种动力在逻辑关系上表现为,道德判断的形式既是假言的,又是直言的。麦金太尔指出:"就其表达了什么行为对一个人的目的是恰当的这种判断来说,它们是假言的:'如果且因为你的目的是某某,你就应该做某某行为',或'如果你不想使自己的最基本欲望受到阻挠,就应该做某某行为'。就其表述了神的命令的普遍法则的内容来说,它们

1　麦金太尔:《德性之后》,龚群、戴扬毅等译,中国社会科学出版社1995年版,第75页。
2　麦金太尔:《德性之后》,龚群、戴扬毅等译,中国社会科学出版社1995年版,第76页。

又是直言的：'你应该做某某行为，这是神的法则所命令的'。"[1]在这个关系当中，确定判断有一个假言的前提十分重要，只有保证了假言的这个前提，才能保证行为者的目的，也才能保证道德判断有内在的动力。

在这个基础上，麦金太尔对亚里士多德的三段论重新作了解释。他认为，亚里士多德的三段论其实含有四个要素，除大前提、小前提、结论之处，还包含当事人的需求和目的，这是一个非常重要的先决条件。"按照亚里士多德的观点，实践理性有四个实质性要素。首先，当事人的需求和目标，这是他的推理的先决条件，但并没有被表述在推理过程中。没有这些，推理就没有背景条件：大前提和小前提就不能适当地决定当事人该去做什么事情。第二个因素是大前提，这是一个论断，大致是：做、拥有或者寻找某种事情，这本身是对某人有利或者为他所需要的那种事情（当事人表达的三段论在后面的描述里）。第三个因素是小前提，依靠感觉判断，断定哪是那种必要的场合和时机。结论，正如我所说的，就是行为活动。"[2]由于当事人的需求和目的在亚里士多德传统中是一个不言自明的要素，隐藏在三段论之中，不被人们重视，但如果去掉了这个先决条件，涉及道德问题的三段论虽然在形式逻辑上可以成立，但在实践中却可能遇到根本性的困难。

可惜的是，随着近代理性的发展，人们放弃了亚里士多德的目的论，在理论上造成了很大的困难。有没有目的论概念作为基础，在涉及"事实"观念的时候，人们会有截然不同的态度。"根据亚里士多德主义的观点，因为对人类行为的解释是目的论的，因此人类行为不仅能够而且必须参照那些为人类行为提供目的的诸多的善的等级体系来描述。根据机械论者的观点，人类行为不仅能够，而

---

[1] 麦金太尔：《德性之后》，龚群、戴扬毅等译，中国社会科学出版社1995年版，第77页。
[2] 麦金太尔：《德性之后》，龚群、戴扬毅等译，中国社会科学出版社1995年版，第203页。

且必须在不牵扯到任何这种善的情况下加以描述。根据前一种观点，人类行为的事实包括了那种对人类而言有价值的东西的事实（不仅是那些他们认为是有价值的事实）；根据后一种观点，根本不存在价值事实，'事实'成为摆脱了价值的东西，对于'应当'、解释以及评价而言，'是'成了一个陌生物，'是'与'应当'分离的结果是，'事实'改变了它的性质。"[1]这就告诉人们，如果没有目的论，人们面对"事实"便会漠不关心，毫无情感，直至将"是"与"应该"完全分离开来。

因此，要解决"是"与"应该"的矛盾，必须恢复亚里士多德的目的论概念。麦金太尔尖锐指出："我已指出，除非有一个目的（telos）一个借助构成整体生活的善（good），即把一个人的生活看成是一个统一体的善，而超越了实践的有限利益的目的，否则就将是这两种情形：某种破坏性的专横将侵犯道德生活；我们将不能够适当地说明某些德性的背景条件。这两种问题由于第三种问题而更为严重：至少有一种为传统所认识到的德性，它除了依据个人生活的整体，根本不能得到说明——这就是完善的或坚贞的德性。"[2]很明显，没有一个目的论，就不可能有完善的道德生活，也就不可能真正解决休谟伦理难题。

三

麦金太尔为解决休谟伦理难题作出了重要的贡献，但不可否认，他的努力仍然存在着一些不足甚至是困惑。这主要表现在两个方面：第一，功能性的概念并不能解决一切问题；第二，无法找到目的论的新的形上学基础。

---

1 麦金太尔：《德性之后》，龚群、戴扬毅等译，中国社会科学出版社1995年版，第106页。
2 麦金太尔：《德性之后》，龚群、戴扬毅等译，中国社会科学出版社1995年版，第256页。

如上所说，功能性概念是麦金太尔根据亚里士多德传统重提的一个重要概念。他认为，这个概念是解决休谟伦理难题不可缺少的环节，只有具有了这个概念，人们才能按照大副的标准做一个好大副，按农夫的标准做一个好农夫，按好人的标准做一个好人。但这里隐含着一个问题，很可能会有这种情况：有人并不否认功能性概念，知道好的大副应该做什么，好的农夫应该做什么，但在实际生活中却并不这样做，甚至还可能提出"我为什么非要那样做"的疑问。

这个问题表面看似乎是多余的，现实生活中也很少有人真的这样问，但是作为一种完整的理论来说，必须能够解决这种问题。这个问题与美国当代著名伦理学家弗兰克纳提出的一个问题有一定关联。弗兰克纳的《善的求索：道德哲学导论》明确谈到了这个问题。他说，如果甲问，我为什么要有道德呢？乙会说，这对群居的人们是必要的。甲会说，人有道德对社会有好处这并不错，可为什么我偏偏要有道德呢？对这一问题可能会有两种回答。从义务论意义上，乙可以说，这是你的义务，因为你是有理性的。这显然不能解决问题，因为如果甲知道自己是有理性的，就不会提出这样的问题来了。从目的论意义上，乙可以说，这对你有好处。这种好处有两种含义，一是非道德意义的，这种意义的好处并不能得到保证，因为道德常常意味着牺牲；再就是道德意义的，也就是说，人应该追求一种道德上优越的生活，但这同样不能解决问题，因为甲可以继续追问，我为什么要追求道德上的优越生活呢？[1]

按照麦金太尔提倡的功能性概念，人是一种特殊的功能，做人就要做一个好人。对这个观点甲很可能并不反对，甚至完全接受。但接受归接受，实行归实行。如果甲明知这个功能，但就是不按这

---

[1] 威廉·K·弗兰克纳：《善的求索——道德哲学导论》，黄伟合、包连宗、马莉译，辽宁人民出版社 1987 年，第 245-246 页。

个功能去做，那又怎么办呢？这种情况在日常生活中并不少见。作为一个警察，自然知道要当一个好警察，作为一个市长，自然知道要当一个好市长，我相信任何一个警察、任何一个市长都知道这一点，但是在实际生活中仍然有不少坏警察和坏市长。这种情况说明，功能性概念虽然可以起一定的作用，但并不能解决全部问题。

麦金太尔也意识到了这个问题，所以在重视功能性概念的同时，又依据亚里士多德的理论，特别强调目的论的概念。目的论在亚里士多德理论中占有重要位置。没有目的论，亚里士多德就无法说明人为什么会追求幸福，追求至善。但是，"任何带有目的论性质的论述，必须为我们提供某种关于目的的清楚而又站得住脚的论述"。[1] 这就是说，目的论仍然不是最后的，为了保证目的论能够落实，必须为目的论设立一个先决条件。麦金太尔指出，在亚里士多德，这个先决条件就是他的形上学的生物学。有了这种形上学的生物学作基础，哲学家就可以解决人为什么总是自然向善而不是向恶的问题了。

但是，这里明确隐含着一个难题。亚里士多德是以生物学作为目的论基础的，但依据现代哲学的观点，以这种生物学为目的论的基础，并不能为人们广泛接受。于是就产生了这样的问题：如果我们放弃了这种生物学，目的论如何还能坚持呢？正如麦金太尔所说："任何比较一般的亚里士多德的论点，必须提供一个目的论的论述，这个论述能够取代亚里士多德的形而上的生物学。"[2] "亚里士多德的目的论以他的形而上的生物学为先决条件，如果放弃生物学，而且我们也必须放弃，那么，怎样才能维护目的论呢？"[3]

1　麦金太尔：《德性之后》，龚群、戴扬毅等译，中国社会科学出版社 1995 年版，第 204 页。
2　麦金太尔：《德性之后》，龚群、戴扬毅等译，中国社会科学出版社 1995 年版，第 204-205 页。
3　麦金太尔：《德性之后》，龚群、戴扬毅等译，中国社会科学出版社 1995 年版，第 204 页。

麦金太尔看到了这种问题的严重性，说明他的理论敏锐性非常强。但非常可惜，他未能提供有效的解决办法，没有能够找到一个替代生物学的目的论的先决条件。这个问题至关重要，因为一旦这个环节空了下来，目的论就不能落实；目的论不能落实，功能性概念必然失去作用；功能性概念失去作用，"是"与"应该"的问题也就无法解决了。在这个关节点上，麦金太尔寻找不到合适的解决办法，陷入了深深的困惑之中。麦金太尔像是一个技术并不特别高明的医生，虽然看清了病症，也开出了药方，但这个药方只能治表，不能治里，没有办法从根本上去除病痛。平心而论，麦金太尔为自己提出的解决休谟伦理难题的任务并没有最终完成。

当然，客观地说，这并不是麦金太尔个人之过，而应当从西方伦理思想的传统中寻找原因，因为在他们的传统中，人性论并不特别发达。而在这方面，中国哲学有着丰富的资源，充分发掘这些资源，从中寻找合理的成分，完全可以有效弥补西方道德哲学的不足，我们应当对此充满信心。这也是我多年来下大气力研究儒家心性之学，努力从孔子思想结构中剥离智性、欲性、仁性三个要素，创立三分法，希望在这种三分结构中，通过以仁性为整个学说提供动力的方式解决休谟伦理难题的初衷。沿着这个方向发展，我坚信，只有将仁性从一般所说的理性中独立出来，确立三分法，以仁性作为道德动力之源，才能真正解决休谟"是"与"应该"，"事实"与"价值"的矛盾问题。

部之二：发现孔孟心性之学的分歧

一、孔孟心性之学的分歧及其影响

案：这篇文章刊发于《学术月刊》1991年第10期，是我孟子研究最早发表的三篇文章之二。该文最有价值之处，是破除了孔孟一体的传统观念，明确提出了"孔孟心性之学分歧"这一命题。尽管当时的分析还显稚嫩，未能从三分法的高度展开，也没有提出伦理心境这一概念，但基本的义理架构已经有了，为后来将儒学发展整体脉络概括为"一源两流"打下了厚实的基础。不久，我对这篇文章做了大范围的扩充，撰成《孔孟心性之学的分歧》一文，连载于台湾《孔孟月刊》1993年第7期和第8期。那篇文章两万多字，分析更为详尽，论述也更有说服力，但我还是放弃了，仅将此文收于本书之中，以尽纪念之意。

孟子是孔子的嫡系真传，这早已成为千百年来的定论。但仔细研讨《论语》与《孟子》，就会发现，问题绝非如此简单。本文仅从心性之学的角度探讨这个问题，试图证明孔孟在这方面存在着相当程度的分歧，而这种分歧对于后世有极为重要的影响。

一、孔子内外兼备，孟子只求本心

孔子心性之学有两个基本内容，一是礼，一是仁。

周礼是西周社会制度的集中表现。春秋末年，社会发生了巨大变化，周礼散落，几近失传。由于特殊的地理位置和文化背景，鲁国虽然也受到了影响，但与其他地区相比，仍然保存了较多的周礼，当时即有"周礼尽在鲁矣"之说。鲁国也有一些懂得西周礼乐之制并专门以此为生的人，孔子就是其中的杰出代表。

孔子不仅知礼，而且以巨大的责任感为挽救周礼而斗争。一方面，他要求弟子们学礼，强调"不学礼，无以立"(《论语》16.13)、"不知礼，无以立"(《论语》20.3)，进而教导子贡"尔爱其羊，我爱其礼"(《论语》3.17)，教导樊迟"生，事之以礼；死，葬之以礼，祭之以礼"(《论语》2.5)；另一方面，亲自带领弟子奔走列国，游说八方，希望找到一位开明的君主，实现"吾从周"(《论语》3.14)、"道之以德，齐之以礼，有耻且格"(《论语》2.13)的崇高理想。

孔子认为，在事礼过程中必须以仁为基础，即"依于仁"，否则，"人而不仁，如礼何？人而不仁，如乐何"(《论语》3.3)。这样，孔子就创立了仁的学说，在返鲁后的最后几年间，其思想的重点更是明显偏向于仁学。

纵观孔子关于仁的众多说法，可以看出，仁有这样一些基本特点。

内在性。礼与仁的最大不同，就在于礼是外在的，表现为一系列的规定制度，仁是内在的，表现为一系列的内心品质。孔子说："刚毅、木讷，近仁。"(《论语》13.27)"恭、宽、信、敏、惠"，"能行五者于天下，为仁矣。"(《论语》17.16)"仁者其言也讱。"(《论语》12.3)上述道德的品质都是内心具有的，离开内心便不存在。另外，仁还表现为人的某种心理。孔子对宰我三年之丧提问的回答最能说明这个问题。宰我认为，三年之丧太长了，建议缩短。孔子说"夫君子之居丧，食旨不甘，闻乐不乐，居处不安，故不为也。今女安，则为之"，由此批评宰我不仁。(《论语》17.21)这些都说明仁有内在性的特点。

情感性。仁不是抽象的知识，而是道德的情感，特别是对人的好恶之情。孔子说："唯仁者能好人，能恶人"（《论语》4.3），"樊迟问仁。子曰'爱人'"（《论语》12.22），"己所不欲，勿施于人"（《论语》15.24），讲的都是这个意思。在宗法制度下，这种对人的好恶之情主要表现为孝悌。"弟子，入则孝，出则弟，谨而信，泛爱众，而亲仁。"（《论语》1.6）上下有孝，左右有悌，在这样的社会联系中，人们自然会有一种尊尊亲亲的情感，这就是仁。

不含智识。仁是一种道德情感，其中不包含智识。孔子对颜渊、子贡、樊迟等弟子随宜指点，对仁有多次具体说明，列出了仁的许多表现，但其中从来不含智识。由于仁不含智识，所以不能像学习知识那样，依靠学习获得。孔子关于学习的论述非常多，归纳起来主要是学诗学礼，但从来没有讲过学仁。

为仁由己。既然仁不能像学习一门知识那样依靠学习直接获得，那么怎样才能得到呢？孔子认为靠自己。"有能一日用其力于仁矣乎？我未见力不足者。"（《论语》4.6）"为仁由己，而由人乎哉？"（《论语》12.1）这些都说明，求仁不能靠别人，只能靠自己。但孔子的讲述只是到此为止，没有对具体途径加以更为具体的说明。解决这个问题的是后来的孟子。

易于流失。在孔子那里，仁是最高的德性，除了明确讲"殷有三仁"外，并不轻易以仁许人（孔子并未许管仲为仁，只是从功利的角度对其有所赞赏），其中也包括自己。"若圣与仁，则吾岂敢？"（《论语》7.34）"君子道者三，我无能焉：仁者不忧，知者不惑，勇者不惧。"（《论语》14.28）另外，即使经过努力做到了仁，也很难长久保存，容易流失。对颜渊的评价最有说服力，"回也，其心三月不违仁，其余则日月至焉而已矣"（《论语》6.7），这就是说，一方面为仁艰难，另一方面仁又容易流失。颜渊达到了三月不违仁的境界，但也只能保持一段时间，其他时间则很难保证，也就是说容易流失。

把这五个特点归纳起来,我将孔子讲的仁理解为人具有的良好"心理基质",[1] 这种"心理基质"内在于人心,不可能从书本中现成学到,只能培养,但又易于流失。这种"心理基质"在处理外在的人与人的关系的时候,会自然显现出来,告诉人应该怎样去做,表现为诸多的优良品质。

礼和仁的关系,也就是外和内的关系,文与质的关系。孔子说:"质胜文则野,文胜质则史。文质彬彬,然后君子。"(《论语》6.18)积于内为仁为质,发于外为礼为文。人的行为要合于伦理,必须把二者协调好,即所谓文质彬彬。可见,在孔子那里,礼仁相合,内外兼备,二者缺一不可。

孟子不像孔子那样孜孜以求地恢复周礼,在他心目中,礼的地位大大降低了。孟子认为,对礼应当有所判断,有所取舍。"非礼之礼,非义之义,大人弗为。"(《论语》8.6)孟子把礼分为正确的和不正确的,大人应当遵守正确的,放弃不正确的。弑君是一个典型的例子。依周礼,凡弑君皆有罪,孟子却认为,杀一暴君,并不算错。显然这里有一个是非选择的问题。这种看法和孔子有很大的区别。

同时,孟子的礼也不再是礼制之礼,很大程度上已经演化为礼仪、礼节、礼貌之礼。《孟子》中礼字凡35章68见,基本涵义已不是周礼,而是礼仪、礼节。如"其交也以道,其接也以礼"(《孟子》10.4),"我欲行礼,子敖以我为简,不亦异乎"(《孟子》8.27),"男女授受不亲,礼与"(《孟子》7.17),这些指的都是礼节、礼仪。孟子还常把礼貌、礼义并称,如"万钟则不辨礼义而受之,万钟于我何加焉"(《孟子》11.10),"礼貌衰,则去之"(《孟子》12.14)。礼义、礼貌连称,自然不是西周礼制之礼。这种含义在《论语》中是没有的。

---

[1] 此时我还未能提出"伦理心境"这一概念,这个概念是在其后《孔子心性之学的结构》一文中才有的。参见本书"部之一:以伦理心境解说良心"。

孟子的理想是建立仁政，而仁政的根据就在自己的本心。他说："人皆有所不忍，达之于其所忍，仁也。"(《孟子》14.31）齐宣王问孟子，像他那样的人可不可以做到保民而王，施行仁政。孟子说可以，原因是他亦有不忍之心，不忍心看见牛无辜被杀，"若无罪而就死地"。

将这个道理推广开来，人人都有仁义礼智之端，仁义礼智之心，要达成仁义，合于伦理，根本无需外学，只要一心内求，发明本心就行了。这就是孟子说的："万物皆备于我矣。反身而诚，乐莫大焉。强恕而行，求仁莫近焉。"(《孟子》13.4）

总之，孔子的学是向外的，孟子的学是向内的；孔子是向外学礼学诗，孟子则是向内求其放心；孔子认为光有先天之德还不够，还必须向外不断求索，孟子则认为本心仁体已足，毋需外求。重复言之，人之所以有道德，在孔子有两条：对外学于礼，对内合于心；在孟子只有一条：反求诸己，合于本心。也就是说，礼究竟是外在的，还是内在的？是学而后得，还是我固有之？人要达成仁义，需不需要外学？对于这些问题，孔孟有不同的答案：孔子要求学礼求仁，内外兼备，孟子则一心向内，只求本心。这就是孔孟心性之学的分歧。

二、孔孟心性之学分歧的原因

孔孟在心性之学上的分歧，至少有三个方面的原因。

首先是学派的分殊。《韩非子·显学》说："孔墨之后，儒分为八，墨离为三，取舍相反不同，而皆自谓真孔墨。孔墨不可复生，将谁使定后世之学乎？"《史记·儒林列传》也说："自孔子卒后，七十子之徒散游诸侯，大者为师傅卿相，小者友教士大夫，或隐而不见。"大量史料证明，孔子殁后，确有学派分殊，各树一帜的情况。

这些学派中与心性之学密切关联，对后世有重大影响的，可能要数子夏和曾子了。《论语》中子夏论学有三条代表性的语录。其一："日知其所亡，月无忘其所能，可谓好学也已矣。"(《论语》19.5）其二："贤贤，易色；事父母，能竭其力，事君，能致其身；与朋友交，言而有信。虽曰未学，吾必谓之学矣。"(《论语》1.7）其三："博学而笃志，切问而近思，仁在其中矣。"(《论语》19.6）这些论述说明，子夏论学，既讲内求，又讲外学，彼此兼顾，并无偏失。如果只讲内求不讲外学，则内求失之于主观；如果只讲外学，则外学少了内在的根据。虽然孔子告诫子夏要做君子儒，勿做小人儒，但从今天的角度看，子夏论学的思路比较贴近孔子。

与之不同，曾子更加注重内省的工夫。曾子以重视内省著称。"吾日三省吾身——为人谋而不忠乎？与朋友交而不信乎？传不习乎？"(《论语》1.4）"士不可以不弘毅，任重而道远。仁以为己任，不亦重乎？死而后已，不亦远乎。"(《论语》8.7）这些论述无不反映出曾子思想的这个特点。曾子重孝，孝行主要靠内省内参。与子夏相比，曾子不重视外在的事事物物之学。

子夏和曾子在为学之方问题的差异十分明显，当时曾子似乎也不占优势，或许由于《论语》是曾子门人所编，将曾子的许多言论选入其中，曾子才后来居上，对后世产生了重要的影响。孟子受曾子影响的地方历历在目，清晰可辨。曾子只得了孔子论学之一面，孟子受其影响，其思想偏于内求，便不是偶然的了。

其次是社会状况的变化。孔子生于春秋晚期，这个时期的特点是礼乐传统的失落。孔子作为士阶层的杰出代表，自幼学习礼乐，为了拯民救世，选择了"吾从周"的政治路线。要恢复周礼，必先学习了解周礼，所以学礼自然成了孔子思想不可缺少的方面。但孔子的宏大理想与时代潮流不合，处处遭人冷落，孔子自己也深知于此，甚至打算"道不行，乘桴浮于海"(《论语》5.7），只是为了成仁，才不得不行，"不敢不告"(《论语》14.21）。

孔子之后百余年，间三四代，至孟子出，社会发生了极大变化。如果仍然希望以周礼约束大家，统一社会，只能比孔子更加不合时宜。孟子明确看到这个问题的严重性，不再像孔子那样大谈学礼复礼，而是在孔子仁学上大做文章，把思想进一步内收，只谈良心良知，本心仁体，把理论的支撑点完全放在人的内心之上。

　　最后还有一个辅助性的原因，即性格不同。孔孟的性格不同，史书早有记载，这个因素对他们的理论差异也有一定的影响。孔子温文尔雅，小心谨慎。《乡党篇》对孔子举止仪态有非常形象的描述："入公门，鞠躬如也，如不容。立不中门，行不履阈。过位，色勃如也，足躩如也，其言似不足者。摄齐升堂，鞠躬如也，屏气似不息者。出，降一等，逞颜色，怡怡如也。没阶，趋进，翼如也。复其位，踧踖如也。"（《论语》10.4）这一方面自然表现了孔子的恭敬懂礼，另一方面也生动刻划了他矜持庄重的性格。

　　孟子就不同了，豁然大度，圭角分明。孟子讲自己"善养吾浩然之气"，"其为气也，至大至刚，以直养而无害，则塞于天地之间"（《孟子》3.2），又强调"说大人，则藐之，勿视其巍巍然"（《孟子》14.34）；甚至强调君和臣的关系是平等的，君王必须向有能力的臣子学习，"学焉而后臣之"，"将大有为之君，必有不召之臣"（《孟子》4.2）。孟子十分善辩，与许行辩，与告子辩，神态言语步步紧逼，气势夺人，一点不给对手留面子。这充分体现了孟子自信自强的性格。这种性格对于在乱世之中坚信人的本心仁体、良心良知，确立以内省内求为主的理论形态，是一个十分重要的辅助因素。

三、孔孟心性之学分歧对儒学发展的影响

　　由上可知，在孔孟相隔的百余年里，由于客观情况的更替，主观视界的差异，孟子所学的孔子并非是原本的孔子，只是孟子所理解的孔子。孟子全面发展了孔子的仁学，将内求推向前所未有的高

度，但同时也不自觉地舍弃了孔子的礼学，丢掉了外学的一面。虽说孟子以孔子正宗自居，韩愈创制道统，把孟子排列紧随孔子之后，朱子编排四书，纳《孟子》于其中，造成了孟子为孔子真传的印象，但孔孟心性之学的分歧是不容抹杀的。事实上，正是孔孟之间的分歧才引起了后来儒学各派的纷争，甚至可以说，孔孟的这种分歧是儒学发展史上学派争鸣、相互争讦的真正源头。

孔子之后，第一个起来全面非议孟子心性之学的，是荀子。荀子不满意孟子只讲良知良能、反求诸己，重新从孔子出发，强调外学的一面。荀子主张，人之性恶，其善者伪也。人之所以有善的行为，完全在于后天的学习，因此十分重视经验知识的学习。《劝学篇》全篇讲的都是这种外向性的学习活动。"君子博学而日参省乎己，则知明而行无过矣"，"学恶乎始，恶乎终？曰：其数则始乎诵经，终乎读礼。其义则始乎为士，终乎为圣人"，明确肯定向外学习知识对于成就道德的重要作用。荀子讲的心也不同于孟子的本心，而是认知之心。《解蔽篇》说："心知道，然后可道；可道，然后能守道以禁非道。"在他看来，孟子的为学之方偏于内心，并不全面，不足以代表孔子，他必须站出来强调认知，以非孟子，以正视听。荀子是历史上第一个创立完整认知系统的思想家。这个认知系统正是为了补救孟子心性之学的偏失而创立的。但由于种种历史原因，荀学的认知系统长期未能得到人们的重视。

朱子全面研究了孔子心性学说，为了加强外学，特意从《礼记》中选出《大学》，列为四书之一，并专门补写了"格物致知"补传一章凡一百三十四字，以尽"欲致吾之知，在即物而穷其理也"之意。朱子训格为"至"，"格者，至也。物，犹事也。穷至事物之理，欲其极处无不到也"。又说："格，尽也，须是穷尽事物之理。若是穷得三两分，便未是格物。须是穷尽，得到十分，方是格物。"朱子这样讲，是因为在他看来，人之所以有道德，有两个相辅相成的方面，既要尊德性又要道问学。如果不讲道问学，则尊德性失之于主观；如果不讲尊德性，则道问学少了内在根据和目的。可见朱子不是不讲尊德性，不是不讲心。《四书章句集注》明确讲"心者，人之神明，所以具众理而应万事"，《朱子语类》卷五也说"心与理一，不是理在前为一物，理便在心之中，包蓄不住，随事而发"。正因于此，钱穆才有"故纵谓朱子之学彻头彻尾乃是一项圆密宏大之心学，亦无不可"[1]的断语。朱子既讲外学又讲内心，既讲道问学又讲尊德性，其路数与孔子仁且智的思想格局相距不远。但必须看到，朱子为了反驳陆学，毕竟强调道问学多了一些，用他自己的话说即是"熹平时所论，却是问学上多了"。[2] 现在有人因为朱子也讲心，也讲尊德性，否认朱陆的分歧，这是与历史不合的。由于朱子强调道问学多了，对于内心的体悟有欠深透，其理论存在着巨大的困难，无法有效解决人通过认知掌握了外在的理后，如何能够将其变为实际行动的问题。

象山抓住了这个理论困难，以反驳朱子。在他看来，朱子那套格物致知、道问学的说法过于支离，遂直接师源孟子，大力弘扬心学，提倡此心此理，我固有之，先立其大，心即理的理论，与朱子抗衡。他不赞成朱子对于格物致知的解说，认为理即吾心之理，万物皆备于我，无所增添，满心而发，充塞宇宙，无非此理，为学最重要的是发明本心。他也不同意朱子道问学的主张，于鹅湖之会赋诗说"易简工夫终久大，支离事业竟浮沉"，认为尊德性发明本心的方法简易，道问学格物致知的方法支离，由此始发道问学与尊德性的历史之争。陆学直接读《孟子》而得，虽有渊源，但并不了解孔孟心性之学的分歧，自以为得了孔子真谛，并以之与朱熹争辩不止，其实学理并不全面。

三百年后，阳明出，极不甘心朱强陆弱的局面，同样上续孟子

---

1 钱穆：《朱子新学案》(上)，巴蜀书社1986年版，第361页。
2 朱熹：《答项平父》，《朱子全书》卷五十四，上海古籍出版社、安徽教育出版社2010年版，第2541页。

的本心良知，承担起历史重任，开创了扬陆抑朱，完成心学的伟大事业。阳明极力反对朱子的格物致知说，认为"格物，如孟子大人格君心之格，是去其心之不正，以全其本体之正"，[1]训格为正，创致良知说。"鄙人所谓致知格物者，致吾心之良知于事事物物也。吾心之良知，即所谓天理也。致吾心良知之天理于事事物物，则事事物物皆得其理矣。"[2]也就是说，良知即是天理，即是心之本体，即是未发之中，人生最重要的无非是"致良知"三字而已，舍此于事事物物格物致知，于达成仁义全无意义。他甚至认为，朱子"晚年方悔，是倒做了"，提出朱子晚年定论说，为自己的本心良知说张目，批评朱子把尊德性和道问学分作两事，主张"道问学即是所以尊德性"。"是故君子之学也，于酬酢变化、语默动静之间而求尽其条理节目焉，非他也，求尽吾心之天理焉耳矣；于升降周旋、隆杀厚薄之间而求尽其条理节目焉，非他也，求尽吾心之天理焉耳矣。求尽其条理节目焉者，博文也；求尽吾心之天理焉者，约礼也。"[3]阳明把外在的博文完全收于内心的约礼之上，博文也成了尊德性，不仅与朱子大唱对台戏，实际上也批评了象山，认为其不够"精一"。这样一来，心学从孟子经象山至阳明，终于得以最后完成。心学的完成避免了朱子之学的理论困难，是一个重要的进步，但也从孔子比较全面的心性理论中游离了出去，出现了重重流弊，为后人所批评。

上面的简单回顾已经清楚说明，历史上孟子与荀子，朱子与象山、阳明的之争，都与孔孟心性之学的分歧密切相关。这个问题必须引起足够的关注，而这也是我写作本文，特别重视孔孟心性之学的分歧，强调这种分歧对整个儒学发展史有重大影响的根本原因。

---

[1] 王阳明：《传习录上》，《王阳明全集》，上海古籍出版社1992年版，第6页。
[2] 王阳明：《传习录中》，《王阳明全集》，上海古籍出版社1992年版，第45页。
[3] 王阳明：《博约说》，《王阳明全集》，上海古籍出版社1992年版，第266–267页。

二、"古之圣贤无独指心者"

——从叶适看孔孟心性之学的分歧

案：这是为参加1999年于温州召开的叶适学术讨论会撰写的文章，收入大会论文集《叶适与永嘉学派论集》，由光明日报出版社2000年出版。文章是孔孟心性之学分歧研究的延展，从叶适的角度透视孟子，指出其思想与孔子不完全相合。

作为事功学派的重要代表人物，叶适不仅在理欲、义利、道物等问题上提出了许多重要的观点，引起人们的关注，而且对儒家道统论也提出了相当有价值的思想，"古之圣贤无独指心者"可视为其代表性的主张。本文从此入手，深入挖掘这一思想隐藏的深刻内涵，揭示孔孟心性之学存在的重大分歧。

一

叶适哲学的一个重要特点，是对儒家道统论提出质疑。

为了与佛家道统抗衡，韩愈首次系统提出了儒家的道统论，认为儒家存在一个尧、舜、禹、汤、文、武、周公、孔子、孟子的传道世系。韩愈之后，这一道统得到了宋代理学家的广泛响应，视其为儒家学理传承并赖以生存的命脉。然而，叶适独辟蹊径，对此提出质疑，认为这一道统中，尧舜至孔子一段为真，而孔子传曾子、子思、孟子一段，多为后儒之浮论，不足为信。

叶适断然否定了曾子亲传孔子之道的说法。可能是由于曾子或曾子的门人参与了《论语》的结集过程，《论语》中记载曾子言行较多，尤其是"吾道一以贯之"一章，更易给人产生孔子"托孤寄命"的联想。叶适对此不以为然，明确指出"世以曾子为能传，而余以为不能"。[1]

叶适的这一看法，主要源于对曾子言行的分析。《论语·泰伯》"曾子有疾，孟敬子问之"一章记录曾子之语说："君子所乎贵者三：动容貌，斯远暴慢矣；正颜色，斯近信矣；出辞气，斯远鄙倍矣。笾豆之事，则有司存。"叶适认为，如果仅以"动容貌""正颜色""出辞气"三事为重，不计"度数折旋"，礼必然废弃，因而批评说："曾子之学，以身为本，容色辞气之外不暇问，于大道多所遗略，未可谓至。"[2] 在叶适看来，虽然孔子告曾子"吾道一以贯之"，曾子亦"唯"之，并以此为己任，承继大道，可惜气象偏小，"止于其身"，[3] 外在之礼皆被忽略。叶适的结论是："自尧、舜、禹、汤、文、武、周公、孔子，所传皆一道，孔子以教其徒，而所受各不同。以为虽不同而皆受之孔子则可，以为尧、舜、禹、汤、文、武、周公、孔子之所以一者，而曾子独受而传之人，大不可也。"[4]

叶适对子思、孟子也多有指摘，而对孟子的批评尤为严厉，其中对孟子的批评主要集中在两个方面：

一是"反手之治"。孟子为了实现王道的理想，游说于齐梁诸国，并几得政于齐。但孟子完全是以不忍人之心行不忍人之政的方式游说诸侯的，大讲"君仁莫不仁，君义莫不义，君正莫不正，一正君而国定矣"，"人不足与适也，政不足间也，唯大人为能格君心

1　叶适：《习学记言》卷十三《论语》。
2　叶适：《习学记言》卷四十九《吕氏文鉴三》。
3　叶适：《习学记言》卷十三《论语》。
4　叶适：《习学记言》卷十三《论语》。

之非","以齐王犹反手也"等等。叶适讥笑说"指心术之公私于一二语之近,而能判王霸之是非于千百世之远",迷复得路,涣然昭苏,好像是可以"不待尧、舜、禹、汤而可以致唐、虞、三代之治"似的,实则问题很多。叶适详细分析孟子之说不可行的历史原因:

> 当是时,去孔子没虽才百余年,然齐、韩、赵、魏皆已改物,鲁、卫旧俗沦坏不反,天下尽变,不啻如夷狄,孟子亦不暇顾,但言"以齐王犹反手也"。若宣王果因孟子显示,暂得警发,一隙之明,岂能破长夜之幽昏哉?舜、禹"克艰",伊尹"一德",周公"无逸",圣贤常道。怵惕兢畏,不若是之易言也。自孟子一新机括,后之儒者无不益加讨论,而格心之功既终不验,反手之治亦复难兴,可为永叹矣![1]

这是说,当时天下之势已发生了巨大的变化,治理国家殊为艰难,需要做大量实际的工作,绝非只是空说"格心""反手"所能达到的。孟子以此为限,其所做的努力当然无法实现,只能沦为千年永叹。

二是"以心为官"。叶适对当时重内而轻外,重心而轻耳目的倾向十分不满,列举孔子大量话语,如"非礼勿视,非礼勿听","学而不思则罔,思而不学则殆","吾尝终日不食,终夜不寝以思,无益,不如学也",[2]说明孔子绝非只言心而废耳目,只言思而废聪明。孟子不是这样,一味强调以心为官,这就出现了两个问题:首先,既然以心为官,则耳目不能为官,结果必然重心而轻耳目;其次,心有人危道微,思有是非正误,一切以心为官,结果并不一定能保证事事正确。叶适指出:

---

[1] 叶适:《习学记言》卷十四《孟子》。
[2] 叶适:《习学记言》卷十四《孟子》。

> 夫古人之耳目，安得不官而蔽于物？而思有是非邪正，心有人道危微，后人安能常官而得之？舍四从一，是谓不知天之所与，而非天之与此而禁彼也。盖以心为官，出孔子之后，以性为善，自孟子始。然后学者尽废古人之条目，而专以心性为宗主。虚意多，实力少，测知广，凝聚狭，而尧舜以来内外交相成之道废矣。[1]

叶适认为，从理论的完整性来看，决不能以心为独大，否则一定会出问题。孟子走的正是此路，所以问题多多。

由此不难看出，叶适对孟子不满，主要是因为孟子"执心既甚"，"守独失类"。他说："执心既甚，形质块然，视听废而不行，与前说大异。盖辩士诸子之言心，其极未尝不如此，而后学初不考验，特喜其异而亟称之，则为心术之害大矣。《洪范》'思曰睿，睿作圣'，各守身之一职，与视听同谓之圣者，以其经纬乎道德仁义之理，流通于事物变化之用，融畅渝浃，卷舒不穷而已。乌有守独而失类，超忽惝恍，狂通妄解，自矜鬼神，而曰此心术也哉！"[2] "执心既甚"是说一切以心为重，废其视听，"守独失类"是说一切以心为守，不计视听。叶适认为，此举是为心大害，不得不斥之，所以才提倡内外相兼，各守一职，融畅渝浃，卷舒不穷的工夫。

叶适下面一段话，可看作对孟子批评的总结，他说：

> 古之圣贤无独指心者。至于孟子始有尽心知性，心官贱耳目之说。然则辩士索隐之流固多论心，而孟、荀为甚焉。[3]

这里所说的"心"，有特殊所指。按今天的通常的涵义，心的内涵很广，既可指内在的道德之心，又可指外在的认知之心。叶适反对独指的那个"心"，显然只是前者。只重视内在的道德之心，轻视

---

[1] 叶适：《习学记言》卷十四《孟子》。
[2] 叶适：《习学记言》卷四十五《管子》。
[3] 叶适：《习学记言》卷四十四《荀子》。

性善之谜——破解儒学研究的哥德巴赫猜想

外在的认知之心,并不合尧舜孔子之言,所以叶适才刚直断言"古之圣贤无独指心者"。

二

叶适质疑道统,指摘孟子,不过是表象,真正的用意是要维护一种内外兼顾,较为完整的思想结构。

叶适思想是在朱陆相争的特定历史背景下展开的。当时朱陆均为显学,就为学之方激战正酣。朱子认为天理落实于人心之上为性,故主张性即理,象山认为良心即是成就道德的根据,故主张心即理。以陈亮、叶适为首的浙东事功学派又就王霸、义利、理欲等一系列问题,同朱子展开论辩,其影响虽不及朱陆之争,但也"遂成鼎足"之势。

虽然叶适与朱子在事功问题上尖锐对立,但在为学之方问题上却明显偏向朱子。象山认为,良心本心是成就道德的唯一根据,要成就道德最根本的就是反躬自求,发明本心,在这个过程中,见闻之知不起什么作用。朱子则认为,天理落实于人心,要把心中之理发明出来,必须格物致知,因此见闻之知绝对不可缺少。叶适强调耳目聪明在成就道德中的作用,与朱子思路并无不同。

叶适在这方面与朱子同道,对于揭示象山的不足大有好处。象山读《孟子》自得于心,顺心学一路发展,对心学有极大的贡献。但他在发展心学理论的同时,对于外在的认知不够重视。叶适明确断言"古之对贤无独指心者",对于重视耳目之知在成就道德中的作用,校正心学的不足,发展一种完整的心性之学结构,益处极大。

在叶适心目中,完整的心性之学应该内外相兼,他说:

《洪范》:耳目之官不思而为聪明,自外入以成其内也;思曰

> 睿，自内出以成其外也。故聪入作哲，明入作谋，睿出作圣，貌言亦自内出而成于外。古人未有不内外交相成而至于圣贤，故尧、舜皆备诸德，而以聪明为首。[1]

"内外交相成而至于圣贤"一句十分要紧，内指思睿，外指聪明，只有内外交相成才能达成圣贤，两者相比，更为重要的是耳目之聪明，所以才说"尧、舜皆备诸德，而以聪明为首"。

叶适认为，在坚持内外相成、诸德皆备方面，孔子堪称榜样。这方面的论述较多，如：

> 传说固已言学之要，孔子讲之尤详。道无内外，学则内外交相明。[2]

> 孔氏未尝以辞明道，内之所安则为仁，外之所明则为学。至于内外不得而异称者，于道其庶几乎。[3]

孔子思想之所以宝贵，在于诸德皆备，相当完整。这个完整即指内外两个方面，即所谓"内之所安为仁，外之所明为学"，"道无内外，学则内外交相明"。内指良心德性，是人内在的道德根据，外指耳目聪明，是人外在的学习认知。在一个完整的心性学说体系中，这两者缺一不可。两千多年来，在心性之学方面后人对孟子、荀子、朱子、象山等等或多或少都有所批评，而较少指责孔子，这与孔子心性学说较为完整，使人缺乏指责的口实，不无关系。

孔子之后，曾子特别是孟子，并没有继承"内外交相明"的理论架构，重内而轻外，这引起了叶适的警觉，批评说：

> 近世之学则又偏堕大甚，谓独自内出，不由外入，往往以为一念之功，圣贤可招楫而致，不知此心之稂莠，未可遽以嘉禾自

1　叶适：《习学记言》卷十四《孟子》。
2　叶适：《习学记言》卷四十四《荀子》。
3　叶适：《习学记言》卷四十四《荀子》。

名也。[1]

　　及其甚也,异端之说至于中国,上不尽乎性命,下不达乎世俗,举以聪明为障,思虑为贼,颠错漫汗而谓之破巢窟,颓弛放散而谓之得本心,以愚求真,以粗合妙,而卒归之于无有,是又大异矣。然其知是也,其觉是也,亦必颖然独悟,亦必眇然特见,耳目之聪明,心志之思虑,亦必有出于见闻觉知而后可。[2]

叶适认为,随着佛教的传入,人们只重视内出,而不强调外入,上不尽乎性命,下不达乎世俗,以为只要一念发动,颖然独悟,眇然特见,不再需要聪明见闻,也可达成圣贤。这就是说,从曾子和孟子开始,尤其是到了宋代,人们渐渐偏于内而忽于外,只讲本心,不讲认知,只要思虑,不要聪明。这种情况完全不合叶适心目中内外相兼,诸德皆备的理论向往,自然要受他的尖锐批评了。

　　于是,一个极有意义的理论课题便摆在了我们面前:成就道德的根据究竟是一个层面,还是两个层面?在如何成就道德问题上,是否可以"独指心者"?换句话说,孔子和孟子在这个问题上的看法是否完全一致?这是叶适向我们提出的课题。这个课题既严肃又重大,无论如何是绕不过去的,我们必须提交自己的答案。

三

　　我认为,孔孟心性之学并不一致,其间存在着重大分歧。这是叶适有意无意间向我们揭示的一个重大秘密。

　　历史上,宋代之前一般是周孔并称,或孔颜并称,到了唐末特别是宋代,孟子有一个升格运动,地位开始上升,得以直接列于孔子之后,以孔孟并称,好像孟子是孔子的好学生,完整地继承了孔

1　叶适:《习学记言》卷四十四《荀子》。
2　叶适:《水心文集》卷九《觉斋记》。

子的思想。但事实并非如此。这些年来，我在研究孟子性善论的过程中发现，孔孟心性之学并非完全一致，孔子心性之学有欲性、智性、仁性三个层面，而孟子只有欲性、仁性两个层面，缺少智性一层，二者有着重大分歧。

孔子心性之学结构的第一个层面，是利欲问题，我称其为"欲性"。孔子并不反对一定程度的利欲，对待生活的态度也很实际，并非像有些人理解的那样清高和迂腐，连最基本的利欲都不屑一顾。但孔子毕竟是孔子，因为他选择的价值层面很高，始终以义为鹄的，绝不以利欲为满足。君子（士）以行道为己任，必须有高层面的价值选择，以自己崇高的人格承担起道统的重担。如果以利为最终的价值选择，便不足为士了。

孔子心性之学的第二个层面，是关于智的思想，我称其为智性。在孔子思想体系中，智性是在人之为人的过程中，通过学习而成就道德的一种能力和性向。也就是说，人要成就道德，还必须不断地向外学习。智性在孔子心性结构中是绝对不可缺少的部分。"德之不修，学之不讲，闻义不能徙，不善不能改，是吾忧也。"（《论语》7.3）孔子有四忧，其中之一就是学之不讲。孔子还说："笃信好学，守死善道。"（《论语》8.13）誓死求其善道有两条，一条是笃信，一条是好学。信是信此善道，学是学此善道。信属于仁，学属于智，可见学习之不可或缺以及智性之重要。

孔子心性之学的第三个层面，是关于仁的思想，我称其为仁性。孔子论仁的说法很多，但都是对弟子提问的随宜指点，究竟什么是仁，没有一个统一的说法。于是，学者们纷纷争论到底什么是仁。我认为，孔子的仁是人在伦理道德领域中特有的心理境况和境界，是一种"伦理心境"。这种"伦理心境"是社会生活和智性思维在个人内心的结晶。一个人在成长过程中总要受到社会风俗的熏习和影响，久而久之会在心中形成结晶体。与此同时，人们也必然要不断进行智性思维。智性思维的进行，总会在内心留下一些痕迹，这叫作智性的内化。社会生活的影响和智性思维的内化的结果，在伦理道德领域，就是形成一定的"伦理心境"，这就是孔子所谓的仁。

但是，孟子心性之学只有欲性、仁性两个层面，少了智性。

欲性是孟子心性之学中一个重要的层面。长期以来，人们认为孟子只许讲义，不许讲利。其实这种理解并不正确。孟子论义利并非笼统而说，而是对君、民、士分别而言，即有三个不同的向度。检查孟子对这三个向度的论述，可以清楚看到，虽然孟子更加重视义，但都没有否定利的作用。那种认为孟子不准讲利的看法，可以说是对孟子的最大误解之一。

孟子心性之学的最大贡献，是大大发展了仁性。孔子创立仁学，在历史上作出了很大的贡献，但也有两个问题没有解决，留给了后人。第一，仁究竟是什么？孔子论仁只是针对弟子的实际情况具体指点，始终没有明确讲过仁到底是什么。由于弟子实际情况不同，孔子关于仁的各种说法显得零碎不统一，以至于弟子难于理解究竟什么是仁。樊迟三问其仁，虽表明他不以不知为知之的品格，但也说明他对仁缺乏一个总体的把握。子张两问其仁，都遭到先生的否定（《论语》5.19）同样说明他对仁还没有真正吃透。第二，仁的根据在哪里？孔子论仁多是从仁的表现上说，如忠、恕、孝、悌等等，没有指明仁的根据在哪里。他从"安"与"不安"批评宰予不仁，心字似乎已经可以脱口而出了，但终究没有把这层窗户纸捅破。孟子以其特有的智慧，超人的悟性，纳仁入心，将这些问题一扫而光。"仁，人心也"（《孟子》11.11），这真是一句惊天动地的话。什么是仁？仁就是人心，就是人的良心本心。要想知道什么是仁一点不难，只要逆觉体证，把握住自己内在的良心本心就可以了；想要践仁成德一点不难，只要反躬自寻，按自己的良心本心去做就可以了。良心本心是自家的本钱，是自家成就道德的根据。这个根据是"天之所与我者"，人们需要做的只是把它保养好，时

二、"古之圣贤无独指心者"——从叶适看孔孟心性之学的分歧

时扩而充之而已。这样,历史发展就由孔子之仁到了孟子之心的阶段,实际上发展成了可以称为本心本体论的一整套理论。本心本体论的建立,不仅解决了孔子遗留的仁究竟是什么,仁的根据在哪里的问题,而且开启了心学之先河,源源不绝,成为儒家心性之学一条重要的血脉。

遗憾的是,在孟子心性之学中独缺智性。智性在孔子心性之学中是指通过学习成就道德的一种能力和性向。这种能力和性向在孟子身上是没有的。换句话说,在学习问题上,孟子与孔子发生了分歧。

要想成就道德,在孔子除了要做到仁之外,还要依礼而行,而要依礼而行,必先学礼,所以外向性的学习是成就道德必不可少的条件。孟子则不同,他不强调外求,只要切己自反,反归本心就可以了,外向性学习不是成就道德的必要条件。换言之,在孔子心性之学中,光有仁性还不行,要成为圣贤,还必须不断向外学习。学诗可以迩以之事父,远之事君,学礼可以遵行先王之制,克己复礼。子夏所说"君子学以致其道"(《论语》9.7),将这个思想表述得清清楚楚。孟子就不同了。他认为,人有良知良能,这是人之所以有理义的全部根据,将此发扬光大,就可以成为圣贤。由此可见,孟子在高扬孔子仁学,将其发展为本心本体论的同时,也不自觉地丢掉了孔子心性之学中智性一个层面。

需要指出的是,我们这里只是说孟子丢掉了孔子心性之学中智性一层,并不是说孟子一概排斥和否定外在性的学习。孟子论外在性学习的话也还不少,只是他不重视这种学习,不承认这种学习在成就道德中的作用罢了。成就道德的唯一途径是反归本心,求其放心,是孟子整个思想体系的根本特征。熟读《孟子》可知,无论是不忍牛无故被杀,乍见孺子将入于井,还是牛山之木尝美矣,不葬其亲其颡有泚,孟子劝导人们成就道德,只是要人们立乎其大,反躬内求,无愧于心,在这里没有外在性学习的一点位置。如孟子所说:"亲亲,仁也;敬长,义也;无他,达之天下也。"(《孟子》13.15)这里的"无他"不是"没有其他原因",而是"不需要其他",意思是说,不需要别的什么,只要将亲亲敬长推行,就可以使尧舜之道畅通于天下。要不要学习是一个问题,承不承认学习在成就道德中的作用是另一个问题。孟子并不是不要读书,不要学习,但他不重视读书学习在成就道德中的作用,把成就道德的根据全放在良心本心上,放在"伦理心境"上。

正因为如此,我曾这样写道:

> 孔子的学是向外的,孟子的学是向内的;孔子是向外学诗学礼,孟子是向内求其放心;孔子认为光有仁还不够,还必须不断向外求索,孟子认为本心本体已足,毋需外求。换言之,孔子的心性之学有欲性、仁性、智性三个层面,除欲性外,仁性、智性都是道德的根据,对内要合于心,对外要合礼;孟子心性之学只有欲性、仁性两个层面,仁性是道德的唯一根据,凡事只要反求诸己,合于本心足矣。这些就是孔孟心性之学的分歧。[1]

孔孟心性之学的分歧隐藏得很深,两千多年来几乎没有人正式而系统地提出过,但只要我们不为传统的思维惯性所制约,细心求索,还是可以找出其中的蛛丝马迹的。

四

从这个视角出发,叶适"古之圣贤无独指心者"这一命题的重要意义,便彰显无疑了。

从心性之学的角度看,古之圣贤确实是无独指心者。成就道德的根据在孔子看来共有两个,一个是智性,这是负责外向认知的部

---

[1] 杨泽波:《孟子性善论研究》,中国社会科学出版社1995年版,第207页。

分，一个是仁性，这是负责内向根源的部分，而在孟子看来却只有仁性，一切只靠内在的那个"心"，外向性学习的智性在这个过程中没有任何意义。孟子的思想的确不如孔子全面而完整。

孟子的思想对于宋明心学有极大的影响。孟子的性善论虽然有名，但因为涉及理论问题很多，极难深入把握，所以孟子之后真正能理解的人并不多。象山却是少数例外之一。象山智慧度高，理解力强，对性善论的把握极为透彻圆熟。象山从性善论的基点出发，坚持认为，成就道德最重要的莫过于发明本心，先立其大，遇事只要反求诸己，听命于良心本心的要求，按良心本心的命令而行便足够了，毋需外向性的学习。象山为此同朱子进行了尖锐的斗争，对弘扬心学确实大有其功，但他并不明白孔孟心性之学实际上存在着重大的分歧，他以为只有这样才能真正捍卫孔子，实际上却沿着孟子的不足滑得更远。

叶适正是明确看到孟子、象山一系心学的不足，才大声疾呼"古之对贤无独指心者"的，目的就是要校正心学的不足，重视智性的发展，维护孔子内外兼顾，诸德皆备的思想体系。叶适从质疑儒家道统出发对孟子（实际上也包括象山）提出批评，实在是真知灼见。

当然，叶适也有所不足，这主要表现为他不承认良心本心是道德的本体。象山认为，良心本心通体为善，其发即为善，其用即为德，对此根本用不着有任何怀疑。朱子则认为，对此要作一个分别，必须分出一个道心和人心，道心为善，人心不一定为善，很可能为恶。叶适对心也不完全相信，批评心学是"不知此心之稂莠，未可遽以嘉禾自名也"，[1]主张对心要有所分疏。这说明，在这方面叶适同样是站在朱子的立场上的，对良心本心的理解远不如象山深透。另外，叶适只是从一个角度暗示了孔子和孟子的不同，并没有

---

1 叶适：《习学记言》卷四十四《荀子》。

对此进行详尽的理论分析，更没有将自己的思想系统化，从而使自己非常宝贵的思想火花淹没在对道统的争论之中。

尽管如此，叶适"古之圣贤无独指心者"这一判断的理论意义，仍然不可小视。它向我们揭示了这样一个重要的问题：完整的心性之学必须内外相成，诸德皆备，用我们今天的话说就是，必须智性仁性兼备，认知良心齐全，二者缺一不可。沿着这个方面发展，在我们前面将会展露一片灿烂的天空，尽管要达到这个目的，还有大量的工作要做，任重而道远。我想，这就是我们在纪念叶适诞辰850周年的时候，重新讨论其思想的一个重要意义所在吧。

三、仁性伦理与理性伦理的分野

案：发表于《中州学刊》1993年第3期。区分仁性伦理与理性伦理，是我以三分法为武器从事孟子研究之初特别看重的一项工作。当时这样做自然是要阐明孔子和孟子思想的差异，同时也是为了凸显孟子思想与西方道德哲学理性一路的区别，以彰显儒家学说的特色。这一思路后来一直没有放弃，但具体提法有了更改。现在不再讲仁性伦理和理性伦理的分野，而讲仁性伦理和智性道德的区分。所谓"仁性伦理"即指由良心为根据成就的善，特指孟子一系的心学。所谓"智性道德"即指运用智性对于仁性加以再认识之后而成就的善，特指朱子一系的理学。这种做法不仅有效解决了无法明确区分伦理和道德的问题，对心学和理学也有了更为合理的定位。这项工作一直没有中断，直到《儒家生生伦理学引论》出版才正式完成，有了清楚明白的界定（参见该书第五十四节第三小节"三分法视域下伦理与道德的区分"）。

受现代新儒家重要代表牟宗三的影响，台港学人往往以康德的思路研究孟子，认为康德和孟子异代同心，其伦理思想相差无几，甚至孟子在许多地方还超过了康德。这种学风近年来在大陆学者中间也逐渐流行。然而我认为，孟子与康德之间固然有不少相似之处，但也存有很大的距离，分别代表着两种不同的伦理思想。康德代表的是西方传统的理性伦理，孟子代表的则是儒家心学的仁性伦理。本文即对孟子仁性伦理与康德理性伦理的不同特点，作一个初步的分疏。

一

康德的理性伦理带有明显的理性时代的特点。十七、十八世纪理性主义骤然崛起，成为一股不可抗拒的潮流。这个潮流的基本内容有两个，一是以理性反对神性，鼓吹人文主义；二是以理性促进科学的发展，认为理性可以解决人类一切问题。这些特点自然也影响到康德。康德依据理性不仅发现了宇宙变化的规律，也发现了人的行为规律。这两个发现充分反映在《实践理性批判》结论部分那段名言之中："有两种东西，我们愈时常、愈反复加以思维，它们就给人心灌注了时时在翻新，有加无已的赞叹和敬畏：头上的星空和内心的道德法则。"[1] 头上的灿烂星空和心中的道德律令，分别代表宇宙自然规律和人的行为规律。这两个发现代表了康德哲学前后两个完全不同的阶段。特别是后一个发现，使康德成为西方近代伦理史上少有的建立了严密伦理学体系的学者之一。

在这种时代精神影响下，康德努力探求一种普遍有效的形式，以此作为道德的基础。康德认为，这种普遍有效的形式不可能来源于个人的特殊的、经验的情感，而只能来自对于人的行为规律的认识。他写道："普通人的理性并非由于某种思辨上的需要，在它还满足于健康理性的时候，这种需要是不会出现的，而是由于自己的实践理由，而走出了它的范围，踏进实践哲学的领域，以便对其原则的来源以及这原则正确的，和以需要和爱好为根据的准则相反的规定有明确主张和了解，使它脱离由对立要求产生的无所是从，不

---

[1] 康德：《实践理性批判》，关文运译，商务印书馆 1960 年版，第 164 页。

再担心因两可之词而失去一切真正基本命题。"[1] 这就说明，确立道德法则，认识道德规律，以道德规律确定善恶，是康德创立其伦理学体系的原则，道德规律在康德学理中占有十分突出的地位。行为的善首先来源于对于道德规律的认识，没有对于道德规律的认识也就没有真正的道德的善。

仁性伦理不是这样。仁性伦理从理论渊源上说，来自孔子的仁学。孔子为了实现复周礼的目的，创立了仁的学说。历史上关于什么是仁从来没有一个统一的解释。我将孔子的仁解读为人在伦理道德领域里特有的心理境况和心理境界，简称为伦理心境。这种伦理心境是社会生活和智性思维在个人内心的结晶。一个人在成长过程中，总要受到社会生活（包括社会制度）的熏习和影响，久而久之，会在内心形式结晶体。与此同时，人们也要不断进行智性思维。智性思维的进行，总会在内心留下一些痕迹，这叫作智性的内化。社会生活影响和智性思维内化的结果，就是在内心形成一定的伦理心境，这就是孔子所说的仁。

孟子以其大智慧纳仁入心，以良心本心为根据，进一步创立了性善论。综合孟子有关论述，良心本心有三方面的特点。一是人所固有的，表现为人的良知良能；二是包含丰富的内容，不是单调的形式；三是遇事当下呈现，体用无间。良心本心的这些特点只有用"伦理心境"才能得到合理的说明。"伦理心境"与康德的实践理性并非同质："伦理心境"是内心的一种结晶物，实实在在，是一种道德本体；实践理性是一种能力，通过这种能力可以建构和认识道德规律，但一般来说，道德规律只是理性的产物，不是理性本身，不像"伦理心境"那样"现成"。因此，作为"伦理心境"的良心本心不是道德规律；对于良心本心的体悟也不是对于道德规律认识。孟子并不关注认识人的行为规律和道德法则，他所关心的只

---

[1] 康德：《道德形而上原理》，苗力田译，上海人民出版社1986年版，第55页。

性善之谜——破解儒学研究的哥德巴赫猜想

是如何保持和扩充良心本心，如何按良心本心的要求而行，从而成圣成贤的问题。

这种思想贯穿于《孟子》始终。《告子上》第六章："乃若其性，则可以为善矣，乃所谓善也。若夫为不善，非才之罪也。恻隐之心，人皆有之；羞恶之心，人皆有之；恭敬之心，人皆有之；是非之心，人皆有之。恻隐之心，仁也；羞恶之心，义也；恭敬之心，礼也；是非之心，智也。仁义礼智，非由外铄我也，我固有之也，弗思耳矣。故曰，'求则得之，舍则失之。'或相倍蓰而无算者，不能尽其才者也。"恻隐之心、羞恶之心、恭敬之心、是非之心，人人都有，将它们扩而充之，发扬光大，就可以成德成善了。社会上之所以有大人小人，只在于大人能够充分保存和扩充四心，小人不能充分保存和扩充四心而已。

《尽心下》第三十一章："人皆有所不忍，达之于其所忍，仁也；人皆有所不为，达之于其所为，义也。人能充无欲害人之心，而仁不可胜用也；人能充无穿逾之心，而义不可胜用也；人能充无受尔汝之实，无所往而不为义也。"人人都有不忍，扩展到其所忍，即是仁；人人都有不为，扩展到其所为，即是义。不害人，不挖洞跳墙，不想受人轻贱，这些人们都有，只要将其扩而充之，就能合于仁义。

可见，仁性伦理关心的只是充分认识自己原有的良心本心，把它们发掘出来，充当生命的脊梁，从而完成道德，成为圣贤，并不像康德那样关心什么道德规律和道德法则等问题。仁性伦理的卓越继承者象山、阳明也是如此，其论人议事，只是直指本心，求助良知，绝不在本心之外，另求几条什么规律出来，孝父悌兄，自然知之，离心外求，便是析心与理为二了。

当然，《孟子》中也有关于法则规律方面的论述，典型的见于《告子上》第六章："《诗》曰，'天生蒸民，有物有则。民之秉彝，好是懿德。'孔子曰：'为此诗者，其知道乎！故有物必有则；民之

三、仁性伦理与理性伦理的分野

秉彝也，故好是懿德。'"这是说，事物都有自己的规律，百姓把握了那些规律，也就喜爱美好的德性了。孟子对孔子的仁学有真体会，确实把握住了自己内在的良心本心，但他无法解答良心本心的来源问题，只好重新启用诗书天论的传统，将良心本心的根据挂在天上。类似的说法还有很多，如"是故诚者，天之道也；思诚者，人之道也"(《孟子》7.12)，"心之官则思，思则得之，不思则不得也。此天之所与我者"(《孟子》11.15)，"尽其心者，知其性也。知其性，则知天矣。存其心，养其性，所以事天也"(《孟子》13.1)。孟子这些论述的用意，只是为性善寻找形上根据，帮助性善论立论，与康德关于伦理必须出自对于道德规律的认识的思想，明显不是一回事。

二

康德理性伦理的方法是逻辑推理。康德创立其伦理体系的方法十分独特。他处处高扬理性，把理性高居于感性之上。康德所谓的理性，比一般讲的知识的含义要深刻得多。理性是人之所以为人的本质。理性有其规律和法则，而人是理性的存在者，这种规律和法则并非由外面给予，是人本身具有的。人依据理性法则而行，实行自主自律，是康德相关思想的核心。但是康德在建构其伦理思想体系的过程中，遇到了很大的困难。因为要达到这个目的，必须进行逻辑推理，而传统的形式逻辑不过是分析和综合的方法，无论运用分析的方法，还是运用综合的方法，都无法得出人先天具有理性法则这个事实。为了解决这个难题，他提出，有限的理性存在者本身就具有道德法则，这个道德法则本身即具有实践能力，是先验的，是一个事实。康德写道："这个基本法则的意识，我们可以称之为理性方面的一个事实，因为我们并不能从理性先前的材料，例如自由意识（因为这种意识不是预先给于我们的）中，把它推测出来；我们可以把它称为理性方面的事实，乃是因为它作为一个先天综合命题把自己强加于我们之上，而这个命题是既非建立在纯粹的直观之上，也非建立在经验的直观之上的。"[1]康德把人具有道德法则视为先天的事实，避免了理论上的困难，从而也创立了一种崭新的逻辑形式——先验逻辑。没有先验逻辑，康德伦理思想体系的完成是不可能的。

不仅康德创立伦理体系离不开逻辑，个人遵从道德法则，成就道德也离不开逻辑。康德在《道德形而上学原理》中举过四个例子以说明这个问题。他认为，在这些情况下，检查行为是否道德，最可靠的办法就是问问自己愿不愿意把自己的准则变成一条普遍规律。这种做法显然是一种逻辑推理的方法。当然，康德并不否认普通人的实践判断能力，认为即使不教给他们新东西，既不需要科学，也不需要哲学，只须像苏格拉底那样，让人们注意自己的原则，他们也可以知道怎样做是诚实和善良的，甚至是智慧和高尚的。这种"在普通人的知性之中，实践的判断能力竟远在理论的判断能力之上"的情况，值得高度关注。因此，他明确讲过："把关于道德的事物交给普通知性去判断，也许更令人满意些。"[2]但是这种判定道德的方法也有缺点，它"难于保持自身，并易于被引诱而走上邪路"。逻辑的方法、理性的方法是必需的，因为它能使规范更易于被人接受并保持得更长久。"所以普通实践理性自己的发展，不知不觉地就产生了辩证法，迫使它求助于哲学，正如我们在理论理性里所看到的那样，除了对我们理性的彻底批判之外，再也不能心安理得。"[3]

仁性伦理，从建构上说并非依据于逻辑的推理，而是源于内在

---

1 康德：《实践理性批判》，关文运译，商务印书馆1960年版，第31页。
2 康德：《道德形而上学原理》，苗力田译，上海人民出版社1986年版，第54页。
3 康德：《道德形而上学原理》，苗力田译，上海人民出版社1986年版，第55页。

的体验。孟子鼓吹性善，多是以恻隐之心、羞恶之心、恭敬之心、是非之心为诱导。他不同意告子的学说，与之专门有一番争论，人称孟告四辩。但有趣的是，在这些辩论中，孟子并没有对性善论作正面的逻辑证明，也没有为性善论提供任何实际有力的例证。以性善论为基础建立的仁性伦理，完全建立在人们的生命体验基础之上。孟子只是引导人们向内省察，寻找自己的四心，由此肯定自己原本固有仁义礼智之心，进而坚信人性为善。

建构仁性伦理源于生命体验，实践仁性伦理自然同样不靠逻辑推理，而主要是自反自得。自反是孟子的一个重要思想，他说："爱人不亲，反其仁；治人不治，反其智；礼人不答，反其敬——行有不得者皆反求诸己，其身正而天下归之。《诗》云：'永言配命，自求多福。'"(《孟子》7.4) 良心本心是真实的基础，自反是探求这个真实的基础，也是回归这个真实的基础。孟子强调在爱人过程中反问自己的仁，在治人过程中反问自己的智，在礼人过程中反问自己的敬，主要是劝导人们体察自己的良心本心，从而按照良心本心的要求去做。

自反的过程就是自得的过程。自得见于《离娄下》第十四章："君子深造之以道，欲其自得之也。自得之，则居之安；居之安，则资之深；资之深，则取之左右逢其原，故君子欲其自得之也。"此处的"自得"是"自己得到良心本心"的意思。在孟子看来，君子依靠正确的方法达到高深的造诣，就是要反身求得自己的良心本心，反身而求即可以得到自己的良心本心。前者为"自反"，后者为"自得"。自反是从途径上讲，自得是从结果上讲。

生命体验、自反自得，不需要逻辑推证，语言也说不清其过程，只是一想就能得到，一想就能领会，其思维方式是直觉。直觉是仁性伦理的根本方法，这与理性伦理必须借助于逻辑推证，完全不同。区分二者不同，不是要分出孰优孰劣，而是希望表明，两种理论、两种方法，各有各的优点，各有各的用处。逻辑推理方法的长处是准确、普遍、长久,缺点是繁琐不便实行;直觉方法的长处是简单、直接、易行,缺点是容易流向弊端。正确的态度,应当是相互为用,兼其所长,而不应该是以我排他,以此抑彼。

三

康德认为,真正的道德,必须抽出意志的全部对象,单单留下普遍法则的纯粹形式。这在《道德形而上学原理》已有所表述:"如若道德价值不在于意志所预期的效果,那么,到什么地方去找它呢?它只能在意志的原则之中,而不考虑引起行动的目的。意志好像站在十字路口一样,站在它作为形式的先天原则,和作为质料的后天动机之间。既然意志必须被某种东西所规定,那么它归根到底要被意志的形式原则所规定,如若一个行动出于责任,那么,它就抛弃一切质料原则了。"[1] 也就是说,道德只能出自形式原则,不能掺杂任何质料目的。

在《实践理性批判》中这个思想表述得更加明确。康德写道:"一个有理性的存在者既然完全不能思想他的主观的实践原理(即他的准则)同时就是普遍法则,那么他就必须假设,单单有它们所借以成为普遍立法的那个纯粹形式自身就可以把它们造成功实践法则。"[2] 这个实践法则就是:"不论做什么,总应该作到使你的意志所遵循的准则永远同时能够成为一条普遍的立法原理。"[3] 在这个法则面前,一切具体内容都不具有道德的价值,人完全成了抽象的存在。有限的理性存在者依据普遍的立法原理而行动,即是善,违背普遍的立法原理而行动,即是恶。康德举例说,一个人想发家致

---

1 康德:《道德形而上学原理》,苗力田译,上海人民出版社1986年版,第49-50页。
2 康德:《实践理性批判》,关文运译,商务印书馆1960年版,第26页。
3 康德:《实践理性批判》,关文运译,商务印书馆1960年版,第30页。

富，手头存有别人的一笔存款，存款人已经死了，对这事也没有留下遗嘱。这个人可不可以动用这笔款子呢？判定的标准只有一个，那就是问一问，动用存款的意志能不能同时成为一条普遍的立法原理。显然不可以，因为那样人们就都不会再存款了，它作为立法原理，就只能自行消灭了。在康德那里，道德法则是纯粹的形式，是衡量善恶的唯一尺度，十分伟大而崇高，但因为排除了一切具体内容，同时也显得十分空洞而抽象。

仁性伦理并没有这样一个纯粹形式。孟子论善，根据只在自己的良心本心，按良心本的要求去做就是善，反之就是恶。"今人乍见孺子将入于井，皆有怵惕恻隐之心——非所以内交于孺子之父母也，非所以要誉乡党朋友也，非恶其声而然也。"（《孟子》3.6）见到儿童掉到井里了前去抢救，这是道德之举，是典型的善。但这种善只是在那一瞬间良心本心当下呈现的结果，所以它不是对于道德形式原则的遵从，而只是源于良心本心的命令。"盖上世尝有不葬其亲者，其亲死，则举而委之于壑。他日过之，狐狸食之，蝇蚋姑嘬之。其颡有泚，睨而不视。夫泚也，非为人泚，中心达于面目，盖归反虆梩而掩之。"（《孟子》5.5）按儒家观点，掩亲是重要的善行。由不掩其亲到掩其亲是一个进步，这个进步的得来，也完全是内心之不忍看到尸首被狐狸吞食，蚊蝇叮咬。这里同样没有什么道德的纯粹形式。"居下位，不以贤事不肖者，伯夷也；五就汤，五就桀者，伊尹也；不恶污君，不辞小官者，柳下惠也。三子者不同道，其趋一也。一者何也：曰，仁也。君子亦仁而已矣，何必同？"（《孟子》12.6）伯夷不以贤者的身份服事不肖的人，伊尹五次往汤那里去，又五次往桀那里去，柳下惠不拒绝微贱的职位，三个人的做法不同，但都合于他们的良心本心，都得到了孟子的肯定。

《离娄下》第二十四章讲了一个故事，值得好好体味。郑国派子濯孺子进攻卫国，卫国派庾公之斯追击。子濯孺子发病不能射箭,但听说追击的人是庾公之斯时又放了心。别人问他,庾公之斯是卫国有名的射手,为什么反而放心了呢?子濯孺子说:"庾公之斯学射于尹公之他,尹公之他学射于我。夫尹公之他,端人也,其取友必端也。"果然庾公之斯赶到后,说我学射于尹公之他,尹公之他学射于夫子。我不忍以夫子之道反害夫子。虽然如此,今天这件事是君事,我不敢废。结果"抽矢,扣轮,去其金,发乘矢而后反"。孟子这里的本意是夸奖子濯孺子会挑选学生,但对庾公之斯的做法也持赞同态度。庾公之斯之所以这样做,是因为其"不忍以夫子之道反害夫子",这个不忍是良心不忍,是良心决定他这样做的,而不是为了什么纯粹的形式。

仁性伦理有此特点,是由其理论的特殊性决定的。如上所说,仁性伦理由孔子的仁学而来,而孔子的仁从本质上说是社会生活和智性思维在内心结晶而成的"伦理心境"。孟子发展了孔子的仁学,将仁进一步落实在心上,这就是他所说的良心本心。良心本心的本质是"伦理心境",是社会生活和智性思维在内心的结晶。社会生活和智性思维在结晶过程中,把社会通行的伦理道德标准也带了进来,告诉人们什么是对,什么是错。在孟子看来,人们只要按照内心这个标准去做就行了,根本不需要别的什么标准,也用不着康德那样的纯粹形式。所以,仁性伦理的根据是具体实在的良心本心,而不是干巴巴的几条原则,不是纯粹的形式。正因如此,与康德的理性伦理相比,仁性伦理显得有血有肉,一点也不干枯。

四

康德理性伦理不包含情感因素。从《道德形而上学原理》和《实践理性批判》来看,康德关于情感的思想比较复杂,有些地方讲得不是很明白,或者可以推测说,康德还没有完全解决情感问题。康德关于情感的思想,大致包括四个方面的内容。

第一，在幸福原则的意义上使用情感一词。康德理性伦理的根本目的之一，是向功利主义的幸福原则发起猛攻。他认为功利主义所说的幸福，只是人的自然倾向，即享受感官欲望，以及满足人的欲望要求。而人的感性要求是低级的。理性要求才是人的价值所在。

第二，情感都是具体的，无法成为普遍的立法原则。就情感说，赵钱孙李，各有所喜，没有统一的尺度，康德所追求的是普遍有效的道德原则，情感无法胜此重任，只能舍弃一边。

第三，除上述两个方面外，还有一种特殊的情感，康德把它叫作"奇怪的情操"。这种情感的作用，表现为对于道德法则的"敬重"。没有这种情感，就没有对道德法则的敬重；没有这种敬重，道德法则也就无法得以实施。康德充分肯定了这种情感的作用，说："敬重既然是加于理性存在者的感情上的一种作用，因而是加于他的感情上的一种作用，所以它就需要假设这种感情、假设那些不得不敬重道德法则的存在者的有限性为其先决条件。"[1] 但是，这种情感与上面讲的情感有质的区别。上面讲的情感属于幸福原则，是感性的；这里的情感与幸福原则无关，只表现为对道德原则的敬重，属于理性范围。"这个情操（即所谓道德情操）只是被理性产生出来的。它的作用并不在于评价行为，也不在于作为客观道德法则自身的基础，它只是把这个法则作为自己准则的一个动机。不过对这个不能与任何感性情操互相比较的奇特情操，我们[除了称之为道德情操]还能给予它以什么更恰当的名称呢？它是一种极为特殊的东西，它似乎是只听命于理性，并且还是只听命于实践纯粹理性的。"[2] 这一大段话无非是说，这种情况是特殊的，与感性情感不同，它听命于理性，实际上是人何以对道德法则感兴趣的深层

---

[1] 康德：《实践理性批判》，关文运译，商务印书馆1960年版，第77页。
[2] 康德：《实践理性批判》，关文运译，商务印书馆1960年版，第77-78页。

原因。

第四，人为什么有这种特殊情感？或者说，人为什么对道德感兴趣？这个问题思辨理性无法解答，只能求助于先天。康德说："当我们一发现思辨理性无法理解一个单纯理性观念加于感情上的这种影响时，就不能不感到惊异，而且我们只求能够先天地明了：在个个有限的理性存在者心中，这样一种感情是与道德法则的表象不可分地结合着的，那就很满意了。"[1]

总之，依照康德，情感有两种，一是幸福情感，属于幸福原则，二是特殊情感，听命于实践理性。幸福情感是道德法则反对的对象，特殊情感表现为对道德法则的敬重。就道德原则的实施过程来说，幸福情感不能参与是很明显的，毋需多言。而特殊情感只是解决对道德法则敬重的问题，这个问题一解决，它便失去了意义。也就是说，特殊情感并不能代替道德法则，更不能把快乐和痛苦带入道德法则之中。康德从纯粹义务论出发，特别强调这一点，明确指出："这种感情乃是只对于实践所发生的一种感情，而且它也只是就一个法则的形式方面，而非由于它的任何对象，依附于那个'法则'的表象之上，因而它就不能归在快乐或痛苦之列"。[2]

康德的这个思想不容易把握，将其与西方伦理思想史上争论的一个问题相结合，可能有助于理解。一种行为不仅能给社会带来好处，也能为行为者带来心理满足，这种行为属不属于道德，有两种不同的看法。目的论者说，这理当属于道德。义务论者却认为，行为者事先预设了目的（即心理的满足），所以不属于道德。康德是典型的义务论者，他认为，一件行为是不是道德的，唯一的理据即在于是否从道德原则出发。从道德原则出发，就是道德的；如果把行为者心理的快乐也加入其中，预设行为者的"偏好"，就是非道

---

[1] 康德：《实践理性批判》，关文运译，商务印书馆1960年版，第81页。
[2] 康德：《实践理性批判》，关文运译，商务印书馆1960年版，第81-82页。

三、仁性伦理与理性伦理的分野

德的，顶多是合于道德而已。这就说明，在康德看来，特殊情感只管对法则的敬重，不管法则的具体实施；在法则的实施过程中，必须排除个人的一切偏好，包括行为者心理上的满足。

这种冷冰冰的格局在仁性伦理中是不存在的。仁性伦理的情感相对于康德的学说，可以说有两种。首先是欲性情感。这是不能要的，也就是说仁性伦理不能预设利欲的目的。这一点很清楚，不再讨论。其次是仁性情感，其中又分为两种情况。一是因为对道德法则感兴趣而引发的情感，二是在践德行仁过程中的心理满足。前者是说，因为我有四心，所以天然对道德感兴趣，从而自愿向善而趋，这就是孟子说的"理义之悦我心，犹刍豢之悦我口"(《孟子》13.4)。[1] 后者是说，因为人对道德感兴趣，一旦满足了它的要求，就会有一种满足感，体验到一种快乐，这就是孟子说的"反身而诚，乐莫大焉"(《孟子》11.7)。这些内容充分体现了仁性伦理的特点。因为仁性伦理的基础是良心本心，良心本心自然向善，喜欢理义，好善如好好色，恶恶如恶恶臭。一旦良心本心判别某事为善，同时也就会发出巨大的力量鞭策人去行善，一旦判别某事为恶，它也会发出巨大的力量阻止人去行恶。如果人们听从良心本心的指挥，按照良心本心的要求去做了，内心就会感到巨大的愉悦。这种愉悦正是仁性伦理体用结合，紧密无间的奥秘所在。

这种情况与康德明显不同。如见到儿童入井前去营救，绝不能预设外在的目的，而只是为了良心本心，由仁义行，而非行仁义，为了道德而道德，这无疑是对的，与康德思想也相一致。但再往下就有分歧了。救儿童会使行为者得到良心的满足，不使良心本心受到损伤，这属不属于道德呢？康德认为，不能算，最多只能算是合于道德。孟子却认为，有此举动，必然会产生行为者心理的满足，

---

[1] 这其实就是康德面临的人何以对道德法则感兴趣的问题。按照上面的分析，康德这个难题可以得到合理的说明。参见杨泽波《贡献与终结——牟宗三儒学思想研究》第二卷，上海人民出版社，2014年版，第162—180页。

手舞足蹈，其乐不已，这是成就道德过程中的应有之义，理当属于道德。由此可见，仁性伦理非常重视情感，含有情感因子，这与康德理性伦理排除情感完全是不同的思路。

以上从伦理是不是源于对道德规律的认识，是不是运用逻辑推理，是不是出自纯粹的形式，是不是包含情感等四个方面分析了仁性伦理与理性伦理的差别。这些分析说明，孟子仁性伦理与康德理性伦理虽然在表面上有某些相似之处，但有众多的不同，严格讲来，二者并非同类。近人不清楚二者之间的差异，笼统比附，似乎立意甚高，理论色彩很浓，实际上弊病很多。因为这种做法势必把仁性"高扬"到理性的层面，混淆仁性和理性的区别。我们认为，孔子的心性结构有三个层面，即欲性、仁性、智性，其中欲性和智性大致相当于西方的感性和理性，而仁性是儒家十分特别的东西，虽然西方也有情感主义伦理学，理性伦理中事实上不能完全排除情感，但其深度、意义、作用远不能与儒家的仁性相比。仁性既非感性，也非理性，是社会生活和智性思维在人内心的结晶，介于欲性与智性之间，是衔接欲性与智性的桥梁。[1] 所以明确仁性的特殊地位至关重要，只有这样才能将仁性与智性区别开来，才能将仁性与西方的理性区别开来，才能彰显儒家的心性之学的特色，从而为世界伦理思想作出自己的特有贡献。

1　参见杨泽波《孔子的心性学说结构》，《哲学研究》1992 年第 5 期。

四、孟子达成的只是伦理之善

——从孔孟心性之学分歧的视角重新审视孟子学理的性质

案：这篇文章发表于《复旦学报》2021年第2期，与前三篇相隔了二三十年，代表着我对这个问题思考的成熟。孟子创立性善论，对儒学发展有重大贡献，但忽略了智性。根据《儒家生生伦理学引论》的划分，在三分法系统中，与仁性相应的是伦理，由此达成的为伦理之善；与智性相应的是道德，由此达成的为道德之善。孟子思想基础是仁性，不是智性，所以其所达成的只是伦理之善，而非道德之善。孟子思想的这一不足客观上"窄化"了孔子，不再有孔子仁智双显的大格局，这就是我反复强调的孔孟心性之学的分歧。放眼两千年的漫长历史，孔孟心性之学分歧是儒学发展史的头等重大事件，再没有其他因素的重要性能超过它了。

一、出于孟子而孔子不会讲的四句话

我长期从事孟子研究的一个重要努力方向，是重新审视孔子和孟子的关系，最终证实了孔孟心性之学存有原则性的分歧。这个观点历史上未曾有人正式提出过，可以说是发前人之未发，而后人很难改易的。[1] 近年来在建构儒家生生伦理学的过程中，我对相关材

---

1 参见杨泽波《孟子性善论研究》(再修订版)，上海人民出版社2016年版，第一版前言。

料进行了新的梳理，注意到孟子至少有四则大家习以为常，广为流传的材料，孔子未必赞成，更不会讲。

材料之一：

> 人之所不学而能者，其良能也，所不虑而知者，其良知也。孩提之童，无不知爱其亲者，及其长也，无不知敬其兄也。亲亲，仁也；敬长，义也。无他，达之天下也。(《孟子》13.15)

亲亲为仁，敬长为义，这些都是道德的根据。这些道德根据就在自己身上，不需要学习就能够掌握，就能够了解。这即为良知良能。成德成善没有更为玄妙的，只要把这个道理扩充推广开来就行了。照我的判断，孔子是不会这样讲的。在孔子思想中，成德成善必须依礼而行，而礼必须学习才能掌握，怎么能说是"不学而能""不虑而知"呢？

材料之二：

> 万物皆备于我矣。反身而诚，乐莫大焉。(《孟子》13.4)

《孟子》物、事不分，物就是事。这里的事并非认知之事，而是道德之事，特指道德的根据。"万物皆备于我"是说成德成善的所有根据我都具有。因此，成德成善最重要的，是反身求得自己的良心，真诚地按照它的要求去做。果真如此，便能体会到最高等级的快乐。照我的判断，孔子也是不会这样讲的。在孔子看来，要成德成善，必须向外学礼学乐学诗，一刻不能停止，而学习的这些内容都在外不在内，怎么能说"万物皆备于我"呢？

材料之三：

> 仁义礼智，非由外铄我也，我固有之也，弗思耳矣。故曰：求则得之，舍则失之。(《孟子》11.6)

仁是恻隐之心，义是羞恶之心，礼是恭敬之心，智是是非之心。四心就在自己身上，不是从外面取得来的，关键是要去思去求。求就能得到，不求就会失掉。照我的判断，孔子同样不会这样讲。这里的关键仍然是礼。礼是周公制定的治理国家的大根大法，写在典籍中，不学习就不能了解，怎么能说"我固有之"呢？

材料之四：

   学问之道无他，求其放心而已矣。(《孟子》11.11）

此处的"学问"专指成德的道理，而非今日纯粹知识之"学问"。孟子认为，成德的道理并不复杂，只要把自己放失的良心找回来就行了，除此之外，别无其他。照我的判断，孔子更不会这样讲。在孔子学理系统中，成德成善必须不断学习，学习的对象无论是礼是乐是诗，都是外在的，需要下大气力才能掌握，怎么能说学问之道别无其他，只要能够将丢失的良心找回来，"求其放心而已矣"呢？

二、从三分法的高度看孔孟心性之学的分歧

  出现这种情况的原因值得深究。与西方普遍流行的理性、感性两分法不同，自孔子创立儒学开始，其内部便有智性、欲性、仁性三个部分，实际遵行的是三分法。将孔孟置于这种新方法视域下，不难明白，孟子的一些说法不会出于孔子之口，其因皆在二人思想实有罅隙：孔子心性之学有智性、欲性、仁性三个部分，孟子心性之学则只有欲性、仁性两个部分，缺了智性。

  首先看仁性。就仁性而言，孟子与孔子思想一致，且有重大发展。创立仁学，是孔子的重要贡献，但他没有对仁给出定义式的说明，也没有讲清仁来自何处。为了解决这个问题，后人纷纷从性的角度加以探讨。从思想发展轨迹上看，孟子创立性善论的根本任务就是要解决这两个问题。经过孟子的努力，纳仁入心，以心释仁，这两个问题一扫而光。儒学发展因此也由孔子之仁进入到孟子之心的阶段。

接着看欲性。就欲性而言,孟子与孔子同样一致,且大大丰富了这方面的内涵。欲性在孟子那里主要表现为利,与义相对,由此构成义利之辨。义利之辨虽然首倡于孔子,但直到孟子才得以系统化。历史上,对于义利之辨的理解多有混乱,是因为没有注意到孟子论义利实有治国方略、道德目的、人禽之分三个不同向度,其内部性质亦有不同。[1] 治国方略向度的义利之辨涉及的是如何治国问题。这种向度的义利属于彼此对立关系,要王道就不能要霸道,要霸道就不能要王道,二者不可得兼。道德目的向度的义利之辨涉及的是以什么为道德目的的问题。这种向度的义利同样属于彼此对立关系,要么以善为目的,要么以利为目的,二者不可得兼。除治国方略和道德目的之外,孟子论义利还有人禽之分的向度。这种向度的义利与治国方略、道德目的义利不同,它不属于彼此对立关系,而属于价值选择关系。价值选择关系的真谛在于,虽然在特殊情况下义利也有排他性,君子当以义为最高价值选项,但在一般情况下,二者不属于排他关系,要利亦可以要义,要义亦可以要利。这种微妙的价值选择关系,保证了孟子的义利之辨沿着健康的道路发展,没有走向禁欲主义。宋儒未能掌握这里的真义,导致了人欲的污名化,造成了不良的影响。

最后看智性。这方面就不乐观了。在孔子学说中,智性是指通过学习和认知而成德成善的一种能力。要成德成善,必须依礼而行,而要依礼而行,必先学礼,所以学习和认知是成德成善必不可少的条件。"君子学以致其道"(《论语》19.7),此话虽出于子夏,但学才能可以达道的思想合于孔子的一贯主张。孔子对于善人的评价可以为证:

子曰:"圣人,吾不得而见之矣;得见君子者,斯可矣。"子

---

[1] 关于孟子义利之辨治国方略、道德目的、人禽之分三个不同向度,详见杨泽波《孟子评传》第五章"义利之辨",南京大学出版社1998年版。

四、孟子达成的只是伦理之善——从孔孟心性之学分歧的视角重新审视孟子学理的性质

曰:"善人,吾不得而见之矣;得见有恒者,斯可矣。"(《论语》7.26)

孔子感叹圣人见不到了,能见到君子就可以了。又说,善人见不到了,能见到有操守的人就可以了。从此章的语脉看,在孔子心目中,善人的层次明显在圣人和君子之下。

又云:

子张问善人之道。子曰:"不践迹,亦不入于室。"(《论语》11.20)

此章历来有不同理解,但采信朱子诠释者为多。朱熹《四书章句集注》引程子的话云:"践迹,如言循途守辙。善人虽不必践旧迹而自不为恶,然亦不能入圣人之室。"又引张子的话云:"善人欲仁而未志于学者也。欲仁,故虽不践成法,亦不蹈于恶,有诸己也。由不学,故无自而入圣人之室也。"在朱子看来,善人即是"质美而未学者也"。[1] 这就说明,善人虽在好人之列,但境界不高。而其境界不高,据朱子的解释,即在于其"未学"。

朱子的解释固然带有自身的特点,但并非无据,在孔子那里可以得到有力的支持:

子曰:"十室之邑,必有忠信如丘者焉,不如丘之好学也。"(《论语》5.28)

十家小邑,其中必有如孔子一样讲究忠信之人,孔子高于这些人,在于其好学。这就说明,孔子认为自己的境界高于他人,是因为其他人也可以做到忠信,但不如自己爱好学习。联系上面所引章句,不难得知,好学与否是善人与君子或圣人区别的一个标志。好学属于智性,要成为君子或圣人必须好学。从三分法的角度看,这就是说,学习认知之智性是成德成善必不可少的条件。孟子则大为

---

[1] 朱熹:《四书章句集注》,中华书局1983年版,第127-128页。

性善之谜——破解儒学研究的哥德巴赫猜想

不同。在他看来，仁义礼智是不学而能，不虑而知的良知良能，非由外铄，原本固有，关键在于思与不思。思就能得到，即可成德成善，不思就不能得到，即不能成德成善。在此过程中，学习认知之智性是否有作用，或有哪些作用，不是孟子关心的问题。简约言之，孟子在高扬孔子仁学的同时，不重视智性的作用，智性在其学理系统中不占重要的位置，事实上造成了与孔子思想的分歧。

对于孔孟思想的分歧，有两个细节需要加以注意。首先要注意的是，孟子并非一概排斥和否定学习认知，只是不承认学习认知对成德成善的作用。孟子论学习的话并不少，如"故汤之于伊尹，学焉而后臣之，故不劳而王"（《孟子》4.2），"上无礼，下无学，贼民兴，丧无日矣"（《孟子》7.1），但这些学大多是一般性的，和成德成善没有直接关系。熟读《孟子》可知，无论是不忍牛无故被杀，乍见孺子将入于井，还是牛山之木尝美，不葬其亲其颡有泚，孟子劝人成德成善，都是要求反躬内求、立乎其大、无愧于心，并不强调学习的重要作用。成德成善的唯一途径在于反归本心，求其放心，这是孟子整个思想体系的根本特征。

另一个要注意的是，孟子思想内部存在着矛盾。比如，孟子讲过："大舜有大焉，善与人同，舍己从人，乐取于人以为善，自耕稼陶渔以至为帝，无非取于人者。取诸人以为善，是与人为善者也。故君子莫大乎与人为善。"（《孟子》3.8）此处赞赏舜"乐取于人以为善""取诸人以为善"，讲的都是道德问题。既然"为善"离不开"取于人"和"取诸人"，自然就离不了学习。孟子承认"为善"必先"取于人"，等于实际上承认了学习是成德成善不可或缺的内容。更为明显的例子，见于"嫂溺援之于手"章：

淳于髡曰："男女授受不亲，礼与？"孟子曰："礼也。"曰："嫂溺，则援之以手乎？"曰："嫂溺不援，是豺狼也。男女授受不亲，礼也；嫂溺，援之以手者，权也。"（《孟子》7.17）

四、孟子达成的只是伦理之善——从孔孟心性之学分歧的视角重新审视孟子学理的性质

此章涉及如何面对伦理道德领域中特殊情况的问题。按照孟子的一贯思想，成德成善的根据只有一个，这就是良心，途径也只有一个，这就是反求。对于日常生活的一般情况而言，这是可以的，但不适合于特殊情况。根据我多年来的一贯理解，良心是社会生活和智性思维在内心结晶而成的伦理心境，[1] 因为社会生活一般问题的是非标准早就作为结晶物存在于心中了，所以面对生活中的一般问题有现成的答案。但在一些特殊情况下，所遇情况超出了内心原有是非标准的范围，良心就没有如此神奇了。此章很能说明问题。男女授受不亲属于一般的情况，这时人的内心都有伦理心境，只要反求诸己，就知道应该怎么办。但如果遇到嫂溺的情况，要不要伸手相援，单纯反求诸己，不一定会有明确的答案，还需要有一行权的过程，而行权必须权衡利弊得失，必须加以认真分析比较，这些严格说来都不再是仁性所能担负得了的，必须借助智性才行。

总而言之，孔子心性之学有智性、欲性、仁性三个部分，除欲性外，智性、仁性都是成德成善的根据，对外通过学习合于礼，对内通过反省合于仁；孟子心性之学只有欲性、仁性两个部分，仁性是成德成善的唯一根据，凡事只要反求诸己，合于良心足矣，智性不再起任何作用。这些不同事实上构成了孔孟心性之学的分歧。

三、孟子达成的只是伦理之善

发现孔孟心性之学存在分歧是一件大事，它有利于我们重新理解孟子，确定其学理的性质，进而引出一些有深度的话题。

在西方语言系统中，ethics 源于希腊语 ethika。这个希腊语由 ethos 演绎而来，有风俗、习惯、传统、惯例的意思。moral 则是后

---

[1] 详见杨泽波：《孟子性善论研究》（再修订版）第三章"良心本心与伦理心境"，上海人民出版社 2016 年版。

来新造的一个拉丁语,用于翻译希腊语中的 ethika。这个背景决定了这两个单词在西方语言系统中经常作为同义词使用,有一定的重叠性。近代以来,人们分别以这两个单词对译伦理和道德,致使中文系统中伦理和道德的界限始终不够清晰。一段时间以来,很多学者都试图对这两个概念加以区分,但由于缺少系统方法的支持,尚未有一个大家普遍认可的方案。

我在这方面也作出了自己的努力。与学界一般做法不同,我将这一步工作建立在三分法基础之上。根据三分法,道德的根据有两个,既有仁性,又有智性。因为仁性的核心是伦理心境,伦理心境的一个重要来源是社会生活中的人伦之理(智性思维也不能完全脱离社会生活的根基),以仁性为基础成就的善,本质上是对社会生活既有的善的规则的服从,表现为实然性。所以,我把仁性成就的善规定为伦理。因为智性以认知为核心,认知的对象除包括外在的行为规范外,还指对仁性自身的认识,反思既有的行为规则,自觉作出个人的选择,表现为应然性。所以,我把智性成就的善规定为道德。按照这种区分,伦理和道德的关系就比较清楚了:伦理的基础是仁性,是在实然层面上尊重和遵守社会既有的规范;道德的基础是智性,是在应然层面上自觉作出个人的选择。[1]

有了这种划分,孟子学说的性质就比较容易界定了:因为孟子性善论的基础是良心,良心属于仁性的范畴,其本质上是伦理心境,所以,孟子性善论所能达成的善是伦理,简称"伦理之善"。

将孟子定位为伦理之善,直接涉及对孟子的评价。这里有一个如何看待"常人"的问题。"常人"是海德格尔在《存在与时间》中为说明"此在为谁"的问题而提出来的一个概念。此在表面看是人之自己,但事实并非如此。因为此在的生活离不开周围的人,这

---

[1] 关于伦理与道德的区分,我在《儒家生生伦理学三分法的理论效应》(《复旦学报》2019年第5期)一文中有详细分析,敬请参阅。

些周围的人即为他人。他人的生活构成一种群体，此在只能在这种群体中生存。这种群体的生存方式即为"共在"。受此影响，此在容易沦为"常人"。"常人"最本质的特征是平均状态，这就决定了它具有一定负面的色彩。海德格尔强调，人要生存得有意义，必须从"常人"状态中解脱出来，追求本真的存在。

我的看法与海德格尔有很大不同。如上所说，仁性本质上是一种伦理心境，源于社会生活和智性思维对内心的影响，这一性质决定了以其为基础成就的善，原则上是对社会既有规范的服从。用海德格尔的话说，即为"常人"。但是，我坚持认为，"常人"并非如海德格尔说的那样不堪。"常人"从本质上说即是前人经过长期努力而得到社会普遍认可的一种生活状态。作为后来人，对于这种生活状态首先不应该是怀疑，而应当是尊重。人来到这个世界的那一刻起，这个世界就是存在的。人最初的智力有限，其生活必须从接受这种存在开始。接受这种存在，就等于接受了前人世世代代努力的结果，接受了大家普遍认可的生活方式。尽管这种生活方式不是生存的最高境界，但就一般情况而言，它是有效的，其价值不能完全否认。

为此不妨分析海德格尔所举用具的例子。用具有"上手之物"和"现成之物"两种状态。"上手之物"是此在使用器具的状态，"现成之物"是此在对前者进一步观察和认识的状态。海德格尔作出这种区分意在表明，此在不能满足于"上手之物"，只做"常人"，必须从中解脱出来，成为"现成之物"，追求本真的存在。海德格尔这一思想影响很大，打动了很多人，我却从中看出了问题。

在现实生活中，人要成德成善，不能整天想着如何成为本真的存在，而是应该首先把"常人"做好。"做好'常人'"意味着按照社会既定的行为原则和标准去做，这些原则和标准作为伦理心境早就存在于内心了。从理论上说，伦理心境遇事呈现自身，人通过内觉可以发现它正在呈现。但现实生活中做到这些并不容易，很多人一辈子都不明白这个道理。即使懂得了这个道理，成德成善还有一个先立其大的问题，必须作出物欲的牺牲。今天的主要问题不是人们没有勇气追求本真的存在，而是胆子太大，毫无顾忌之心，连"常人"都做不好，达不到"常人"的一般水准。是首先"做好'常人'"，还是首先追求本真的存在，这是我与海德格尔以及存在主义的原则区别。[1]

尽管"做好'常人'"并不容易，依据仁性行事达成伦理之善必不可少，但这并不是善的全部，更不是人的最终目的。这是因为，仁性虽然是成德成善的根据，但自身存有不少缺陷。我曾将仁性的这些缺陷概括为仁性失当、仁性保守、仁性遮蔽三种情况。[2] 仁性失当是指仁性本身就有缺陷，不够合理；仁性保守是指仁性有滞后性，跟不上时代的步伐；仁性遮蔽是指由于受到外部影响，仁性有所扭曲，产生变形，受到掩盖。不管是仁性失当、仁性保守，还是仁性遮蔽，都可能导致弊端，对社会发展造成不良影响。

因此，成德成善不能满足于仁性，不能满足于伦理之善，还必须在此基础上进一步动用智性，追求道德之善。在三分法的系统中，智性是在人之为人的过程中，通过学习和认知而成就道德的一种能力。智性可以指向外部，以学习和认识外在的规章制度，这叫"外识"，也可以指向内部，对伦理心境进行再认识，这叫"内识"。[3] 无论是外识还是内识，对于成德成善而言都绝对不可缺少。二者相比，内识更为难得，更为重要。这不仅是因为外识必须借道于内识，没有内识不可能有好的外识，更因为内识涉及对内心的观察，涉及对伦理心境的体悟，相对讲更为困难和复杂。因此，尽管

---

[1] 详见杨泽波：《做好"常人"》，《哲学研究》2019年第5期。
[2] 详见杨泽波：《儒家生生伦理学引论》第四十一节"'本质先于存在'隐含的问题同样不容忽视"，商务印书馆2020年版。
[3] 详见杨泽波：《儒家生生伦理学引论》第十七节"内识：智性的第二重功能"，商务印书馆2020年版。

以仁性为依据也可以成德成善,但它还不是人生的最终目的。要实现人生的最终目的,必须再上升一步,启动智性对自己的道德根据加以追问和反思,以期达到更为合理更为理想的状态。经过内识之后的善,是真正自觉的善,这种善不再是伦理之善,而上升为了道德之善。

有了这个视角,我们就不难明白了,孟子学理最大的缺陷,是未能全面把握孔子仁智双全的义理结构,将成德成善的根据全寄托于仁性,不了解智性的意义,所达成的只是伦理之善,而非道德之善。

四、孔孟心性之学分歧是儒学发展头等重大事件

历史上,关于孔孟思想的差异并非没人关注。朱子就曾讲过:

> 问:"孟子只说学问之道,在求放心而已,不曾欲他为。"曰:"上面煞有事在,注下说得分明,公但去看。"又曰:"说得太紧切,则便有病。孟子此说太紧切,便有病。"
>
> 孟子说:"学问之道无他,求其放心而已矣。"可煞是说得切。子细看来,却反是说得宽了。孔子只云:"居处恭,执事敬,与人忠。""出门如见大宾,使民如承大祭。"若能如此,则此心自无去处,自不容不存,此孟子所以不及孔子。[1]

朱子认为,孟子"学问之道无他,求其放心而已"的说法"说得太紧切";"说得宽","便有病","不及孔子"。但他并没有将孔孟心性之学的分歧作为一个严肃的课题正式提出来。近代以来,康有为也提到过这个问题,明言:"孟子多言仁,少言礼,大同也。荀子多言礼,少言仁,小康也。""天下为家,言礼多而言仁少。天下为

---

[1] 黎靖德编:《朱子语类》卷五十九,第四册,中华书局1986年版,第1410页。

公,言仁多而言礼少。"[1] 按照康有为的理解,孔子仁礼并提,但二者相比,更为重要的是仁,不是礼。孟子多言仁,少言礼,虽不及孔子全面,但也是大同。与之相反,荀子多言礼,少言仁,只能为小康。[2] 这里已经涉及了孔子和孟子的关系问题,但同样没有将其上升到孔孟心性之学分歧的高度。

孟子的历史地位有一个前抑后扬的过程。先秦时期多是周孔或孔颜并称,孟子的地位并不太高,荀子在汉代传经的地位甚至要高于孟子。这种情况到了宋代有了很大变化。经过数百年的升格运动,孟子的地位大为提高,由子入经,人们慢慢习惯于孔孟并称,将孔孟之道作为儒学的代名词。受此影响,人们一般认为孟子是孔子的好学生,全面继承了孔子的思想。但上面的分析足以证明,孟子并没有全面继承孔子的思想。孔子思想有智性、欲性、仁性三个部分,孟子思想只有欲性、仁性两个部分,孔子学理中的智性在孟子思想中并不存在,或不起实质的作用。从这个意义上说,孟子"窄化"了孔子,不再有孔子仁智合一的大格局。

这种情况对儒学发展有着根本性的影响。儒学两千年发展中最重要的事件,都与这个因素相关,都可以置于这个背景下理解。荀子的性恶论正是看到孟子思想的缺陷,为了校正孟子之失才出现的。荀子认为,学习是成就道德的必备条件,要成就道德必须走学习的道路,做好虚一而静的工夫。历史上,学界对荀子批评较多,但荀子的思想来源于孔子之智性,则是不可否认的。宋明儒学中理学与心学之争更是如此。朱子重视《大学》,认为格物致知是成德成善的重要条件,这是对智性的充分肯定和极大发展,有其功劳,但他对仁性的体悟又有严重的不足。象山抓住了朱子的弱点猛

---

[1] 康有为:《万木草堂口说·礼运》,《康有为全集》第二册,中国人民出版社2007年版,第317页。
[2] 魏义霞在这方面有详细的分析。参见其论文:《康有为对荀子思想内容的阐发》,《吉林师范大学学报》2015年第2期。

四、孟子达成的只是伦理之善——从孔孟心性之学分歧的视角重新审视孟子学理的性质

力攻讦，自有得力之处，但他完全跟着孟子走，并不了解孔孟心性之学的不同，不承认学习是成德成善的必要条件，又有其失。阳明复起，提倡知行合一，大谈致良知，重新彰显了心学的真谛，扭转了朱强陆弱的局面，但其延续的只是孟子的思路，而不是完整的孔子学说，其得其失也就不言自明了。总的看，两千余年儒学发展史争议不断，其中最大的，莫过于先秦孟、荀之争和宋明的朱、陆（王）之争。这两次争议的源头都与孔孟心性之性的分歧有关。因为争议的另一方，无论是荀子，还是朱子，事实上都是因为不满意孟子或象山只求内心的致思路线。若没有孔孟心性之学的分歧，历史上会不会有这两场争议是很难说的，即使有也不会如此激烈，难能调和。正因于此，我才强调孔孟心性之学的分歧是儒学发展头等重大事件，再没有其他因素的影响能超过它了，甚至不忌讳使用"头等重大事件"这种比较"硬"的表达方式。

孟子与孔子心性之学的分歧是一个醒目的标志，意味着儒学发展开始由"一源"变为了"两流"。"一源"即是孔子，"两流"即是孟子和荀子，以及后来的心学与理学。牢牢把握这个标志，是准确理解儒学发展脉络的关键。治学的最大敌人不是未知而是已知，习以为常的观念才是最危险的。当人们习惯于孔孟一体的观念，并以这种方式理解孟子乃至象山、阳明的时候，我却从这种正常中看到了不正常，证明了孔孟心性之学事实上存在着分歧，由孟子而来的心学一系，所能达成的只是伦理之善，而非道德之善，与孔子思想并不完全一致。这个新视角对于重新梳理儒学发展脉络意义重大，不可小觑。

五、做好"常人"

——儒家生生伦理学对一种流行观点的修正

案：既然孟子所达成的只是伦理之善，那么如何看待这种善，就成了一个大问题。借用海德格尔的说法，伦理之善因受制于社会通行的标准，所以属于"常人"的范畴。海德格尔这一思想有很大的影响，以至于人们往往看不起"常人"，"常人"成了一个负面概念。我的看法不同。"常人"虽然不是"本真的存在"，但仍有重要价值，并非如人们想象的那样不堪。社会中诸多乱象不是因为人们不敢追求"本真的存在"，而是连"常人"都做不好，没有达到"常人"的水准。追求"本真的存在"首要先从"做好'常人'"开始，否则一定会出乱子，导致社会的崩溃。"先学走再学跑，否则一定要摔跤"，这一民间俗语蕴含的正是这个道理。发表于《哲学研究》2019年第5期。

在今天的伦理学界，"常人"是一个人皆能知的概念。不管海德格尔本人主要是在何种意义上使用这个概念的，这个概念本身都难以摆脱负面的色彩，人们也常常在这个意义上使用这个概念。受此影响，摆脱"常人"状态，追求本真存在，早已成为当下流行的观点。近年来，我在建构儒家生生伦理学的过程中对这个问题进行了新的思考，提出了"做好'常人'"的命题，得出了完全相反的结论，希望以此对这一流行观点加以修正。本文即对这个问题做一个初步的梳理。

一、"常人"的生存论意义和伦理学意义

"常人"的概念是海德格尔在《存在与时间》第一篇第四章"在世作为共在与自己存在.'常人'"中提出的。这一章义理曲折，常被人认为是全书中最难理解，争议最大的部分。

《存在与时间》的重要着手处是此在，要对这个问题有透彻的了解，首先必须回答"此在为谁"的问题。此在从表面看当然是我自己，但海德格尔并不这样认为，明确指出："此在在谈起它自己的时候也许总是说：我就是这个存在者；而偏偏它'不'是这个存在者的时候它说得最响。"[1] 我们往往习惯地认为，我就是那个作为此在的存在者，但海德格尔告诉我们，此在恰恰不是我自己。"此在的'本质'根基于它的生存。如果'我'确是此在的本质规定性之一，那就必须从生存论上来解释这一规定性。只有从现象上展示出此在的某种确定的存在方式才能答出这个谁。"[2] 此在最重要的特征是它必须生存，只有弄清了此在是如此生存的，了解了此在的生存方式，才能回答"此在为谁"的问题。

从生存论的意义上讨论"此在为谁"，首先涉及的是此在如何与世界打交道的问题。此在生存在世界上，一定要与世界上的用具发生联系。但这还只是初步，此在的生存更重要的是离不开周围的人，必须与周围的人照面。这些周围的人即为"他人"。他人特指与此在相差不多的人，此在就是在与这些相差不多的人的环境中生存的。这种现象海德格尔称为"在之中"。"在之中"就是与他们共

---

[1] 海德格尔：《存在与时间》，陈嘉映、王庆节译，生活·读书·新知三联书店2012年版，第134页。

[2] 海德格尔：《存在与时间》，陈嘉映、王庆节译，生活·读书·新知三联书店2012年版，第135页。

同存在。他人的在世界之内的自在存在就是共同此在。此在的世界是一个共同的世界，此在必须生存在这个共同世界之中。此在逻辑上必然引出共在。"此在本质上是共在——这一现象学命题有一种生存论存在论的意义。这一命题并不想从存在者层次上断称：我实际上不是独自现成地存在，而是还有我这样的他人摆在那里。"[1] 因为此在离不开共在，共在对此在最直接的影响就是使此在迷失自己，消散在共在之中。"自己的此在正和他人的共同此在一样，首先与通常是从周围世界中所操劳的共同世界来照面的。此在在消散于所操劳的世界之际，也就是说，在同时消散于对他们的共在之际，并不是它本身。"[2]

"常人"的概念就是由此而来的。既然共在是此的本质，那么此在必然要受其影响，在此在并不知情的情况下，他人就接收了此在的统治权。这个他人不是这个人，不是那个人，也不是一切人的总数，而是一个中性的东西，这就是"常人"。在海德格尔那里，常人有共处同在、庸庸碌碌、平均状态、平整作用、公共意见、卸除存在之责与迎合等特征，这些特征构成了此在的"常驻状态"，使此在失去了自我。"在上述这些方式中作为存在者存在的时候，本己此在的自我以及他人的自我都还没有发现自身或者是已经失去了自身。常人以非自立状态与非本真状态而存在。"[3] 常人由此展开了对此在的独裁。常人怎样判断，此在就怎样判断，常人怎样享乐，此在就怎样享乐，常人怎样愤怒，此在就怎样愤怒。海德格尔特别强调，常人最本质的特征就是平均状态。这种平均状态决定人们的认可与不认可，成功与不成功。任何想超脱于这种状态的努力，都被无情

---

[1] 海德格尔：《存在与时间》，陈嘉映、王庆节译，生活·读书·新知三联书店2012年版，第140页。

[2] 海德格尔：《存在与时间》，陈嘉映、王庆节译，生活·读书·新知三联书店2012年版，第146页。

[3] 海德格尔：《存在与时间》，陈嘉映、王庆节译，生活·读书·新知三联书店2012年版，第149页。

五、做好"常人"——儒家生生伦理学对一种流行观点的修正

地压抑住，任何有创意的努力都被抹平，任何奋斗的成果都将失去。一切都淹没在这种平均状态之中，此在没有了自身，没有了意义，成为平均状态的一个分子。这样，海德格尔便找到了"此在为谁"的答案："这个常人，就是日常此在是谁这一问题的答案。"[1]

对于海德格尔关于"常人"的论述历来有不同的理解。多数人认为，海德格尔这样讲，意在表明现代人被大众吞没，丧失自我。[2] 但也有一些学者如德雷福斯（Hubert Drefus）不同意这种看法，认为应当将生存论与伦理学分开处理，海德格尔关于"常人"的分析只具有生存论意义，不具有伦理学意义。受此影响，国内一些人也主张，海德格尔关于"常人"的论述只是讨论"此在为谁"的问题，与存在主义没有直接关系。[3] 近年来，又有学者在不预设任何特定立场，只设定伦理学不可或缺要素的前提下，认真分析海德格尔的文本，重新讨论这个问题，注意到"海德格尔关于常人分析之令人困惑的地方并不在于他对日常世界之公共性的强调，而在于了对此一公共性具有明显否定的阐释"，[4] 从而找到了"常人"生存论与伦理学的含义的内在关联。按照这一理解，公共的世界对此在的支配将不可避免地构成对此在存在之剥夺，以至于此在完全丧失自身，不能成为区别于其他此在的在者。在海德格尔那里，公共意见不仅不具有所谓的正确性，而且从存在论的角度看，恰恰构成了对此之存在的遮蔽。"也正因此，在常人的支配下，此在不复是其所是的

---

[1] 海德格尔：《存在与时间》，陈嘉映、王庆节译，生活·读书·新知三联书店2012年版，第149页。
[2] 陈嘉映、王庆节作为《存在与时间》的译者，也是这样理解的。在该书第四章标题下面，他们加了一个注，说明了他们为什么要以"常人"来翻译海德格尔的这个概念："das Man是作者将德语中的不定人称代词man大写并加上中性定冠词造出来的，指丧失了自我的此在，我们译为'常人'。"
[3] 张汝伦：《存在与时间释义》，上海人民出版社2012年版，第399页。
[4] 孙小玲：《存在与伦理——海德格尔实践哲学向度的基本论题考察》，人民出版社2015年版，第36页。张庆熊对孙小玲这部著作予以了很高的评价，认为它是"我近年来读到过的有关这一论题的最优秀的作品"。见该书"序"第1页。

能在，即不复能承担对自身存在的责任，海德格尔将这一失去了自身存在之此在称为'常人—自我'（Man-selbst），并且明确表明：常人—自我或者说常人的存在方式乃是此在非本真的存在方式。"[1]

要准确把握海德格尔的思想，以我个人的体会，不能离开其思想的时代背景。在海德格尔之前，尼采有很强的影响力，甚至影响到政治方面。尼采思想的重要特点是凸显强力意志，反对奴隶道德，提倡做超人。海德格尔非常重视尼采的这一思想，在关于尼采的讲稿中指出："如果强力意志标示着存在本身，那么，除了还有待被规定的意志之外，就不再有其他什么东西了。""强力意志——存在'对于'（über）存在者整体的一种独一无二的支配地位［存在者的存在之被离弃这种隐蔽状态］。"[2] 虽然这个讲稿晚于《存在与时间》，但他对强力意志的彰显明显透露出其对"常人"的态度。受特定背景的影响，哲学家的思想一般都有一个内在的逻辑关系，其论述都是围绕这个逻辑关系展开的。海德格尔关于"常人"的思想内部就有这样一个基本的逻辑关系："常人"是一种平均状态，此在在这种平均状态中丧失了自我，要追求本真的存在，就必须从这种状态中解脱出来。如果海德格尔仅仅满足于指出此在的"常人"状态，以探究"此在为谁"的问题，其间不带价值评估的话，那么他完全没有必要随后再讨论沉沦问题了。在日常德语中，"沉沦"明显具有贬义，一个讲德语的人只会说"树叶掉落"，不会说"树叶沉沦"。"很难想象对语言如此敏感的海德格尔会对此毫无顾忌，所以，更为合理的解释是海德格尔之启用'沉沦'一词所意图的是以一种表面上中立的方式暗示出某种批判的意味。"[3] 这就可以解释

---

[1] 孙小玲：《存在与伦理——海德格尔实践哲学向度的基本论题考察》，人民出版社2015年版，第37页。

[2] 海德格尔：《尼采》，孙周兴译，商务印书馆2003年版，第39、485页。

[3] 孙小玲：《存在与伦理——海德格尔实践哲学向度的基本论题考察》，人民出版社2015年版，第44页。

为什么海德格尔在 1947 年《关于人道主义的通信》中表明，如果我们正确理解了其存在论，那么他的存在论"在其自身已经是原伦理了"。因此，尽管"常人"在《存在与时间》中主要是生存论意义的，但生存论与伦理学不能完全割裂开来。那种将"常人"思想局限于生存论范围的做法，与海德格尔自己的说法难以吻合，很难有太强的说服力，"常人"在伦理学上的负面意味是难以否认的。其后存在主义推波助澜，大讲摆脱"常人"状态，追求本真存在，将其上升为一种流行的观点，在海德格尔那里并非无据。

二、儒家生生伦理学中"常人"的地位与作用

儒家生生伦理学与海德格尔的看法有原则性的区别。建构儒家生生伦理学是我结束孟子研究和牟宗三儒学思想研究后作出的新努力。我的这种新努力在研究方法上有两个明显的特点。首先，不满足于空说道德根据，而是希望对孔子之仁、孟子之良心加以理论的说明。在我看来，人自来到这个世界上的那一刻起，就已经有了自然生长的倾向性，这种倾向性是人作为一个类长期发展的产物。这个因素我叫作"生长倾向"。除此之外，人生存在世界上离不开社会生活，社会生活一定会对人有深刻的影响，而人的智性思维也会在内心留下一些痕迹，从而在内心形成某种结晶物。这个因素我称为"伦理心境"。孔子之仁、孟子之良心，无非是在生长倾向这个平台上进一步发展而成的伦理心境而已。其次，不满足于感性、理性两分法的思维定式，充分尊重儒家思想的特点，从孔子思想中分疏出了与成就道德相关的欲性、仁性、智性三个要素，建成了三分法。在三分法中，欲性涉及人对物欲的态度，仁性是孔子之仁，孟子之良心，智性原本指孔子关于学诗学礼的思想，后扩展为以格物致知为核心的一系列内容。在这三个要素中，仁性和智性都是道德的根据，但二者的

性质又有不同。仁性偏重于人伦关系，特指对社会既有行为规则的服从。智性偏重于人与道的关系，特指人通过努力达到与道的一致。虽然成德成善离不了智性，但仁性本身也有价值，同样可以达成一种善，同样不可或缺，不可轻视。[1]

有了这个基础，就可以明白我为什么不赞成海德格尔关于"常人"的看法了。如上所说，虽然在海德格尔那里"常人"主要是生存论意义的，但只要将其移入伦理学范围内，就无法摆脱其负面的意味。海德格尔总是将"常人"与从众、淡漠、平庸联系在一起，事实上也表明了这一用心。但在儒家生生伦理学系统中，"常人"首先不是负面的概念，有着强烈的正面意义，是人成德成善的基本功。这就好像人使用工具一样。海德格尔在说明此在存在方式的时候，首先以用具为例。此在在世存在，一定要与生存环境发生联系，其中一个重要因素就是用具。海德格尔把用具分为"上手之物"和"现成之物"。"上手之物"是此在最开始使用的那个器具的状态，"现成之物"是此在对前者进一步观察和认识的状态。一个人用锤子修缮房屋，锤子只是修缮活动的一个部分，此时人关注的重点是房屋，锤子只是随手拿来用的。这就是"上手之物"。随着活动的开展，此在在发现锤子有毛病，不好使，对其加以观察和研究，找出了改进的办法。这时锤子就成了"现成之物"。在生活中，用具往往有一个由"上手之物"到"现成之物"的转化过程。海德格尔在这方面的分析很精彩，常为人引用。但用具的例子换一个角度刚好也说明了这样一个道理：要成为一个好的工匠，首要任务是学会和用好手中的锤子，直至达到游刃有余、出神入化的境界，而不是整天琢磨如何改进锤子，使其成为"现成之物"。

---

[1] 这两个特点是我从事儒学研究以来一直坚持不放的。这方面的成果最早见于我的孟子研究，后来又用于牟宗三儒学思想研究之中。较为集中的论述见于《孟子性善论研究》（再修订版）第一部分"性善论的涵义"，上海人民出版社 2016 年版；《贡献与终结——牟宗三儒学思想研究》第二卷第五章"活动论论衡"，上海人民出版社 2014 年版。

人的道德生活也是一样。"常人"从本质上说，即是前人经过不断努力得到社会普遍认可的一种生活状态。作为后来人，对于这种生活状态，首先应当持尊重态度，而不是怀疑。人自来到这个世界的那一刻起，这个世界就是存在的。人的成长是一个过程，最初智力有限，总要从接受这种存在开始。接受这种存在，也就等于接受了前人世世代代努力的结果，接受了大家普遍认可的生活方式，而这种生活方式就一般情况而言都是有效的。孔子讲，社会的理想状态是"君君、臣臣、父父、子子"（《论语》12.11）。按此要求，君做君应该做的事，臣做臣应该做的事，父做父应该做的事，子做子应该做的事。这是一种常态，也可以说是一种"常人"，但这种情况并没有什么不好。孔子又讲，"弟子，入则孝，出则悌，谨而信，泛爱众，而亲仁。行有余力，则以学文。"（《论语》1.6）在现实生活中，做到孝、悌、信、爱众、亲仁，这个社会就是好的。虽然"行有余力，则以学文"，但孝、悌、信、爱众、亲仁，并没有什么不好。如同不能熟练用好手中锤子不可能是一个好工匠一样，不能做好"常人"也不可能成为一个"好人"。

这个问题与存在与本质的关系密切相关。尽管海德格尔不承认自己是一个存在主义者，但其思想与存在主义有紧密的内在关联，则有目共睹的。"存在先于本质"是以萨特为代表的存在主义的核心命题。儒家生生伦理学完全不接受这一命题，认为正确的说法当是"本质先于存在"。本质之所以先于存在，是因为有人善性，而人之所以有善性，是因为人有生长倾向和伦理心境。生长倾向和伦理心境都有先在性，对处理伦理道德问题有直接影响，可以说都是人的一种本质。生长倾向为"原生性本质"，伦理心境为"次生性本质"。既然人有这两种本质，那么追求善的生活，就必须充分尊重它们，按照它们的要求去做。充分尊重这两种本质，按照它们的要求去做，就属于"常人"的范畴。尽管"常人"也会出现问题，乃至如阳明后学那样出现重重流弊，还需要借助智性作出自己的选择，以追求第三种本质，即"标的性本质"，以成为自己希望的那种人，但这并不能说明先前的本质都不可取，完全没有意义。"常人"是追求善的生活的底线和基础，不承认这个底线和基础，一味追求本真的存在，争做超人，能否取得好的社会效果，是需要重新思量的。存在主义看不起"常人"，看不到"常人"的对于求善的重要作用，说到底就是不承认人是先有本质的，就是回到了告子的立场，而这一立场儒家早在两千多年前就抛弃得干干净净了。[1]

不仅如此，这个问题与伦理与道德的区分也有关联。近代以来，将 ethics 和 morality 分别对译中国的伦理和道德这两个术语以来，因为 ethics 和 morality 语义相近，伦理与道德的内涵一直难以有效区分。儒家生生伦理学的优势于是就显现出来了。因为儒家生生伦理学贯彻的是三分法，将道德根据划分为仁性和智性两个部分，从而为消除这种混乱打下了基础。按照这种划分，伦理和道德有原则性的不同，与伦理对应的是仁性，与道德对应的是智性。说伦理与仁性对应，是因为仁性本质上是一种伦理心境，伦理心境一个重要来源是社会生活，是社会生活对内心的影响，这就决定了仁性的性质是对社会生活既有规范的服从，表现为一种实然性。说道德与智性相应，是因为智性以内识为基础，而内识的一个重要任务，是对仁性进行反思，加以再认识，思考成德成善的根本道理，从而作出自己的选择，表现为一种应然性。这种划分有着很强的理论意义，它告诉我们这样一个道理：虽然成德成善的终极目标是以智性成就道德，但在此之前，必须从仁性出发，充分遵守特定文化环境的行为规范。任何一种文化都有自己既定的规范，遵守这些规范在儒家生生伦理学系统中就叫作伦理。将伦理作出这种界定，我们自然可以明白，伦理本质上属于"常人"的范畴，符合伦理就是

---

[1] 参见杨泽波《"存在先于本质"还是"本质先于存在"——儒家生生伦理学对存在主义核心命题的批评》，《道德与文明》2018 年第 6 期。

把"常人"做好。那种只求智性之道德,不管仁性之伦理,只求做超人,不屑做"常人"的做法,不仅无法成德成善,而且只会将社会拖向混乱的泥潭。

做好"常人"不仅是必要的,而且不是一件容易的事情,其难有二。首先是体悟之难。做好"常人"就意味着按照社会既定的行为原则和标准去做。社会的这些行为原则和标准不是现学的,就在自己心里,作为伦理心境存在着,有着明显的先在性。具有先在性的伦理心境遇事呈现自身,为自己提供行为的标准,告知何者为是,何者为非,何者当行,何者不当行。与此同时,人又有内觉的能力,可以知道伦理心境正在呈现,从而得到自己的道德根据。但是,因为伦理心境的思维方式是直觉,很难用逻辑证明,也无法用语言讲清楚,完全依靠个人的"悟性",把握起来并不容易。很多人一辈子也理解不了呈现,无法通过内觉把握住自己的道德根据。其次是落实之难。要达成善,光有内觉还不行,因为即使我们通过内觉体悟到了自己的道德根据,还必须做好"先立其大"的工作。"耳目之官不思而蔽于物,物交物,则引之而已矣。心之官则思,思则得之,不思则不得也。此天之所与我者,先立乎其大者,则其小者弗能夺也。此为大人而已矣。"(《孟子》11.15)先立其大是孟子的重要思想,大体指代道德,小体指代物欲。大体和小体在一般情况下可以兼得,不属于绝对排他关系,要大体也可以要小体,要小体也可以要大体。但在特殊情况下二者又会发生矛盾,此时成德成善必须弃小体,从大体。这一步工作十分艰难,因为弃小从大意味着在物欲方面作出牺牲,而在物欲方面作出牺牲,必须有一种愚的精神,傻的精神,必须作好在物欲方面吃亏的思想准备。这一步工作不是人人都能做好的,成德成善之艰难多因于此。

将这种情况置于现实生活中,或许可以看得更加清楚一点。比如,我们从小就受到文明的教育,告知不能随地吐痰,不能乱闯红灯,遇事有序排队。这些内容都是社会生活最为一般的准则,没有多少高深的道理，按照海德格尔的标准，只能归入"常人"的范畴。但不随地吐痰、不乱闯红灯、有序排队，就现行的社会生活而言，就是善的行为，我们没有办法否认这些内容对于社会生活的意义。反之，随地吐痰、乱闯红灯、无序插队的情况几乎每天都会发生，这并不是因为行为者没有勇气追求本真的存在，而恰恰是没有按照孔子、孟子的教导"为仁由己""反求诸己"，通过自身的内觉能力，发现自己的道德根据，进而按照它的要求去做。这种情况用上面的话说，就是"常人"没有做好。又如，如果政治制度不完善，权力过于集中，缺乏有效监督，一定会有贪腐行为。但即使如此，贪污的人也知道这样做是不对的。官员之所以贪腐，并不在于没有追求本真的存在，而恰恰是没有按照"常人"的标准去做，当选择大体的时候，选择了小体。由此说来，"常人"现象必须认真对待。在海德格尔那里"常人"等同于非本真的存在。但在儒家生生伦理学系统中，这种"非本真"存在并非如人们想象的那样"非本真"。海德格尔不满意"常人"，以为那样的生活没有意义。但在儒家生生伦理学看来，遵守日常生活的规范，并非一钱不值，毫无价值。尽管成德成善不能止步于此，但不能说凡是"常人"，凡是生活中大众认可的方式，都没有意义。对于"常人"是否首先持肯定态度，这是我与海德格尔乃至当下流行观点的重大区别。

三、追求善的生活首先要做好"常人"

基于上面的分析，两种不同观点的分歧已经清晰可见了。在海德格尔那里，"常人"是作为"此在为谁"的问题提出来的。因为此在必须生存在世界上，需要与他人打交道，从而形成了共在的现象。共在由此成为了此在的统治者，在这种统治下，此在失去了自己，沦为了"常人"，成为了平均数中一个微不足道的分子。要追求本真的存在，必须从"常人"的状态中解脱出来。尽管海德格尔相关论述的重点在于生存论，但很难说完全不包含伦理学的指向。后来存在主义要求人们摆脱自在的存在，追求自为的存在，成为真正的自己，与海德格尔"常人"的思想有内在的关联，是难以否认的。

儒家生生伦理学不接受这种观点，提出了与之完全相反的命题："做好'常人'"。这是一个有歧义的说法，既可以指"做好的'常人'"，又可以指"做好一个'常人'"。我是在后一种意义上使用这个说法的，意在强调，要追求善的生活必须从"做好一个'常人'"开始。在儒家生生伦理学看来，人来到这个世界的那一刻起，就有一种自然生长的倾向，这种倾向后来受到社会生活和智性思维的影响，进一步发展为伦理心境。伦理心境从来源上说是社会生活一般道德规范在内心的反映，本质上属于一种平均状态的东西。这种平均状态是社会长期发展的结果，维持这种状态社会才能得到稳定的发展，做到这一步就是伦理。虽然伦理不是人最高的境界，随着时间的发展也会流向弊端，追求善的生活不能止步于此，还必须运用智性的力量，进一步将其提升到道德的高度，但伦理本身并非没有意义，追求善的生活首先考虑的不应是从"常人"状态解脱出来，而是如何"做好'常人'"。[1]

总之，追求本真存在并没有错，但在此之前首先要做好"常人"。"常人"做不好，追求本真存在的工作也不可能做好。这刚好用得着中国的那句老话："先学走再学跑，不然一定要摔跤。"

---

[1] 我们无法也不想否认海德格尔在哲学思想上的贡献，但必须清醒看到他的为人中的某些缺点。比如，作为胡塞尔的学生，两人甚至两个家庭曾有过一段蜜月期，保持着良好的关系。但后来海德格尔与老师闹翻，见了面也不打招呼，甚至连老师的葬礼也不参加。不管他可以找出多少理由为自己辩护，在中国人看来，就是"常人"没有做好，在这方面留有污点。海德格尔在做人方面受人垢病，有其自身的理论根源。

性善之谜——破解儒学研究的哥德巴赫猜想

六、孟子经权思想新说

案：发表于《学术月刊》1997年第6期。尽管"做好'常人'"是成德成善的基本功，但它毕竟只是伦理之善，不是道德之善。如何由伦理之善到达道德之善，由"常人"状态到达"本真"状态，同时又避免存在主义造成的诸多弊端，就成了一个大问题。为解决这个问题，我将儒家经权思想引入其中。经权思想是一种极高的智慧，有很强的理论意义和现实意义。随着时空的变化，经可能不再适合社会发展的要求，此时就需要行权。行权必须依靠智性，而智性之行权又必须受仁性的制约，不能天马行空，毫无拘限。在写作本文时，我的想法尚不成熟，但大致意思已经有了，这对我其后的学术思想有很深的影响。《儒家生生伦理学引论》第四十二节"将内识置于经权范式之下"将现代社会的诸多乱相归因为"小人行权"，进而提出"第二良心"和"拒萨庄"的命题，即是由此而来的。

孟子政治思想的目的是以王道主义为理想，结束战乱局面，实现天下统一。在这个过程中，社会环境和局势不断发生变化，要不要根据这些变化对自己的政治方案进行调整？以及怎样进行调整？这就涉及了权的问题。虽然孟子尚未明显将经与权并称，但已明确将礼与权对举，而且已有反经之说，后儒讨论经权问题，亦无不以孟子为蓝本。这就说明，礼与权同经与权，一脉相承，并非二事。

本文在前人成果的基础上对孟子经权思想进一步加以分疏，以挖掘其中隐含的丰富思想内容。

一、理论前导

学界一般认同"称锤曰权"之说。如近人丁山和马叙伦都对"权"字作过研究，认为"权"和"钱"声音相近，从"钱"的沿革可以推知"权"的形体和重量，而文献的记载和器物的形体相互吻合，所以"称锤曰权"之说，确然无疑。

但赵纪彬对此提出怀疑，在《困知二录》中指出：《汉书·律历志》"权本起于黄钟之重"之说，虽为大家共同接受，但是"权""钟"二字，既有从"木"从"金"之异，又有声音之别，因此，"称锤"何以名"权"，尚不是很清楚，"这就可以证明《汉志》所说的'权'的历史起源，断难成立"。[1]

赵纪彬根据生产劳动中使用的工具全是人生理器官的延长这一规律，重新考证了"权"字的起源，指出："权"（權）字在春秋中叶以前，从"手"作"攉"，象以手扼物，与"拳"字相通，所以"权"字最初源于"拳"字，"是拳头的延长"，直到孔子论《唐棣之华》，因黄花木一名为"攉"，其花"偏其反而"，正可比喻先反后合的思想方法，"攉"才从木为"權"。"权"字概念的发展，从逻辑上讲，共有四个步骤，"即从'拳力'或'勇力'（包括'拳术'和'技术'）到'权力'或'能力'及'力量'；又到'标准'，最后到'权谋'或'权变'。"[2]

真正使"权"成为哲学范畴，具有方法论意义，是从孔子开始的。《论语》中出现三个"权"字，一是《子罕》篇的"未可与

1　赵纪彬：《困知二录》，中华书局1991年版，第251页。
2　赵纪彬：《困知二录》，中华书局1991年版，第260页。

权",二是《微子》篇的"废中权",三是《尧曰》篇的"谨权量"。其中第三个"权"字只涉及律度量衡的问题,不具有哲学意义。而其他两个"权"字,特别是第一个"权"字,已明显具有了哲学的意义,实为中国经权之辨的开端。

《子罕》篇"未可与权"章全文如下:

> 子曰:"可与共学,未可与适道;可与适道,未可与立;可与立,未可与权。"
>
> "唐棣之华,偏其反而。岂不尔思?室是远而。"子曰:"未之思也,夫何远之有?"

赵纪彬引述翟灏《论语考异》、阮元《〈论语〉校勘记》等书,证明这里前半章"子曰"之后六句共二十四字,有传抄倒误,实际顺序应是"可与共学,未可与立;可与立,未可与适道;可与适道,未可与权"。这样刚好与《论语·为政》中孔子的自述"吾十有五而志于学,三十而立,四十而不惑,五十而知天命,六十而耳顺,七十而从心所欲,不逾矩"(《论语》2.4)相吻合。另与《微子》篇"虞仲、夷逸,隐居放言,身中清,废中权"(《论语》20.8)参读可知,"其所表示的认识发展过程,由'学'而'立',由'适道'而'行权',则为孔子的本义"。[1] 这即表明,在孔子看来,"学""立""适道""行权"四者当中,"行权"是最高的境界。

赵纪彬还引述王若虚《论语辨惑》、毛奇龄《论语稽求篇》、焦循《孟子正义》等书,证明后半章七句共二十七字,本应依何晏《集解》本为据,与"未可与权"合为一章,而不应依朱熹《论语集注》独立为一章。由于朱熹《论语集注》长期流行于世,成为元明清三代钦定的版本,遂使孔子关于"权"的思想不能明朗。如果将两章合并,就可以明显看出,"'未可与权'以上,是说'权'的

---

[1] 这个问题赵氏论证颇繁,不能具引,详见该书第264-266页。

来源；'唐棣之华'以下，是说'权'的方法论特点"。[1] 这对于加深理解孔子"权"的思想，无疑很有好处。

孔子以"唐棣之华"解释"权"，是因为"'唐棣之华'不是正常的或一般的'反'，而是'偏其反而'；亦即不从正面而从侧面，不是一往直前而是以退为进的特殊的'反'；不是由合而分，彻底决裂，而是由分而合，复归于和谐"。[2] 汉儒对反字历来有"反归"与"背反"两种不同的理解。根据以上所说，孔子"偏其反而"之"反"主要是"反归"，而不是"背反"。

但是，赵纪彬又反对将"反归"与"背反"绝对对立起来。他举例说："几何上的'圆'，切其一段为直线，观其全体为圆周；同理，在方法上丝毫不包含'反归'因素的绝对'背反'，只走笔直道路，拒绝绕弯前进的有效方法，从来没有。反之，在周而复始的循环的'反归'运动全过程中，也含有一定的'背反'成分或因素。这就是说，'背反'与'反归'，二者是异中有同。"[3] "这样看来，就其'复礼'不能直道而行，须变换道路以'用权'来说，是谓'偏其反而'的'反'字在发生'背反'作用；就其'行权'所以'复礼'来说，是谓'反而后合'的'合'字终'至于大顺'。"[4]

赵纪彬《释权》和《〈论语〉"权"字疏证》虽然有比较明显的时代印迹，但并不能掩盖其重要的学术价值。在我看来，这主要包括以下四点：第一，重新考证了"權"字的起源，认定"权"（權）字本源于"攈"，与"拳"字相通，因"唐棣之华"章才从"木"为"權"；第二，重新厘定了《子罕》篇"可与共学"章的语序，明确了"行权"是在"适道"之上的层次；第三，重新确定了"可与共学"章与"唐棣之华"章为一章，为理解孔子关于"权"的思

---

[1] 赵纪彬：《困知二录》，中华书局1991年版，第266页。
[2] 赵纪彬：《困知二录》，中华书局1991年版，第267页。
[3] 赵纪彬：《困知二录》，中华书局1991年版，第268页。
[4] 赵纪彬：《困知二录》，中华书局1991年版，第265-276页。

想找到了有力的材料;第四,最重要的是,明确指出孔子"偏其反而"的"反"字,主要是"反归"之意,但"反归"并不与"背反"绝对对立,为后世互相对立的权说都自称"诵法孔子"提供了合理的解释。

二、孟子论经权

(一)孟子主张反经也主张行权

孟子主张"反经"。"反经"一说见于《尽心下》:

> 非之无举也,刺之无刺也,同乎流俗,合乎污世,居之似忠信,行之似廉洁,众皆悦之,自以为是,而不可与入尧舜之道,故曰"德之贼"也。……君子反经而已矣。经正,则庶民兴;庶民兴,斯无邪慝矣。(《孟子》14.37)

从引文看,孟子"反经"之说最初是在品评人格的时候讲的。万章就孔子对于狂者、狷者、乡愿的看法向孟子请教。孟子说,孔子认为,如果结交不到中庸之士,那么就只能退而求其次,结交狂者或狷者了。狂者志向高大,但行为不能相吻合;狷者洁身自好,但有些事不愿意去做。不过孔子最看不起的是乡愿,说:"恶似而非者:恶莠,恐其乱苗也;恶佞,恐其乱义也;恶利口,恐其乱信也;恶郑声,恐其乱乐也;恶紫,恐其乱朱也;恶乡原,恐其乱德也。"(《孟子》14.37)因此,君子在做人问题上必须"反经"。《孟子》中"反"字共52见,基本的含义是返回、回报、回家、反省。所以,"反经"是"反归"原则的意思,用在这里,特指必须坚持为人的道德标准,不能放弃原则。杨伯峻《孟子译注》说:"这种结构犹如《论语·颜渊篇》的'复礼','归于礼法'便叫'复礼','归于经常'便叫'反经','反'同'返'。"此言不误。由此可见,《孟子》中的"反经"就是"反归"于经,与孔子"偏其反而"的含义，基本上是一致的。

以下一章，内容与"反经"相近：

> 陈代曰："不见诸侯，宜若小然；今一见之，大则以王，小由以霸。且《志》曰'枉尺而直寻'，宜若可为也。"
>
> 孟子曰："昔齐景公田，招虞人以旌，不至，将杀之。志士不忘在沟壑，勇士不忘丧其元。孔子奚取焉？取非其招不往也。如不待其招而往，何哉？且夫枉尺而直寻者，以利言也。如以利，则枉寻直尺而利，亦可为与？……如枉道而从彼，何也？且子过矣：枉己者，未有能直人者也。"（《孟子》6.1）

从语气上看，本章很可能说的是孟子第一次游齐时候的事情。弟子陈代对孟子不见诸侯不理解，认为如果谒见诸侯，大者，可以称王天下，小者，也称霸诸侯。且如屈曲一尺，伸直八尺，何以不为呢？孟子不以为然，认为士人首先是要正身正己，不能委曲求仕。过去齐景公用旌去召唤管理山林的虞人，因为不合礼法，有辱人格，虞人且不肯前往，我如果曲身违礼去见诸侯，那算什么呢？自身不行正道的人，是不可能匡正他人的。这是一个非常严肃的话题：在当时的情况下，要想实现王道理想，必须谒见诸侯，但谒见诸侯是有原则的。由于孟子坚持原则不见诸侯，所以得不到任用，亦无法实现仁政理想；但是如果谒见诸侯，虽然可以得到任用，但要违背原则。面对如此困境，孟子反对枉尺直寻之说，[1] 始终坚持原则不放。在这种特殊情况下，坚持原则，不作妥协，就是一种"反经"，或者说是"反经"的一种实践。

值得一提的是，虽然"反经"是坚持原则的意思，但坚持原则并不排斥在允许的范围内进行适当的调整。如在人格方面必须"反

---

[1] 本章"如以利，则枉寻直尺而利，亦可为与"一句，于理不顺。如果以利而言，"枉尺而直寻"是有利，而"枉寻而直尺"则明显是不利了。孟子以此为例教育陈代，是言语之失当，无助于说明问题。这可视为孟子论辩不当的一个例子。

经",最好结交中庸之士,但如果实在做不到,也可以退而求其次,结交狂者或狷者。明代高拱讲,事无巨细,都要"行权",即包含这个意思。这是基本常识,在理论上无人反对,在此不予详论。

另一方面,孟子与孔子一样,也主张"行权"。《尽心上》说:

> 杨子取为我,拔一毛而利天下,不为也。墨子兼爱,摩顶放踵利天下,为之。子莫执中。执中为近之。执中无权,犹执一也。所恶执一者,为其贼道也,举一而废百也。(《孟子》13.26)

这里提出了三个重要的概念:"执中""权""执一"。杨朱主张为我,是极端的利己主义,拔一毛而利天下,也不肯干。墨子主张兼爱,是极端的利他主义,摩顶放踵利天下,也愿意做。这两种理论都过于片面,陷于一端。而子莫为儒家,[1] 主张爱有差等,既不同于杨朱为我说的极端利己主义,也不同于墨子兼爱说的极端利他主义,居于两者之间,这就是"执中"。"执中"之所以可贵,是因为它将各种不同的理论、学说、方案等等进行综合比较,去其极,取其中,从而得出比较合理的理论和原则。但是光"执中"还不行,因为"执中"只是一个总的理论、总的原则,而环境和条件总是不断变化的,随着环境和条件的变化,应当对这些理论和原则作适当的变通调整,这就是"权"。如果不管情况如果变化,只是死守着既定的理论原则不放,不能很好地适应新的环境、新的情况,原本"执中"的理论和原则,也就失去了效应,不能取得好的结果,这就是"执一"。由此可见,孟子主张"行权"而反对"执一",所以孟子才说:"执中无权,犹执一也。所恶执一者,为其贼道也,举一而废百也。"由此可见,"行权"是根据客观情况的变化,而对经进行

---

[1] 子莫:赵岐《注》说:"鲁之贤人也。"黄鹤疑此人即是"颛孙子莫"。近人罗根泽赞成此说,并有详细考证。钱穆对此专门有过考证,持相同看法,指出:"罗氏以颛孙子莫当之,与黄鹤氏之说合。年世既符,其人又儒者,殆或是也。"钱穆:《先秦诸子系年考辨》,上海书店1992年版,第233页。

的一种调整和变更。

孟子既主张"反经"又主张"行权",这方面最全面、最有代表性的论述,还是孟子与淳于髡那段著名的对话:

> 淳于髡曰:"男女授受不亲,礼与?"
> 孟子曰:"礼也。"
> 曰:"嫂溺,则援之以手乎?"
> 曰:"嫂溺不援,是豺狼也。男女授受不亲,礼也;嫂溺,援之以手,权也。"
> 曰:"今天下溺矣,夫子之不援,何也?"
> 曰:"天下溺,援之以道;嫂溺,援之以手——子欲手援天下乎?"(《孟子》7.17)

淳于髡是齐国有名的辩士,《史记·孟子荀卿列传》说他"博闻强记,学无学主。其谏说,慕晏婴之为人也,然而承意观色为务"。淳于髡的政治观点与孟子有异,对于孟子始终坚持王道主义的政治理想不能理解,认为当时天下大乱,必要的时候对政治原则应该有所变通。在这则对话当中,他先向孟子提出了一个两难的问题:如果孟子承认男女授受不亲为礼,那么就不能说嫂溺当援之以手;如果孟子承认嫂溺当援之以手,那么就不能说男女授受不亲为礼。但嫂溺援之以手是人之常情,孟子当然也只能这样回答。这样淳于髡就达到了自己的目的,开始表白自己的真实意图:"今天下溺,夫子之不援,何也?"意思是劝孟子为事应该讲变通,不能死抱原则不放。

但是,孟子在辩论中思路很清楚,将两个不同的问题分开来,首先谈男女授受不亲的问题,然后再谈政治原则问题。授受物件,双方的手不一定相互接触,不过接近而已,依礼的要求也是不能允许的。嫂溺援之以手,一定要两相接触才行,这更是不能允许了。但孟子认为,虽说男女授受不亲是礼,但嫂溺是特殊情况,遇到这种情况可以对礼进行变通,所以他的答复非常简单:"嫂溺不援,是豺狼也。""男女授受不亲,礼也"的"礼"是指总的理论和原则;"嫂溺,援之以手,权也"的"权"是指特殊情况下的变通。如果遇到特殊情况不知变通,就是豺狼之行,就是"执一"了。这是讲"行权"。

对于在政治原则上是否可以让步的问题,孟子的回答非常巧妙。他在淳于髡的比喻上再加比喻,提出了"子欲手援天下乎"的反问,这样就把问题推向极端,将球踢给了对方:按照常识,不能以手援天下,只能以道援天下,而这个道,根据孟子的一贯思想,即是先王之道、王道之道。这样孟子就对淳于髡应该变通政治原则的劝说,作出自己有力的回应,坚持了在原则问题上不能让步的基本立场。这种做法就是"反经"。[1]

(二)反经与行权的关系

既要反经,又要行权,这两者显然有矛盾,如何处理这个矛盾呢?在反复揣摩孟子有关论述后,我发现,这里至少有四个问题需要解决,这就是:(1)什么时候"反经"?什么时候"行权"?(2)"行权"可不可以"背反"于经?(3)什么人可以行权?(4)"行权"的标准是什么?下面逐一进行分析。

第一,什么时候"反经"?什么时候"行权"?这个问题的答案比较简单:在一般情况下"反经",在特殊情况下"行权"。在一般情况下都应当遵守"男女授受不亲"之礼,这就是"反经";而在"嫂溺"的特殊情况下,便应"援之以手",这就是"行权"。一般说来,这个问题已成学者共识,不再详论。

---

[1] 学者在引述此章的时候,往往只注意前半段,而不注意后半段,只看到孟子权说的伦理学意义,而没有看到它的政治学意义。这种看法是片面的,不利于全面理解孟子的思想。实际上,孟子关于"行权"的思想首先是政治意义的,其次才是伦理意义的。这个问题应当引起重视。

第二,"行权"可不可以"背反"于经?孟子没有明确回答这个问题,但通过孟子所列"行权"的实际事例分析,"行权"显然是要"背反"于经的。

仍以"男女授受不亲章"为例,男女授受不亲为礼,这个礼也就是经,嫂溺援之以手,无论如何解释,无论情况多么特殊,其具体的举动都是对经的"背反"。[1]

其实关于"行权"过程中"背反"于经的情况还有很多,且看下面这一章:

> 齐宣王问:"汤放桀,武王伐纣,有诸?"
> 孟子对曰:"于传有之。"
> 曰:"臣弑其君,可乎?"
> 曰:"贼仁者谓之'贼',贼义者谓之'残'。残贼之人谓之'一夫'。闻诛一夫纣矣,未闻弑君也。"(《孟子》2.8)

桀、纣皆为国君,汤、武王皆为国臣。按礼,为臣应当尽臣道,但是桀、纣荒淫无度,汤、武这种特殊情况下只好"行权",放桀诛纣。这种情况尽管非常特殊,但不论在形式上还是在实质上,都是"背反"于经的。可见,"行权"可以"背反"于经。

由此可以认为,孟子讲经权,有两种不同的含义:在一般情况下,只能"反经",这个时候的"反经"就是坚持原则的意思;在特殊情况下,可以"行权",这个时候的"行权"就是对原则进行变通和更改。也就是说,在孟子思想中,坚持原则的"反经"("反归"于经),和对原则进行变更的"行权"("背反"于经),二者兼而有之,何时"反经",何时"行权",要依具体情况而定。

第三,什么人可以"行权"?"行权"要"背反"于经,这是一

---

[1] 韦政通也持同样看法,他说:"'嫂溺援之以手'是根据人道原则所做的道德决定,这个决定孟子称之为'权',权就明显违反了经(礼)。"韦政通:《儒家与现代中国》,(台)东大图书有限公司1984年版,第79页。

个很严肃的话题，弄得不好很容易出问题，所以孟子主张，只有圣贤才能行权。下面这一章与汤放桀，武王伐纣的内容相似，有助于说明这个问题。

> 公孙丑曰："伊尹曰：'予不狎于不顺，放太甲于桐，民大悦。太甲贤，又反之，民大悦。'贤者之为人臣也，其君不贤，则固可放与？"
>
> 孟子曰："有伊尹之志，则可；无伊尹之志，则篡也。"（《孟子》13.31）

伊尹放太甲一事又见于《万章上》第六章。伊尹帮助汤统一了天下，汤死后，太丁未立就死了，外丙在位两年，仲壬在位四年，然后太丁的儿子太甲又回来继承王位。但太甲破坏了汤的法度，伊尹就把他放逐到桐邑，百姓非常高兴。三年之后，太甲悔过，以仁居心，唯义是从，伊尹又恢复了他的王位，百姓同样非常高兴。对于这种情况，公孙丑觉得不好掌握，问于孟子，贤者作为臣属，如果君王不善，就可以将其放逐吗？依礼，伊尹放太甲于桐，显然是"背反"于经的，对于一般的臣来说，这样做就是篡权夺位，但伊尹为的是使汤的天下稳固长久，所以可以这样做，并不算篡权夺位。这就说明，行权是件困难的事情，非常难以掌握，只有圣贤才能掌握好其中的分寸，才能"行权"。

唯圣贤才可"行权"，蕴含着丰富的思想内容：一是只有圣贤才能保证心地纯正，而不是出于恶的目的，恰如伊尹是为了天下长治久安，而不是为了篡权夺位；二是只有圣人才能根据情况的变化不断调整自己的行动方案，对经进行变更，从而达到最理想的实际效果。

第四，"行权"的标准是什么？唯圣人可以"行权"，但圣人"行权"所依据的标准是什么呢？孟子认为，这个标准就是义。

这一思想实际上源于孔子。孔子有"四毋"之说，即"毋意，毋必，毋固，毋我"(《论语》9.4)。又说："我则异于是，无可无不可。"(《论语》18.8)"君子之于天下也，无适也，无莫也，义之与比。"(《论语》4.10)"义之与比"是一个非常重要的思想。在孔子看来，做事不能拘泥固执（毋固），没有什么绝对可以，也没有什么绝对不可以（无可无不可），没有一定专主的（无适），也没有一定反对的（无莫），只要合于义，就可以依从（义之与比），所以一切行为的最高标准是义。

孟子将孔子这个思想进一步概括为"惟义所在"：

> 大人者，言不必信，行不必果，惟义所在。(《孟子》8.11)

对一般人来说，言必信，行必果，这是做人的基本道理。但在特殊情况下，大人（圣贤）只要依义而行，也可以"言不必信，行不必果"。由此可见，"行权"过程中最重要的是以义为上，而只有圣贤才能"义之与比""惟义所在"，所以只有圣贤才能行权。

孟子高度评价孔子是"圣之时者"，与上述思想有直接关系，他说：

> 伯夷，圣之清者也；伊尹，圣之任者也；柳下惠，圣之和者也；孔子，圣之时者也。孔子之谓集大成。集大成也者，金声而玉振之也。金声也者，始条理也；玉振之也者，终条理也。始条理者，智之事也；终条理者，圣之事也。智，譬则巧也；圣，譬则力也。由射于百步之外也，其至，尔力也；其中，非尔力也。(《孟子》10.1)

《孟子》中多处记载了孟子对伯夷、伊尹、柳下惠和孔子的评论。大致说来，伯夷是圣人当中清高的人，因为他眼睛不看不好的事物，耳朵不听不好的声音，不是理想的君主不去侍奉，不是理想的百姓不去使唤，天下有道，就出来做事，天下混乱，就退居田野；伊尹是圣人当中负责的人，因为他自认为是"天民之先觉者"，"将以此道觉此民"，所以所有的君主都可以去侍奉，所有的百姓都可以去使唤，天下太平也出来做官，天下混乱也出来做官，以此来挑起天下的重担；柳下惠是圣人当中随和的人，因为他不以侍奉坏君为羞辱，也不以官小而辞职，立于朝廷不隐藏自己的才能，但一定按他的原则办事，被人遗弃不怨恨，遇到穷困不忧愁。孔子与他们都不相同，是圣人当中合时宜的人，因为：

> 孔子之去齐，接淅而行；去鲁，曰，"迟迟吾行也，去父母国之道也。"可以速而速，可以久而久，可以处而处，可以仕而仕，孔子也。（《孟子》10.1）

孔子离开齐国，因为不是自己的祖国，所以捞起下锅的米漉着水就上了路；而离开鲁国，因为是自己的祖国，所以走得很慢很慢。应该马上走的就马上走，应该继续干的就继续干，应该不做官的就不做官，应该做官的就做官。这里"可以速而速"等的"可以"含有应该的意思。[1]这刚好符合义的含义。也就是说，所谓的应该是指随着时间和空间的变化，客观情况对人们行为有一种要求，按照这种要求去做，就能使主观适应客观情况的变化，而这也就是义。"可以速而速，可以久而久，可以处而处，可以仕而仕"，是说孔子能够根据客观情况的变化而决定自己的行动原则，而不是一味的"清"，一味的"任"，一味的"和"，所以孔子集"清""任""和"之成，是"圣之时者"，是"义之与比"，是"金声玉振"。孟子对孔子的这个崇高评价本身已经表明，义和时和权的意义非常相近，都是指针对客观情况的变化而重新决定自己的行动原则。

（三）行权标准与价值衡定原则

虽然孟子把义作为"行权"的标准，但如何才能达到这个标准

---

[1] 杨伯峻认为，此处的"可以"有应该之义。见《孟子译注·孟子词典》。

呢？孟子没有详细的说明。所幸的是，《孟子》中有很多关于"行权"的实例，我们可以通过对于这些实例的分析，从中找出合理的答案。

实例之一：受礼问题。《万章下》记录了孟子与万章关于收礼的两难问题，比较长，但读起来非常精彩，并不乏味，值得细细把玩：

> 万章问曰："敢问交际何心也？"
>
> 孟子曰："恭也。"
>
> 曰："'却之却之为不恭'，何哉？"
>
> 曰："尊者赐之，曰：'其所取之者义乎，不义乎？'而后受之，以是为不恭，故弗却也。"
>
> 曰："请无以辞却之，以心却之，曰'其取诸民之不义也'，而以他辞无受，不可乎？"
>
> 曰："其交也以道，其接也以礼，其孔子受之矣。"
>
> 万章曰："今有御人于国门之外者，其交也以道，其馈也以礼，其可受御与？"
>
> 曰："不可；《康诰》曰：'杀越人之货，闵不畏死，凡民罔不譈。'是不待教而诛者也。殷受夏，周受殷，所不辞也；于今为烈，如之何其受之？"
>
> 曰："今之诸侯取之于民也，犹御也。苟善其礼际矣，斯君子受之，敢问何说也？"
>
> 曰："子以为有王者作，将比今之诸侯而诛之乎？其教之不改而后诛之乎？夫谓非其有而取之者盗也，充类至义之尽也。孔子之仕于鲁也，鲁人猎较，孔子亦猎较。猎较犹可，而况受其赐乎？"（《孟子》10.4）

如何对待诸侯的所赐，是一个比较复杂的问题，万章就此向孟子请教。这里一共讲到了三种情况：第一，尊者赐与礼物，第二，强盗馈赠礼物。这两种情况都比较简单：如果尊者赐与礼物，只要合乎礼仪，就应该接受，否则为不恭；如果强盗馈赠礼物，即使合乎礼仪，也不能接受，因为这是"不待教而诛者"。第三种情况就比较复杂了，诸侯财物取自民间，与强盗在外打劫无异，如果他们也按礼仪交往，赐与礼物，接不接受这种赐与就会出现两难的局面：如果不接受，就会陷于不恭；如果接受，就如同是接受强盗的礼物。万章提的问题主要是针对第三种情况讲的。孟子认为，这种情况的赐与，只要合于礼仪，也应该接受。从对话看，孟子的理由是这样的：如果有圣王兴起，对现在的诸侯必当先行教育，实在不能改过者，才诛杀之，而接受了赐与就可以有机会对其进行教育；如果人家"其交也以道，其接也以礼"，而自己却不接受，这就是不恭，更重要的是，这样就没有机会对诸侯进行教育。两者相比较，当然是前者更加重要，所以对第三种情况的赐与也应该接受。

实例之二，娶妻问题：

> 万章问曰："《诗》云：'娶妻如之何？必告父母。'信斯言也，宜莫如舜。舜之不告而娶，何也？"
>
> 孟子曰："告则不得娶。男女居室，人之大伦也。如告，则废人之大伦，以怼父母，是以不告也。"
>
> 万章曰："舜之不告而娶，则吾既得闻命矣；帝之妻舜而不告，何也？"
>
> 曰："帝亦知告焉则不得妻也。"（《孟子》9.2）

这个问题又见于《离娄上》：

> 孟子曰："不孝有三，无后为大。舜不告而娶，为无后也，君子以为犹告也。"（《孟子》7.26）

按礼，娶妻必须告诉父母，但舜却不告而娶，这就形成了矛盾。必告父母为经，不告而娶为权。在这种特殊情况下，可以行权，"背反"于经。在孟子看来，要处理好这个关系，似乎应当遵守这样的标准：如果"行权""背反"于经的重要性超过了"反归"于经的重要性，就可以"行权"。拿上面的娶妻问题来讲，这里就有两个相矛盾的原则，一是娶妻必告父母，二是告父母必废人之大伦，得不孝之名。这两者相比，后者的重要性显然超过了前者，因此可以"行权"。

实例之三：杀人问题。

> 桃应问曰："舜为天子，皋陶为士，瞽瞍杀人，则如之何？"
> 孟子曰："执之而已矣。"
> "然则舜不禁与？"
> 曰："夫舜恶得而禁之？夫有所受之也。"
> "然则舜如之何？"
> 曰："舜视弃天下犹弃敝蹝也。窃负而逃，遵海滨而处，终身䜣然，乐而忘天下。"（《孟子》13.35）

这是一个颇具戏剧色彩的问题。弟子向孟子提出了一个难题：假设瞽瞍杀了人，舜应该怎么办？孟子回答，执法人把他抓起来就是了，因为这是他们的责任。弟子又问，那么舜面对这个情况应该怎么办呢？孟子的回答出人意外：天下不要了，私下背着父亲离开，在海边快快乐乐地住一辈子。这就是说，既不能因为父子亲情而废弃了法度，也不能因为法度而毁弃了父子亲情，在两者无法求全的情况下，宁可为以父子亲情而逃避法度。[1]这个回答表现出孟子一个基本的致思取向：要合理解决两难问题，标准在于自己内心的价值选择。具体来说，"执之而已"为经，这是法度；"窃负而逃"为权，这是变通；变通过程中所遵循的原则是"舜视弃天下犹弃敝蹝也"，也就是说对个人而言，尊亲原则比为政天下更加重要，所以可以选择"窃负而逃，遵海滨而处"的做法。

---

[1] 注意孟子并不主张废弃法度，他毕竟肯定了"执之而已"，只不过是最后找到了"窃负而逃"这个不得已的办法而已。

通过以上分析，我们已经摸到了孟子在这个问题上的基本思路。在孟子看来，遇到特殊情况，究竟是"反归"于经，坚持既定的原则，还是"背反"于经，改变既定的原则，要依价值选择而定。如果"背反"于经的重要性超过了"反归"于经，就大胆变革，反之，就必须"反归"于经，固守既定的原则不变。依价值选择确定是否"行权"的方法，可以称为"价值衡定原则"。以上述三个实例来说，接受诸侯的礼物以便可以对其进行教育，与不受礼物而失去对君王教育的机会相比，不告而娶维持人之大伦，与告之后娶而废弃人之大伦相比，窃负而逃遵海滨而处，与富有天下而不能孝敬父母相比，依据"价值衡定原则"，前者无疑要重要得多，所以可以"行权"，"背反"于经，对基本原则进行变更。

往深处说，孟子经权学说一共涉及三个东西，一个是经，一个是权，一个是义。经是社会的基本原则，权是在特殊情况下对基本原则的变通，义是"行权"的标准或者说是目的，而达到义这个标准的途径就是"价值衡定原则"。也就是说，遇到特殊情况，究竟是坚持基本原则"反归"于经，还是变更基本原则"背反"于经，唯一的途径是进行价值衡定。关于这一点，《尸子》中有一句话讲得非常明确：

圣人权福则取重，权祸则取轻。[1]

圣人遇到特殊情况，必权衡祸福，比较轻重，如果为福则取重，如果为祸则取轻。赵纪彬认为，尸子的权说"可能是子夏门人所周知的'夫子之言'"。[2] 因此，上引之句基本能够反映孔子和孟子的思想，而其中所说"权福则取重，权祸则取轻"，就是对"价值衡定原则"的通俗表述。

总之，在孟子经权思想中，有经、有权、有义：经是基本原

---

[1] 《尸子》卷下，扫叶山房《百子全书》本。
[2] 赵纪彬：《困知二录》，中华书局1991年版，第278页。

则,"反经"是坚持基本原则;权是变,"行权"是变更基本原则;义是变更基本原则所必须遵循的标准,而"价值衡定原则"是达到义的唯一途径。只有把握住这些理论环节,才能了解孟子经权学说的真精神,才能对汉宋两代关于经权的争论理出一个眉目。

三、孟子经权学说对后世的影响

孟子之后,两汉时期,经权学说有了很大的发展。

《春秋公羊传》首次将经权对称:"权者何?权者反于经,然后有善者也。权之所设,舍死亡无所设。行权有道,自贬损以行权,不害人以行权;杀人以自生,亡人以自存,君子不为也。"("桓公十一年")书中记载了一则史实,有助于这个问题的理解。按继承之礼,郑庄公死后,应当立忽而废突。但郑相祭仲为宋人所执,武力强迫出忽而立突。如果不听,必君死而国亡,反之,则可以君生而国存。在这种特殊情况下,祭仲不得已,与宋人结盟,立突为厉公。这件事说明,上文所说"反于经,然后有善者"一句至少有三个含义:第一,"反于经"的"反"是"背反"的意思,因为立突为厉公本身是有违继承之礼的;第二,"反于经"的目的是"然后有善",也就是为了得到更好的实际效果,因为祭仲行权之后才使得君生而国存;第三,"行权有道","反"不是没有原则的乱来,必须遵循于道。这三点合起来,即是后儒所说的"反经合道"。

董仲舒《春秋繁露·玉英篇》说:"夫权,虽反经,亦必在可以然之域;不在可以然之域,故虽死亡,终弗为也。"[1] 董仲舒特别突出了"可以然之域",认为必要时可以"行权",但"行权"不能突破"可以然之域"。

《淮南子·氾论训》又提出了"知权"和"不知权"的问题:

---

[1] 《文渊阁四库全书》,卷一八一,(台)商务印书馆1986年版,第714页。

"忤而后合者,谓之知权。合而后舛者,谓之不知权。"[1] 判定"知权"与"不知权"主要是看"行权"之后的实际效果:效果好,与道合,证明"行权"是对的;否则,就是错的。正因如此,该书认为,"行权"很难做好,"唯圣人为能知权"。可见,这里还是强调行权必须合于道。

从以上资料可以看出,两汉时期的经权思想,在用语上与孟子有所不同。如前所述,孟子的"反经"只是"反归"没有"背反"的意思,而两汉时期的"反经"指"背反",这个不同十分明显。虽然有此区别,但两汉时期的经权思想与孟子经权学说在本质上却无不同。因为"行权"就是要"背反"于经,可见孟子对此实际上也是承认的,只不过没有明白讲出来罢了。不仅如此,汉代对孟子的经权学说还有所发展,这主要表现在他们明确提出了道的思想。孟子认为,"行权"的标准是义,"行权"必须合义。两汉时期进一步提出了"行权有道"的说法,这是将道作为"行权"的标准,在特殊情况下,不得已"背反"于经,但这个"背反"不是无原则的乱来,必须在新的层次上符合于道。

"反经合道"的思想成为两汉以后经权学说的主流。成书为南北朝时期的《刘子》中有一篇专门讲权,名为《明权》,其对权的解释是:"循礼守常曰道,临危制变曰权,权之为称,譬犹权衡也。衡者,测邪正之形;权者,撰轻重之势。量有轻重,则形之于衡。今加一环于衡左,则右蹶,加之于右,则左蹶;唯莫之动,则平正矣。人之于事,临危制变,量有轻重,平而行之,亦犹此也。古之权者,审其轻重,必当于理而后行焉。"[2] 权就是临危制变,但这个变必当"平而行之","必当于理而后行焉",这仍然是说反经必须合道。关于这一点,《刘子》又说:"权者,反于经合于道,反于义

---

[1] 《文渊阁四库全书》,卷八四八,(台)商务印书馆1986年版,第657页。
[2] 《文渊阁四库全书》,卷八四八,(台)商务印书馆1986年版,第923页。

六、孟子经权思想新说

而后有善。"[1]这就把问题说得更加简练明白了。

北宋时期,李觏、王安石继续倡导"反经合道"说。李觏列举了大量事例说明这个道理:"子见南子似不正。昭公知礼似不直。将之荆,先之以子夏,申子以冉有,不欲速贫,似不廉。文王既没,用我者其为东周,似不让。诛少正卯,似不仁。诺阳货曰'将仕',似不信。应时迁徙,各得其所。礼所以制乎中,义所以谓之宜也。"[2]王安石也说:"孔子见南子为有礼,则孔子不可告子路曰'是礼也',而曰'天厌之乎'?孟子曰:'男女授受不亲,礼也;嫂溺授之以手者,权也。'若有礼而无权,则何以为孔子?天下之理,固不可以一言尽,君子有时而用礼,故孟子不见诸侯;有时而用权,故孔子可见南子。"[3]这些都是运用"反经合道"说对历史一些特殊事例进行解说。

这种情况到伊川有了一个转向。伊川极力反对"反经合道"说,他说:"古今多错用权字,才说权,便是变诈或权术。不知权只是经所不及者,权量轻重,使之合义,才合义,便是经也。"[4]"汉儒以反经合道为权,故有权变权术之论。皆非也。权只是经也。自汉以下,无人识权字。"[5]根据这种看法,伊川不赞成汉儒的"反经合道",而主张"权即是经"。韦政通认为,伊川反对"反经合道"说,是因为"他所意会的'经'字的意义,可能与汉儒不同,汉儒意识到的经,相当于男女授受不亲的'礼',而程子所意会的'经'则近乎'道',这近乎道的经如何能反?既说反经(无异反道)又说合道,岂不自相矛盾?正因为程子主观地认定汉儒'反经'之'经'乃近乎'道',道只是常行之理,因而他连权变权术之论也一

---

1 《文渊阁四库全书》,卷八四八,(台)商务印书馆1986年版,第923页。
2 李觏:《复说》,《李觏集》卷二十八,中华书局1981年版,第331页。
3 王安石:《再答龚深父〈论语〉〈孟子〉书》,《王安石全集》卷二十八,大东书局1936年版。
4 程颢、程颐:《河南程氏遗书》卷十八,《二程集》,中华书局1981年版,第234页。
5 朱熹:《四书章句集注·论语集注·子罕章》引。

并非之"。[1]此言极是。前文讲过,孟子经权学说中有三个东西,一是经,一是权,一是义,行权反经以合义,所以义和经不在同一个层面上。伊川将经和义等同起来,看成同一个东西,因而反对以"合义"为目的的"行权",主张"权即是经"。伊川提出此说,虽然在主观目的上是为了反对变诈权术,但有明显的理论缺陷。

朱子虽然敬重伊川,但对于经权的看法与其有异。[2]他说:"权者,乃是到这地头,道理合当恁地做,故虽异于经,而实亦经也。且如冬月便合着绵向火,此是经。忽然一日暖,则亦须使扇,当风坐,此便是权。伊川谓'权只是经',意亦如此。但说'经'字太重,若偏了。""经与权,须还他中央有个界分。如程先生说,则无界分矣。程先生'权即经'之说,其意盖恐人离于经,然一滚来滚去,则经与权都鹘突没理会了。"朱子一方面讲述他与伊川观点的差异之处,一方面又详细谈了自己关于经权的观点,说:"经毕竟是常,权毕竟是变。""经是万世常行之道,权是不得已而用之。""经,是常行道理。权,则是那理行不得处,不得已而有所通变底道理。权得其中,固是与经不异,毕竟权则可暂而不可常。"[3]

朱子与伊川观点有异,主要是对经、道等概念的理解不同。伊川认为,经和道是同等的概念,违背于经,也就是违背于道,所以根本谈不上"反经合道"。而在朱子看来,道和经并不相同,道比经更高一个层次,在一些特殊情况下,经不适用了,对经做适当变通,可以更加合理,所以"反经合道"是正确的。换句话说,伊川认为经和道是同一个东西,朱子则认为有两种不同的经:一是与礼相当的经,这种意义的经即相当于"常",相当于"礼";一是与

---

[1] 韦政通:《朱熹论"经"、"权"》,《儒家与现代中国》,(台)东大图书有限公司1984年版,第79页。

[2] 据韦政通统计,在朱熹与弟子有关经权的二十八条问答中,十六次涉及伊川,其中有十次不同意伊川的看法。

[3] 黎靖德编:《朱子语类》卷三十七,中华书局1986年版,第988、988、989、989、990页。

道相当的经，这种"经"即相当于"道"，相当于"义"。"当朱子说通变时可以反经，是与权对说的经，比道要低一层次；当朱子说虽可权而不离乎经时，这个经字的意义，已不同于'反经'的'经'，而相当于'不悖于道'的'道'。"[1]

朱子把经和道分离开来之后，就为解决"反经合道"的问题扫清了障碍，同时也为将义和时中等概念引入经权学说创造了条件。义之所以可以引入经权学说，是因为义本身就有随时应变的特点。朱子认为，权即是"遭变事而知其宜"。[2] 义者宜也，义不是死物，此事为宜，彼事不一定为宜；此时为宜，彼时不一定为宜，一切要看具体情况而定。所以，义和道的含义在这里是相等的，"反经合道"也就是"反经合义"。时中之所以可以引入经权学说，也是因为时中本身就有随时应变的特点。朱子讲："权是时中，不中，则无以为权矣。"[3] "权是时中"意思是说在通权达变的时候，必须做到随时而处中，时是千变万化的，适合于此时之中，不一定适合于彼时之中，一切要看具体情况而定。所以，时中和道的含义在这里是相等的，"反经合道"也就是"反经而时中"。朱子将道、义、时中等概念引入经权学说，不仅使"反经合道"之说在理论上站稳了脚跟，而且大大加强了经权学说的理论内涵。这样朱子就扭转了伊川理论上的不足，重新恢复了先秦和两汉时期经权学说的本来意义。

朱子之后，经权学说的发展基本上已成为定局，在理论上稍有新意的，可能要算是明代的高拱了。他说："且权之说，出诸孔子。请即以孔子论：其堕三都，诛侏儒，权也；处其变固也。若夫可仕而仕，可止而止，可久而久，可速而速，非权乎？不然，将无有

---

[1] 韦政通：《朱熹论"经"、"权"》，《儒家与现代中国》，(台) 东大图书有限公司 1984 年版，第 80 页。
[2] 黎靖德编：《朱子语类》卷三十七，中华书局 1986 年版，第 986 页。
[3] 黎靖德编：《朱子语类》卷三十七，中华书局 1986 年版，第 989 页。

可仕而止,可久而速者乎?此犹其大者也;若夫入而鞠躬,出而与与,上而訚訚,下而侃侃,非权乎?不然,将无有当鞠躬而与与,当訚訚而侃侃者乎?此犹可指言者也;其曰:无意无必;无可无不可,从心所欲不逾矩,则无时无处无非权也。"[1]高拱认为,事无世细,不论常变,包括"复礼""执礼"在内,都必须用权。这与朱子所说略有不同。

除高拱之外,后人论经权基本上都是沿着朱子的路子走的,没有本质的变化。如焦循说:"夫经者,法也。制而用之谓之法,法久不变则弊生,故反其法以通之。不变则不善,故反而后有善。不变则道不顺,故反而后至于大顺。如反寒为暑,反暑为寒,日月运行,一寒一暑,四时乃为顺行;恒寒恒燠,则为咎征。礼减而不进则消,乐盈而不反则放,礼有报而乐有反,此反经所以为权也。"[2]这种说法与朱子思想基本一致。《孟子正义》在当时有广泛的影响,朱子关于经权的思想影响之大,由此可见一斑。

另外,戴震《孟子字义疏证》有五条专论"权"字。其中说:"人伦日用,圣人以通天下之情,遂天下之欲,权之而分理不爽,是谓理。宋儒乃曰'人欲所蔽',故不出于欲,则自信无蔽。古今不乏严气正性,疾恶如仇之人。是其所是,非其所非;执显然共见之重轻,实不知有时权之而重者于是乎轻,轻者于是乎重。其是非轻重一误,天下受其祸而不可救。岂人欲蔽之也哉?自信之理理非也。然则孟子言'执中无权',至后儒又增一'执理无权'者矣。"戴震此处主要对象是批判宋儒存天理、灭人欲之说,指责其为"执理无权"。这些论述虽然在肯定人欲方面有历史贡献,但在理论上对经权学说贡献不大。

---

[1] 转引自赵纪彬:《困学二录》,中华书局1991年版,第295页。
[2] 焦循:《孟子正义·离娄上》第十七章。

四、孟子经权学说的理论意义

通过以上分析，不难看出，孟子经权学说有着深刻的理论意义。

孟子经权学说的一个理论意义，是有助于避免绝对主义。在与自然、社会、人群的交往过程中，人们总结出某些共同的规范，以作为生活的基本准则，没有这些基本准则，整个社会就会失序，就无法维持正常的社会生活。但是这些基本准则只对社会生活的一般情况有效，而社会生活总会有许许多多的特殊情况是无法事先预料、事先安排的。这些特殊情况与社会生活的基本准则往往会发生一定的矛盾，如果这个时候仍然拘泥于基本原则不放，就会使整个社会生活呆板僵死，没有活力。孟子继承孔子的有关思想，从社会生活的实际情况出发，发展了经权学说。经是社会生活的基本准则，遇事人人必须遵守，这就是"反归"于经。没有这种"反归"，对于社会而言，就无法维持正常的秩序；对于个人而言，就无法追求政治和道德的理想。[1] 但在一些特殊情况下，基本原则与新的情况不相适合，这就必须"行权"，"行权"是对基本准则进行变革，这就是"背反"于经。"背反"于经虽然只发生在特殊情况之下，而且很难处理，很难把握，但它有助于避免绝对主义，保证社会和个人得以积极的发展，不至于在基本原则的桎梏下失去发展的机会。

孟子经权学说的另一个理论意义，是有助于避免相对主义。虽然孟子"反归"于经和"背反"于经两方面都讲到了，看起来非常活，不易掌握，但他实际上也提供了行权的原则，这就是"价值衡定标准"。究竟如何处理，主要看行权人自己的价值选择。值得重

---

[1] 孟子始终坚持自己的王道主义政治理想，就是"反经"的结果。上面所说，孟子经权学说首先是政治意义的，就是在这个意义上讲的。

视的是，孟子非常重视类的问题，强调人与人是同类，圣人与庶人也是同类，既然是同类，便有基本相同的价值选择标准，而不会出现"公说公有理，婆说婆有理"的局面。这种理论与西方某些理论相比，优越性非常明显。西方不少理论强调个人选择，结果往往流于相对主义，以致二十世纪"被称为相对主义的时代"。[1] 盛行一时的存在主义就曾遇到过这类的问题。为民族而战，是每一个青年必须履行的职责，陪伴孤单的母亲，也是青年应尽的义务。对于这个著名的伦理两难问题，存在主义无法提供合理的解决方案。但在儒家看来，这根本算不上一个问题。因为遇到这种特殊情况后，人们就会进行一个价值比较，是国家重要，还是家庭重要？是为国尽忠重要，还是为母尽孝重要？根据儒家通行价值标准，人们肯定会说，前者比后者更重要，所以在忠孝不能两全的情况下，儒者总是要选择忠，而不是选择孝。"相对于现代西方存在主义片面强调选择的自主性，孟子肯定灵活变通（权）与遵循一般原则（经）的统一，其思路似乎更为健全。"[2]

同任何理论一样，孟子经权学说也存在一些不足。比如，虽然孟子"行权"和"反经"两个方面都讲了，但总的看，他强调"反经"胜过"行权"。中国传统政治有独断论的倾向，其主要原因在于政治决策，但与孟子的影响似乎也有或远或近的关系。又比如，孟子对于"行权"的标准缺乏一个明确的说明，只是说"惟义所在"，而这个"义"是在内心的，无法用语言清楚表明，结果往往给人一种缥缈玄虚、难以把握的印象。正因为此，孟子强调唯圣贤才可行权，这虽然对于防止"借权以自饰"（朱熹语）有一定积极意义，但总的看并不利于人们把经权学说运用到具体生活中去。往深处看，这其实是仁性和智性的关系问题。在孟子思想系统中，仁

---

1 参见 L.G. 宾克莱《理想的冲突》，商务印书馆 1988 年版，第 6 页。
2 杨国荣：《孟子评传》，广西教育出版社 1994 年版，第 83 页。

性是唯一的道德根据。以仁性作道德根据,在一般情况下不会有问题,因为仁性是社会生活和智性思维在内心的结晶物,在这种结晶的过程中,社会生活中一般的道德标准也带入了内心,这种内心的道德标准对于生活中的一般问题而言,是足够的。但遇到特殊情况,超出了仁性的范围,仁性并不能立即给出合宜的答案。此时唯一有效的办法,就是启动智性,对仁性的标准加以再认识,对特殊情况加以衡定。因为孟子不重视智性的作用,所以他很难处理好这个问题。

七、重提孔孟心性之学分歧的现时意义

——采访杨泽波教授

案：本文是山东社会科学院张兴对我的一个采访记录，着重讲了孔孟心性之学分歧的问题，发表于《国际儒学研究》2019年第2期。采访这种形式有其优势，可以单刀直入，容易把问题讲得更集中，更清楚。文中特别提醒对当下心学大热应有高度的警觉，"心学是由孟子发展而来的，虽然有历史贡献，但也是一偏"，"如果不能正视这个问题，后面一定会出大麻烦"。文章标题"重提孔孟心性之学分歧的现时意义"中的"现时意义"即指此而言。

张：尊敬的杨老师，您好！很高兴有机会向您请教。自唐代韩愈开始提出"道统说"，将儒家"道统"发挥光大，孟子的心性学说再次受到极大的重视。目前，学界对于孔孟心性之学的理解大多是混而为一，不加分别，然而您却非常重视孔孟心性之学分歧的问题。您是从什么时候开始关注这个问题？

杨：我从事儒学研究做的头一个项目是孟子。注意到孔子和孟子的思想存在着重大差异，是我研究中的一个重要发现。历史上人们关于孔孟之间的关系理解得比较简单。在先秦时期，多是"周孔"即周公与孔子并称。经过长达七八百年的升格运动，到宋代孟子的地位有了很大的提升，开始"孔孟"并称。受这种说法的影响，人们往往不自觉地将孔子和孟子视为一体，认为孟子是孔子的好学生，全面继承了孔子的思想。但我发现，实际情况并非如此。

张：这是一个很大的问题，您是怎样发现这个问题的呢？

杨：这要从我对孟子性善论的理解说起。我们知道，孟子最重要的思想是他的性善论，而性善论最重要的基础是良心。古往今来，人们对于良心一般都沿用孟子的思路，认为良心是"我固有之"，是"天之所予于我者"。我不满意这种传统的理解，一直在思考良心的来源问题。《孟子》有这样一段话："孩提之童，无不知爱其亲者；及其长也，无不知敬其兄也。"意思是说，小孩子都知道亲近自己的母亲，稍大一点都知道尊敬自己的兄长，这些都是天生的，所以是"我固有之"，所以是"天之所与我者"。古往今来，人们读这句话，几乎没有人能够注意这里有问题。但我在里面发现了大文章。说小孩子都知道亲近自己的母亲，这没有问题。不仅人如此，动物也一样，小猫、小狗都喜欢自己的母亲。问题出在后一句，"及其长也，无不知敬其兄也"。这句话严格说来是讲，人敬兄之悌心是"及其长"之后才有的。

张：对，应该是这么理解。

杨：如果是这样的话，我们就会明白，良心中至少有一部分内容不是天生的，而是后天教化的结果。比如，孔融四岁让梨，传为佳话，但如果刨根问底不断追问，他三岁知不知道？两岁知不知道？一岁知不知道？由此推论下来，只能得出一个结论，敬兄之悌心不是天生的，而是来自后天的学习和教育。孔融之所以四岁让梨，是因为他是孔子的嫡孙，从小受到儒家文化的教育。这种由后天的学习和教育而成的内容，我称为"伦理心境"。所谓"伦理心境"是社会生活和智性思维在内心结晶而成的伦理的境况和境界。这是我对"伦理心境"这一概念的界定。

张：那您是不是完全不承认良心有天生的因素呢？

杨：也不是。我认为，要把良心的来源解答清楚，除了讲"伦理心境"之外，还必须再讲一个"生长倾向"。所谓"生长倾向"是"人性中的自然生产倾向"的简称。任何一个有生命的物来到世间都具有的生长倾向。这种倾向从大的方面看有两个特点，第一，它可以决定自己成为自己。比如，只要有合适的条件，树长大自然成为树，猫长大自然成猫，狗长大自然成狗，人长大自然成人。第二，它可以有利于类的有效绵延。因为有"生长倾向"，顺着这种倾向发展，不去破坏它，它的那个类就可以得到有效发展，除非受特殊外力的影响，不会突然中断。

张：你先讲了一个"伦理心境"，又讲了一个"生长倾向"，这两者是什么关系？

杨：良心的来源既有"伦理心境"，又有"生长倾向"，这两个部分是一个整体。在正常情况下，"生长倾向"一定会发展为"伦理心境"，"伦理心境"也一定要以"生长倾向"为基础。前者是说，在正常社会生活中，与生具有的"生长倾向"不会停止，受社会生活和智性思维的影响，一定会进一步发展为"伦理心境"。从这个意义上说，"生长倾向"不可能单独存在。后者是说，"伦理心境"虽然很重要，但它必须有一个基础，不能凭空产生，这个基础就是"生长倾向"。只讲社会生活和智性思维的影响，是"伦理心境"的狭义，包含了"生长倾向"的内容，是"伦理心境"的广义。简言之，良心不过是建基于"生长倾向"之上的"伦理心境"而已。"伦理心境"和"生长倾向"只在理论上分析的时候才需要分开，其实它们是一个东西。这里只有"一本"，没有"二本"。

张：你提出这种解释很久了，但据我观察，学界好像不大接受，这是什么道理？

杨：你的观察很准确。我以"伦理心境"解说良心，解说性善，时间很久了，但我的这套说法我的同行现在还很难接受。他们的一个主要疑虑是："伦理心境"是后天的，而孟子的性善论是先天的，后天怎么能够解释先天呢？对此，我必须费很多的口舌，反复申辩。第一,"伦理心境"(狭义)只是我解说性善论的一个步骤,除此之外,我还讲一个"生长倾向"。"生长倾向"完全是先天的,不是后天的。第二,"伦理心境"(狭义)因为来自社会生活和智性思维的影响,当然是后天的,但在处理伦理道德问题的时候已经在了,是先在的。由此我提出了一个新的概念,这就是"先在性"。所谓"先在性"简单说就是先于问题而在。无论是"生长倾向"还是"伦理心境"都具有这种"先在性"。但二者又有不同。因为"伦理心境"来自后天,所以为"后天而先在"。因为"生长倾向"来自天生,所以为"先天而先在"。尽管有此差异,但都是先在的。

张:这个弯子转得比较大,能不能再详细解释一下。

杨:要说明这个问题,需要从"先验"这个概念说起。我们知道"先验"是康德哲学中的一个重要内容。康德认为,要形成知识,一方面要有先天的形式,另一方面要有后天的质料。这里的先天的形式,即指先验。先验最大的特点是具有普遍性和必然性,以此可以保障认识的客观性,但先验是不能再追问的,它是整个问题的前提。20世纪70、80年代,李泽厚对康德进行了系统的研究,随后又将相关成果转移到中国哲学研究方面。在这个过程中,他提出了一个非常有价值的说法,这就是"经验变先验"。

张:您能解释下"经验变先验"是什么意思吗?

杨:李泽厚通过他的研究,力图证明,康德所说的"先验"是由经验逐渐演变而成的。"先验"并非不可追问,就来自人类社会长期的生产和生活活动。换句话说,以前看似不可追问的"先验"其实是可以追问的,其实是由经验转换而成的,当然这个经验不是个人的,而是社会历史的。对于李泽厚的这一说法,学界现在绝大多数人都不理解更不接受。我则不同,我高度评价"经验变先验"这一命题,认为它包含着很强的理论意义。我公开承认,我以"伦理心境"解说良心,最初就是受到李泽厚的影响。而且据我观察,在中国哲学研究范围内，我可能是沿着这个方向发展且有自觉意识的唯一的学者了。当然，李泽厚觉得很冤枉，很委屈，认为别人跟不上他的路子，但他相信，他的思想并没有过时，其价值尚未真正体现出来。我是顺着李泽厚的思路走的，他的思想别人不理解，我顺着这个方向做的工作别人也不理解，就是非常自然的了。

张：这个弯子转起来似乎有点困难。

杨：要转这个弯子不是有点困难，而是非常困难。比如常见有学者批评我的思路是经验主义的，其实他们并不了解，我的路数不能归为经验主义，当然也不同于康德的那种先验主义。他们之所以有这种批评，是因为陷在旧有的思想范式之中，不知道在经验和先验之外还可以有完全不同的一种方式，它就是我前面说的"先在"。"先在"既不同于经验，也不同于先验，夹于两者之间。正是因为它夹于两者之间，所以可以调和经验和先验，将二者有机融合起来。

张：这个问题有点大，我需要慢慢消化。我不明白的是，对性善和良心的这种解说与孔孟心性之学分歧有什么关系呢？

杨：这个问题要慢慢解释，不能急。首先要明白孔子的仁和孟子的良心的关系。学界往往不太重视这个问题。根据我的研究，孔子的仁和孟子的良心并没有性质的区别，是一个东西。孔子在复周礼的过程中，遇到了很多的困难，迫使他不得不认真思考背后的原因。后来他想明白了，复周礼的任务之所以很难行得通，并不是人们不知道礼，不了解礼，而是明明知道了，了解了，却不按照礼的要求去做，因为人们没有行礼的内心基础。用我们今天的话讲，就是人们的心坏了，思想坏了。为了解决这个问题，孔子借用先前已有的仁字的内涵，创立了仁的学说，以仁作为行礼的基础，在这方面作出了很大的贡献。但受历史条件所限，孔子并没有说明仁究竟来自哪里的问题。为了解决这个问题，孟子创立了性善论，提出了良心的概念。从理论脉络上看，良心是仁的学说发展的必经一站。

因为孟子强调良心是天生的,所以人天生就有仁。这样就解决了孔子没有解决的仁的来源问题,同时也说明,仁和良心是一个东西,没有性质的不同。

张:您说的这一点非常对,目前学界一说起孔子的仁就推到孟子的仁政那里,很少有直接跟良心联系在一块的。

杨:这是一个很大的问题。如果我们能够确定仁和良心具有相同的性质,那么孔子和孟子心性之学的差异,就可以看得比较明白了。人要成德,在孔子看来,必先找到自己的仁,即所谓"为仁由己",在孟子看来,必先找到自己的良心,即所谓"反求诸己"。这两种不同说法是一样的,孟子讲得更具体,更详尽。但除此之外,孔子思想中还有一个内容,这就是学习。这里所说的学习,主要是指学礼。换句话说,人要成就道德,做一个好人,必须知礼,要知礼,就必须学礼。

张:孔子说,"不知《诗》,无以言;不知《礼》,无以立",就是这个"礼"吧?

杨:对,就是这个礼。一个人在社会上,不知道周礼的规定,怎么能够做一个好人呢?今天也一样,要成为一个有德的人,必须了解掌握社会各个方面的规定。小的时候过马路,大人告诉我们,红灯亮了要等一等,绿灯亮了才能走。这就是一种学习,通过学习了解交通规则,自觉按其要求去做,我们就可以成德成善了。孔子特别重视学习,有"六艺"之称,道理就在这里。

张:学习"六艺",礼乐射御书数。

杨:"六艺"中后四项与道德关系不大,与道德紧密相关的主要是前两项,即礼和乐。一个人不知道礼,不知道乐,就没有办法成人。所以,在孔子的著作当中,关于学习的论述非常多,对于学习表达出极高的热情。我们读《论语》一开篇就可以感受到。

张:《论语》开篇为《学而》,"学而时习之,不亦乐乎?……"

杨：对吧？这是我们都非常了解和熟悉的东西。但如果把孔子和孟子放在一起比较，就会发现，孔子对于学习的这种重视程度和巨大热情在孟子那里是没有的。

张：孟子更重视天生具有善性，好像很少谈到学习问题。

杨：这就是问题之所在。为了解决仁的来源问题，孟子创立了性善论，提出了良心的概念，直接将儒家学说由孔子仁的阶段推进到孟子良心的阶段，作出了大贡献。但非常遗憾，他把成就道德的根据完全归结到了良心，丢失了孔子关于学习的思想。这就是我所说的孔孟心性之学的分歧。

张：听您这么一说，我大概明白了，这确实是一个大问题。

杨：只看到这一层，还远远不够，还必须把它上升到更高的层面，这就是两分和三分的问题。受西方哲学的影响，我们往往坚持感性和理性两分的思维模式。感性是不好的，理性是好的。以理性建立法则，自己践行，自己落实，就可以防止感性流向邪恶，成为好人了。但据我观察，自孔子创立儒学伊始，儒家就没有这种两分的模式，遵行的是欲性、仁性、智性三分的结构。欲性大体相当于西方的感性，智性大致相当于西方的理性，当然是指道德理性，而非认知理性。孔子伟大之处在于，在这两者之间还有另外一块，这就是他关于仁的思想，即我所说的仁性。欲性、智性在两端，仁性居中间，这种三分的结构是一个了不得的东西，代表着儒家与西方的思维模式完全不同。

张：的确如此，确实没有发现历史上其他人在道德哲学上讲什么三分。

杨：对吧？我将这种与三分思维模式相应研究方法，称为三分法，与之相对的则是两分法。从孔子思想中分离出三分结构，将其上升为具有普遍意义的三分法，是我的一大发明。三分法具有重大的理论意义，有很强的理论效应，可以解决很多难以解决的问题。这里仅举一个例子，这就是休谟伦理难题。这次我来济南参加中韩儒学大会提交的论文,就是关于休谟伦理难题的。休谟伦理难题是西方哲学史中很重要的一个问题。休谟发现,事实判断与价值判断是两类完全不同的判断,事实判断的系词为"是",价值判断的系词为"应该"。"是"与"应该"性质完全不同,由前者无法直接推出后者。但人们在日常生活中并没有注意这个矛盾,所以事实判断如何过渡到价值判断,"是"如何过渡到"应该",就成了一个难以解决的重大难题。休谟伦理难题到现在已经有三百多年了,很多哲学家都试图加以解决,做了很多工作。但我在研究儒家哲学的过程中却注意到,如此重要的问题在孔子身上竟然根本就不存在。

张:为什么在孔子这里不存在呢?

杨:这就是一个问题了。比如,我在与会论文中提到了一个材料,它源自《论语·宪问》第二十一节:"陈成子弑简公。孔子沐浴而朝,告于哀公曰:'陈恒弑其君,请讨之。'公曰:'告夫三子。'孔子曰:'以吾从大夫之后,不敢不告也。君曰"告夫三子"者!'之三子告,不可。孔子曰:'以吾从大夫之后,不敢不告也。'"陈恒杀了齐简公。孔子听到这个事情后,尽管当时已经不做官了,但还是沐浴而朝,希望鲁哀公干预此事,鲁哀公一阵推托,让转告他人,最后不了了之。我关注的不是这件事情,而是这件事情背后的道理。孔子知道了这件事情,知道是不对的,有了是非的判断,随之便有了沐浴而朝,朝见鲁哀公的行动。换言之,判断陈恒弑君不对,这是"事实判断",沐浴而朝,禀告哀公,这是价值判断,前者为"是",后者为"应该",这中间没有间隔,是直接过渡的。为什么会有这一现象?这引起了我极大的兴趣。上引材料最后的一句话给了我答案,"以吾从大夫之后,不敢不告也"。意思是说,自我做了士大夫以后,便不敢不告。问题是,为什么不敢不告?我分析下来,得出的结论是,孔子心中有仁。因为内心有仁,所以遇到正确的事,就应该去做,遇到不正确的事,就应该去止,这之间没有万里鸿沟。进而言之,将陈恒杀齐简公这一"是"

直接过渡为沐浴而朝禀告哀公这一"应该"的,正是孔子内在的仁。这个问题也可以这样表达:因为有了仁,所以凡是智性认识到正确的事情,本身就有动力将其直接变为现实。这是休谟伦理难题在孔子身上难以存在的根本原因。

张:这确实是一个重要的问题,我以前只知道有个休谟伦理难题,但从来没有想过这个问题在儒家学理中并不存在。这个问题与孔孟心性之学的分歧有什么关系吗?

杨:我提出休谟伦理难题,主要是想证明孔子心性之学存在一种三分结构,从而为建立三分法打下基础。如果我们能够明白孔子心性之学是一种三分模式,那么孟子与孔子的不同就可以看得比较清楚了。如果我问你,与孔子三分的模式相比,孟子思想是两分,还是三分的呢?

张:我觉得孟子应该是两分吧。

杨:对的,孟子是两分。孟子保留了孔子欲性的部分,同时又继承了孔子仁的思想,大大发展了仁性,这两个方面都没有问题。

张:唯独缺少了智性?

杨:是的,唯独缺少了智性。虽然《孟子》文本中也有一些关于学习的论述,但在孟子身上完全看不到对于学习的热情,完全没有意识到学习对于成德的重要作用。孟子的历史贡献是将仁推进到了良心,但这个贡献同时也是孟子的重大缺陷。孟子丢掉了孔子思想中智性的部分,其思想并不完整。这个问题有着十分重大的理论意义。有了这个新的视角,儒学两千多年的发展脉络,就可以看得比较清楚了。问题说来并不难懂。孔子是三分的,既有欲性、仁性,又有智性,很全面。到了孟子这里,不自觉地丢掉了智性,不重视学习对于成德的作用。这自然引起荀子的不满。荀子会说,一个人成就道德,怎么能不讲学习呢?所以,才从性恶的角度出发,提倡学习的重要性。对于荀子的性恶论,目前学界有不同的解释,我们这里暂时不去讨论。但荀子特别强调后天学习的重要,重视

"虚一而静",无论如何都是有意义的,都渊源有自。

张:来自孔子的智性?

杨:对,就是由孔子的智性发展而来的。荀子对于孟子的不满,表面上看是对于性善、性恶的看法不同,实际上是对于孟子不讲学习的不满。你看《劝学》篇、《解蔽》篇,讲的都是学习。这些东西,在孟子那里是没有的。我们对于荀子的理解,自然要关注性善、性恶的不同,但更应关注的是荀子对于学习的重视。荀子思想当然有其不足,因为他从性恶的立场出发,未能看到人原本就有性善的一面,但他在重视学习,提升智性的地位这一点上是有大贡献的。遗憾的是,在历史上,受孔孟一体思想范式的影响,人们往往认为孟子是对的,荀子是错的,孟子为正宗,荀子为旁出。其实孟子和荀子都有不足,都是一偏,只是偏的方向不同而已,孟子缺了智性,荀子缺了仁性。

张:您这么一说,我有一种豁然开朗的感觉。

杨:这还只是头一波。到了宋明,又来了第二波。在宋代,朱子顺着伊川的思想建构了庞大的理学系统。象山不满意这套系统,认为这套东西太"支离"了,学问贵在"易简"。我们应该如何看待象山的这种批评?象山提倡"易简"工夫,源头全在孟子。《孟子》初看起来语句不难,其实并不好把握。象山能够读懂《孟子》,说明他悟性极强。但象山并不了解孟子本身也是不全面的,也是一偏,所以他以孟子为基础批评朱子,就显得根据不足了。从现在的角度看,朱子对于孔子之仁,孟子之良心,即所谓仁性的理解确实有值得检讨的地方,但朱子重视《大学》,大讲格物致知,并非无据,源头就在孔子关于学习的思想,就在孔子的智性。三百年后,又出了一个阳明,重新高扬心学大旗,大讲致良知,大讲知行合一,扭转了朱强陆弱的局面,心学重新占了上风。但阳明心学的来源也是孟子,其思想仍然有所不足。

张:这样一说,宋明儒学理学与心学的关系就比较清楚了。

杨：到了近代，又有了第三波，就是冯友兰和牟宗三。冯友兰将自己定位为新理学，所以特别重视学习。牟宗三则相反，受其师熊十力的影响，持心学的立场。尽管牟宗三对冯友兰有严厉的批评，但我们不能说冯友兰的思想完全没有道理，不能认为牟宗三的思想就是全面的。

张：通过您的这种梳理，我对两千年来儒学发展的基本脉络有了一个全新的认识。按照您的分析，历史上荀子与孟子之争，象山、阳明与朱子之争，牟宗三与冯友兰之争，皆源于孔子和孟子心性之学的分歧。我可以这样理解吗？

杨：当然可以。我作出上述分析，一个重要目的就是想告诉大家，心学是由孟子发展而来的，虽然有大贡献，但也是一偏。明确这个道理有重要的现时意义。不知道从什么时候开始，我们又要重新弘扬阳明心学，要用心学救治天下了。这种情况当然有它的合理性。当今社会道德滑坡，人心堕落，人要成德成善，自然离不开良心良知。但儒学研究者一定要明白，阳明的心学同样是一偏。这个问题千万不可忽视。如果不能正视这个问题，后面一定会出大麻烦。

张：为什么这样说，而且用词这样激烈呢？

杨：我之所以这样做，是因为我们必须知道，心学也是一偏，在宣扬的时候，不要讲过头话。研究儒学的人都知道，阳明后学出了很多的问题，"猖狂者参之以情识，超洁者荡之以玄虚"，以至于清人直接将明亡的责任归到了心学头上。我们现在宣扬心学，要以心学救天下，这些弊端都不讲了，一个严肃的理论工作者能这样做吗？要成就道德，当然要有心学，但根据上面的分析，心学也是一偏，因为它不重智性。如果不重智性，单纯突出心学，一定会出问题。我可以举一个例子。二战的时候，日本人侵略中国，杀了那么多中国人。我们能说日本人没有良心吗？显然不能这样说，否则孟子的性善论就垮掉了。但问题在于，既然他们也有良心，为什么那样做的时候并没有羞耻感，反而认为很光荣呢？根据我们前面的分析，良心的一个重要来源是社会生活，如果社会生活不正常了，良心也会变形，也会扭曲。这个问题有着十分强烈的现时意义。如果我们现在不注意这个问题，将来一定还会生犯类似的错误，就像文化大革命中那么多红卫兵自认为是在捍卫革命路线，其实是在做完全错误的事，是在犯罪。所以，我们现在应该大声疾呼重视这个问题，提升对这个问题的警觉。做理论研究现实关怀是不能少的，上面所说就是我的现实关怀，非常可惜这个问题现在尚未引起人们的注意，没有人谈。

张：谢谢杨老师，上午的会议也快到了，我们这次就先谈到这里，再次感谢杨老师！

杨：不用客气，再见。

八、从道德形上学的建构看孔孟的差异

案：这篇文章从道德形上学建构这个新的角度出发，进一步证明孔孟并非完全一致，发表于（台）《孔孟月刊》1992年第12期。长久以来，人们在研究儒家形上系统的时候，受孔孟一体观念的影响，未能充分关注孔子和孟子在这个问题上差异。我则认为，就建构儒家形上系统而言，孔子尚缺乏自觉意识，这种意识是到了孟子才有的。因此，在道德形上学建构问题上，孔孟当分开处理。另有《从孔孟差异看牟宗三的一个阙失》（《学术月刊》1994年第6期）一文，内容重叠，未收录。

道德形上学是儒家哲学的重要内容。儒家认为，道德虽是内在的，在于人道，但又是超越的，通于天道。所谓通于天道，是说良心本心具有深厚的形上根据，并不孤寂肤浅。但现代新儒家中的很多学者，对这个问题的论述，局限于孔孟一体，往往是孔孟并称，似乎孔孟在这个问题上完全是一致的。与这种观点不同，本文认为，孔子并没有明确寻求道德的形上根据，直到孟子才有了这方面的自觉意识。在道德形上学建构问题上，孔孟存在着相当大的差异，不是密不可分的一块"铁板"，而是紧密相连的两个历史环节。

一

儒家传统一般是把道德的形上根据归到天上。但孔子思想的重点,在于阐述发明仁学,对天的问题兴趣不大,尚缺乏寻求道德形上根据的意识。这个问题涉及孔子对于天的看法,历来争论繁多,不得不在此费些笔墨,从思想发展的历史逻辑,以及孔子所谈之天的内涵这两个方面,进行具体分析。

先看思想发展的历史逻辑。

将人间事物上推到天,以天作为人间事物的依据是中国思想的一贯传统。这个传统至少从夏朝就开始了。夏朝继承了龙山文化的宗教习俗,相信自然现象之后有神灵支配,产生了图腾崇拜,祭祀自己的祖先。因为祖先神"不歆非类",所以各部族也"不祀非族",此时并未形成一个统一的至上神。

殷商时代的宗教有了很大的发展,其标志是诞生了统一的至上神——上帝。殷商文明灿烂辉煌,吸收容纳了众多的弱小部族,成了天下共主,商民族强迫其他部族接受自己的祖先神。这样,上帝作为超部族的统一的至上神便应运而生了。上帝有意志、有权威,是宇宙的最高主宰,不仅支配斗转星移,昼更夜替,丰年歉岁,降时授雨,而且决定人类社会的吉凶祸福,繁荣衰败。上帝是自己部族的祖先神,所以带有明显的宗族私情。为了袒护自己在世的子民,上帝选择商王作为自己在人间的代表,商王因而"有命在天",[1] 不可侵犯。

这种情况到了周朝有了彻底的改变。周人祖先只是弱小民族,与夷狄无异。经公刘、太王、季历、文王、武王、周公几代人的艰苦努力,战战兢兢、如履薄冰,终于完成了灭商的伟大使命。为了合理解释"小邦周"代替"大国殷"的严峻事实,破除上帝垂顾袒护周人,纣王"有命在天"的陈旧理论,他们提出了"皇天无亲,惟德是辅"[2] 的思想,把上帝和祖宗神分离开来,上帝

---

[1] 《尚书·西伯戡黎》。
[2] 《尚书·蔡仲之命》。

性善之谜——破解儒学研究的哥德巴赫猜想

不再固定偏向谁，而是看你是不是有"德"。由于"文王之德之纯"，[1]能够"小心翼翼，昭事上帝"，皇天"才改大邦殷之命"，而"兴我小邦周"。[2]德字在卜辞中就有了，原指行为，后来成为哲学概念，是周人的贡献。周代殷后，德的观念大为盛行，"天不可信，我道惟宁王德延"，[3]修德重德成了周人最重要的事情。而德又每与"敬"相连，"惟王其疾敬德，王其德之用，祈天永命"。[4]"敬德"就是恭敬以德，恭谨以德，只有这样，才能"以德配天"，国运悠久。

"敬德"思想的提出，原是为殷周政权转移提供依据，但也有深远的理论意义：既然人间要"敬德"，那么天也就是有"德"的；如果天没有"德"，怎么能知道人间是不是"敬德"呢？这样，殷人祖先神的上帝就转化成了周人道德意义的天。这个转移使后人受益匪浅，成为后来儒家"天人合德"思想的滥觞。

将天赋予道德意义也有一个坏处：既然天是有"德"的，为什么人间还有那么多不合理的现象呢？西周末年，动荡不宁，闪闪电光，赫赫雷声，高岸为谷，深谷为陵，社会矛盾充分暴露出来。在这个动荡的年代，人民深受饥苦，"天之生我，我辰安在"，[5]"四方有羡，我独居忧"。[6]这些痛苦引起了对道德之天的怀疑，"浩浩昊天，不骏其德"，[7]"疾威上帝，其命多辟"，[8]形成一股"怨天""骂天""疑天"的思潮。不少有远见的思想家开始公开怀疑天，将眼

1　《诗经·周颂·维天之命》。
2　《诗经·大雅·大明》。
3　《尚书·君奭》。
4　《尚书·召诰》。
5　《诗经·小雅·小弁》。
6　《诗经·小雅·十月之交》。
7　《诗经·小雅·雨无正》。
8　《诗经·大雅·荡》。

光转到人世上来。"夫民，神之主"，[1] "国将兴，听于民；将亡，听于神"，[2] "天道不谄"，[3] 都是由这一思潮滋润而绽开的花蕾。特别是子产的"天道远，人道迩，非所及也"，[4] 更是这个思潮的杰出代表。将天赋予道德意义，经过了那段灿烂多彩的辉煌之后，终于走向了自己的反面，成了怀疑天的契机。

疑天思潮对孔子有直接影响。一方面，先前天的思想对孔子仍然有重要影响。这方面的材料很多：

> 祭如在，祭神如神在。(《论语》3.12)
>
> 子疾病，子路请祷。子曰："有诸？"子路对曰："有之。诔曰：祷尔于上下神祇。"子曰："丘之祷久矣。"(《论语》7.35)
>
> 予所否者，天厌之！天厌之！(《论语》6.28)

我不关注神是不是真的存在，我关注的是只要我真诚地祭，它就好像在。孔子病了，弟子为之祈祷，孔子问是不是有这回事，得到弟子的回答后，孔子说自己其实祈祷很久了。弟子对孔子见南子不甚理解，孔子直接以天发誓，如果我说的不对，让天厌弃我好了。这些都说明，孔子自己仍然受到之先天论思想的影响，在个人身上保持着强烈的信仰精神。

另一方面，孔子思想的重点又不在这里，而在注重人为，拯世救民。他说：

> 子不语怪力乱神。(《孟子》7.21)
>
> 子曰："务民之义，敬鬼神而远之，可谓知矣。"(《孟子》6.22)
>
> 季路问事鬼神。子曰："未能事人，焉能事鬼？""敢问

---

[1] 《左传》"桓公六年"。
[2] 《左传》"庄公三十一年"。
[3] 《左传》"昭公二十六年"。
[4] 《左传》"昭公十八年"。

死。"曰："未知生，焉知死？"（《孟子》11.12）

孔子认为，神道渺茫，人道笃实，未能事人，岂能事鬼？所以他一生语常不语怪，语德不语力，语治不语乱，语人不语神。而根据西周末年民为神主的传统，鬼神之祸福，依于民意之顺违，敬鬼神，即所以敬民，远鬼神，即以民意为先。这三章合而言之，即"知生事人"四字。知生事人是孔子思想的主脉。

因为孔子思想旨趣完全在人世上，所以当他寻求道德根源的时候，眼光是向内的，由此创立了仁学。仁学的创立，标志着儒学的正式诞生，也标志着思想史进入了一个崭新的阶段。这个阶段的特征就是人性的自觉和天道的衰落。历史迈出这一步意义巨大，步履艰难。从当时的情况看，仁学提出不久，对内来说，弟子们还没有很好掌握，甚至不少人还不知仁为何物，即使孔门一些得意弟子也是数问其仁，无法把握仁的真谛；对外而言，"民之于仁也，甚于水火"（《孟子》15.35），更需要大力推广仁学。这样推广仁的学说，把实行礼的根据落实在仁上，便成了孔子的主要任务。也就是说，对孔子来讲，根本的使命是鼓吹仁，践行仁，推广仁，而仁的终极根源问题还没有明确提出来，尚摆不上日程。

总起来说，伟人总是完成历史赋予的任务，虽然可以在一定程度上超越时代，但不能超越太远。孔子第一次发现道德的根源在人不在天，所以全力发明创立仁且智的心性学说，对天存而不论，保证儒学始终走的是人文的道路，没有发展为宗教或神学。这是孔子对中国哲学思想发展最主要的贡献。孔子在迈出人性自觉这一大步之后，不大可能接着直接跨越道德形上根源的"峡谷"。黄昏未到，猫头鹰是不会起飞的。历史没有向孔子提出道德形上学的任务，孔子自然不会主动解决这个问题。从思想发展的内在逻辑看，孔子不可能跨越时代，主动建构道德形上学。

八、从道德形上学的建构看孔孟的差异

二

接下来，再分析孔子论天的具体涵义。

《论语》中天作为单字出现19次，与"天道""天命"一起出现4次，共23次。这些天字含义丰富，从语义分析的角度看，大致可分为四类，一是自然之天，二是感叹之天，三是道德之天，四是天命之天。在这些论述中，孔子没有有意识把这些天作为道德的形上根据。

自然之天比较简单：

> 子曰："予欲无言。"子贡曰："子如不言，则小子何述焉？"子曰："天何言哉？四时行焉，百物生焉，天何言哉？"（《孟子》17.19）

孔子为什么不想再言说呢？有的说是他见到弟子只以言语求道，所以发此语以警惕之；有的说这是孔子感到道难以言说，不如默而存之。不管取何种解释，孔子为子贡疑问所作的回答，是以自然之天作比。《论语》中自然之天还有一条见于弟子言论：

> 子贡曰："……夫子之不可及也，犹天之不可阶而升也。"（《论语》19.25）

没有疑问，这是指自然之天，而且只是一种比方，没有实际意义。自然之天在《论语》中比较少见，在孔子思想体系中不占重要地位。

感叹之天的情况稍微复杂一些。《论语》中不少关于天的论述，是孔子一时的情感叹息。如：

> 文王既没，文不在兹乎？天之将丧斯文也，后死者不得与于斯文也；天之未丧斯文也，匡人其如予何？（《论语》9.5）
>
> 予所否者，天厌之！天厌之！（《论语》6.28）

>天生德于予，恒魋其如予何?（《论语》7.23）
>
>噫！天丧予！天丧予!（《论语》11.9）
>
>子曰："莫我知也夫！"子贡曰："何为其莫知子也？"子曰："不怨天，不尤人，下学而上达。知我者其天乎!"（《论语》14.35）

一些学者十分重视这些论述，特别是"天生德于予"和"知我者其天乎"这两句，认为孔子在这里是在以天证明个人的德性。其实这大可不必。从孔子生平来看，上面的那些论述都是孔子在颠沛流离，极不得志，"累累若丧家之狗"的情况下讲的。"劳苦倦极，未尝不呼天也。"[1] 所以这些大多是情感的哀叹，心态的吐露，很难说有什么严肃的理论意义。

孔子说"天生德于予"是否真的认为自己的德性是上天赋予的呢？答案也是否定的。有人问子贡，孔子为什么这样多才多艺，子贡说："固天纵之将圣，又多能也。"孔子听到后，并没有接着子贡的话头，以天论自己的多能，而是大讲了一番"吾少也贱，故多能鄙事"的道理（《论语》9.6）。这与他明言自己不是生而知之，只是好古敏求是一致的。从"天生德于予"的背景上看，这是孔子到宋国后批评宋司马恒魋，恒魋派人寻衅闹事，孔子不得不微服而行时讲的。因此，"天生德于予"不过是一时的心情感叹，或者是安抚弟子的话头而已，不能解读为对于自己德性出于天的郑重论证。

"知我者其天乎"与此相近。要了解此句的确切涵义，应首先弄清"上达"的意思。参照"君子上达，小人下达"（《论语》14.23），"君子怀德，小人怀土；君子怀刑，小人怀惠"（《论语》4.12），"君子喻于义，小人喻于利"（《论语》4.16）等句，"上达"实指不断上进，通达仁义，而不是"上达"于"天道"。另外，《史记·孔子世家》将这段话置于颜渊死后。颜渊死于孔子七十一岁

---

[1] 《史记·屈原贾生列传》。

时,这话出于孔子垂暮之年无疑。孔子回首往事,仕鲁之兴奋,游历之艰辛,大道之不行,弟子之早逝,历历在目,刊刊于心。孔子想道,自己一生不抱怨于天,不责备于人,勤奋学习,不断上进,达成仁义,竟没有谁了解他,那么了解他的可能只有天了。显然,这也是感叹之句,不是郑重的论述,更不是对达到与天道遥契之崇高境界的表达。

再就是道德之天。《论语》中的天有几处明显有道德意义,可称为道德之天,这种意义的天多半与古代圣王有关:

> 子曰:"大哉尧之为君也!巍巍乎!唯天为大,唯尧则之。荡荡乎,民无能名焉。巍巍乎其有成功也,焕乎其有文章!"(《论语》8.19)

> 尧曰:"咨!尔舜!天之历数在尔躬,允执其中。四海困穷,天禄永终。"(《论语》20.1)

"唯天为大,唯尧则之",这里的天不可能是自然之天,也不可能是感叹之天,理解为道德之天比较合适。"天之历数在尔躬"是不是孔子之语,暂且不管,就含义讲,也是道德之天。这两处道德之天都是对古代圣王的赞语,一处以天形容其伟大,一处以天证明其使命。

还有几处意义不很明显,但显然和道德有关联。第一处是王孙贾问孔子"与其媚于奥,宁媚于灶"。意思可能是说,与其巴结国君,不如巴结有势力的左右如南子、弥子瑕。孔子却告诉他"不然;获罪于天,无所祷也"(《论语》3.13)意思是说,我只是依理而行,无意违理求媚,否则得罪了上天,祈祷巴结谁都没有用。

再一处是孔子病得很重,子路私下安排门人作为家臣,预备丧事。孔子病好些后,知道了此事,认为他已不当大夫了,丧事不得用家臣,子路这样做越了礼,骗了他,很生气,故曰"吾谁欺,欺天乎"(《论语》9.12)。意即,你能欺骗你的老师,我能欺骗谁呢?

难道让我做违礼的事欺骗上天吗？孔子的本意是说，不能违礼做错事，做了错事谁也不能欺骗，当然更不能欺骗上天了。这两处的天虽说不很直接，但都有道德意义。因为不管是获罪于天还是欺骗于天，天怎么能知道呢？可见天有道德意义。其实这并不奇怪，而是西周"以德配天"思想的延续。虽然孔子受到西周末年"天道远、人道迩"新思潮的影响，知生事人，但不可能把西周道德之天的传统排除干净。这就决定他论天仍然残留有道德之天的成分。

虽然孔子论天仍有道德之天的成分，但不宜把这一点看得过重。考察一个人的哲学思想，不是看他用过什么概念，或者某个概念用过几次，而主要应当考察这个概念在其思想体系中的地位。哲学史上常有这样的情况，一些哲学家受到传统的影响，仍然不时使用一些传统的概念。但这些传统的概念只是历史的陈迹，不能代表其思想。真正代表其思想体系的，是那些他们创新的，或者重新赋予新内涵的概念，对孔子来说，就是仁和礼。把这些内容抽掉，孔子就不成其为孔子了。道德之天的情况与此不同。细心研读《论语》，不难发现，孔子并没有有意识用道德之天说明任何重要的现实问题和理论问题。这就是说，道德之天在孔子思想体系中不占据重要位置，只是西周以德配天思想传统的历史痕迹而已。

最后是天命之天。天命之天在孔子思想体系中的地位十分重要，因为孔子谈天命是非常严肃郑重的：

五十而知天命。（《论语》2.4）
君子有三畏：畏天命、畏大人、畏圣人之言。（《论语》16.8）
不知命，无以为君子也。（《论语》20.3）

什么是天命？不少注释家把天命看作是上天赋予人以仁义礼智之性。如刘宝楠《论语正义》："《说文》云：'命，使也。'言天使己如此也。"又如《韩诗外传》："天之所生，皆有仁义礼智顺善之心。不知天之所以命生，则无仁义礼智顺善之心。"这些注解多是沿着后来《易》《庸》的路数走的，而我们知道，《易》《庸》是后来的事，不能代表《论语》对于天的看法。

相比而言还是皇侃的说法合理一些："天命，谓穷通之分也。"生活中常常有不期而至，不欲而为，虽然守道尽职而仍穷困不可通达的情况，这种由神秘力量操纵而不能明视者，即为命。这也就是孟子说的"莫之致而至者，命也"（《孟子》9.6）。另外，命与天命是同等的概念，之所以有时在命前冠以天字，是因为命的力量神秘之极，深微之至，冠以天字，按传统思维习惯，可以进一步加强它的神秘性。"天本无言而云有所命者，假之言也"，皇侃这话算是把道理说透了。

清楚了"天命"一词的涵义，"知天命"一语的意思也就明白了。"知天命"就是知道了生活中常有不期而至，不欲而为，虽然守道尽职而仍穷困不可通达的情况。

接下来的问题是，孔子为什么说他"五十而知天命"呢？以往的注释家往往以孔子五十学《易》，而《周易》中有"穷理尽性以至于命"的话，所以孔子五十才知天命。但这种看法不无问题。要确切了解"五十而知天命"的缘起，孔子有段话可作参考："道之将行也与，命也；道之将废也与，命也。公伯寮其如命何！"（《论语》14.36）朱熹《四书或问》认为这是在堕三都时讲的。当时孔子五十四岁，仕鲁不久，又值夹谷之会初显锋芒，正是血气十足，踌躇满志之时。他遇到公伯寮的挑拨，自然不放在眼里，所以才讲了上边那段话。虽然话中"道之将行"与"道之将废"都讲到了，但从语气上看，孔子是非常自信的，相信道之将行，用不了几年就可以实现"吾从周"的伟大抱负。但不久他就遇到了麻烦，辞了官，游历诸侯，颠沛四方，达十四年之久。这期间他屡遭不顺，处处碰壁，甚至准备"道不行，乘桴浮于海"（《论语》5.7）。弟子也说："道之不行，已知之矣"（《论语》18.7），有的还以"力不足"为借口，离开了他（《论语》6.12）。在这种情况下他预感到了"道之将废",并把这归之于天命。也就是说,孔子只是在这个时候才知道了天命。简言之,"五十而知天命"是孔子对自己历史使命可行性的一种体悟。由此可见,《论语》中的天命之天,只是孔子对于"莫之致而至者"的一种理解。这与后来儒家道德形上学中"天命我以性情"不是一码事。

质言之,孔子所论之天可分疏为自然之天、感叹之天、道德之天、天命之天。这些论述虽然保留了殷商天论思想的传统(事实上也不可能完全割裂开来),但并不是对道德形上根据的理论说明。也就是说,孔子这些论述只是一种历史的痕迹,而不是对道德形上根据的主动建构。

综合以上两个部分,不难看出,中国自古就有把人间事物上推到天的传统,这个传统到西周"以德配天"达到高潮。西周末年这个传统开始衰落,出现了"天道远,人道迩"的新思潮,孔子是这个新思潮的直接继承者。孔子思想的主流是知生事人,但也保留了先前"以德配天"思维方式的痕迹。虽说这个痕迹成为后来儒家道德形上学的源头,但孔子自己并没有直接以天作为道德的终极根据,有意创立一套道德形上学。孔子尚没有这方面的自觉意识。

三

此后百余年,至孟子出,情况有了很大的变化。当时出现了很多不同的人性理论,有告子的"性无善无不善论",有世硕的"性可以为善,可以为不善论",有无名氏的"有性善,有性不善论"。与这些理论不同,孟子顺孔子仁学一路发展,倡导性善之论。

为什么人性是善的?孟子从自己的生命体验中认识到,这是因为人人都有仁义礼智四端。为什么人人都有仁义礼智四端?仁义礼智四端来自何处?这些问题一步步追问下来,追到底,必须有一个终极的答案。要坚持性善论,对于性善的终极根据必须有个交代。

可见，道德的终极根源何在？这是孟子面临的相当棘手的难题。历史只是发展到了这一站，才将道德形上学的任务摆在人们面前。黄昏到了，猫头鹰可以起飞了。

这个问题也可以引《中庸》为证。《中庸》开首就是一句"天命之谓性"。二十章又讲"诚者，天之道；诚之者，人之道"。这显然是在为性寻找形上根据。论述如此急切，如此明确，与《论语》形成了鲜明的对比。究其原因，似乎只能解释为，性的问题当时是一个热点，要彻底解决这个问题，必须为其确立一个形上基础，以此截断众流。按现在通行的理解，《中庸》为子思所作，但其中可能掺杂了后人的思想。不管这种看法有多大争议，孔子之后性的形上根据的问题确实已经摆上了日程，则是不争的事实，有历史责任感的思想家必须提交自己的答卷。

问题提了出来，就必须解答。孟子自觉承担起这个任务。但这个任务十分艰巨。因为依据当时的思维水平，对道德的形上根据进行解释非常困难，即使是在两千多年后的今天，仍然不是件容易的事情。不过，如上所说，古时候人们思想有一种习惯，将实在搞不清的问题向上推，在西方是推给神，在中国是推给天。于是，中国古代天论思想的传统在孟子手里又派了用场，成了他解答道德形上根据难题的"法宝"。孟子公然宣称，性善的终极原因、道德的形上根据全在于天。

为了证明天是性善的终极原因，孟子重新启用了《诗》《书》的天论传统。

> 诗曰："天生蒸民，有物有则。民之秉彝，好是懿德。"（《孟子》11.6）

孟子认为，天生育众民，每一件事物都有它的律则。百姓掌握这些律则，会喜爱美好的品德。同样，仁义礼智，我固有之，非由外铄，求则得之，舍则失之，成就道德没有其他，只在于你思与不思,这也是事物之"则"。这个"则"即来自天。

孟子又说:

> 孟子曰:"居下位而不获于上,民不得而治也。获于上有道,不信于友,弗获于上矣。信于友有道,事亲弗悦,弗信于友矣。悦亲有道,反身不诚,不悦于亲矣。诚身有道,不明乎善,不诚其身矣。是故诚者,天之道也;思诚者,人之道也。至诚而不动者,未之有也;不诚,未有能动者也。"(《孟子》7.12)

这段又见于《中庸》第二十章,只是文字有所改易。这里由治民而获上,由获上而信友,由信友而悦亲,由悦亲而诚身,层层剥笋,级级递进,根子还在于诚身。诚者,实也。反身而诚,即反求诸身而其所以为善之心皆有其实。问题在于,诚者何来?孟子说:"诚者,天之道"。朱熹注云:"诚者,理之在我者皆实而无伪。"这明显带有宋儒的特点,但指出人之诚善之性,乃天道之本然,还是合于孟子思想的。由于自身就有诚善之性,将其反思发明至真实不伪,就是人道之当然了。也就是说,思诚即是明善,明善即是思诚,都是讲反思发明人之诚善之性,而其前提是要肯定诚善之性为天之本然。这个形上根源不解决,一切皆空,一切皆虚。孟子看到了这个问题举足轻重,所以才讲"诚者,天之道也;思诚者,人之道也",试图以这种方法彻底解决这个难题。

孟子甚至有直接将心与天联系在一起的说法。公都子问孟子,同样是人,有些人成为君子,有些人成为小人,这是什么道理呢?孟子说,满足身体重要器官要求的成为君子,满足身体次要器官要求的成为小人。公都子又问,同样是人,为什么有人满足重要器官要求,有人都满足次要器官的要求呢?孟子答道:

> 耳目之官不思,而蔽于物。物交物,则引之而已矣。心之官则思,思则得之,不思则不得也。此天之所与我者。先立乎其大者,则其小者不能夺也。此为大人而已矣。(《孟子》11.15)

八、从道德形上学的建构看孔孟的差异

这里有几个地方需要注意，首先，"心之官则思"的"思"是"反思"，"逆觉"之思，与现代哲学术语的思考、思索不同。再有，"思则得之"的"之"，参照"求则得之，舍则失之"(《孟子》11.6)，是指仁义礼智之端，或仁义礼智之心。最后，"此天之所与我者"的"此"，代表上面耳目和心，意为此三者，皆天之所以与我者。这样一来，本章可以作如下的疏解：耳朵眼睛这些器官不会逆觉反思，故为外物蒙蔽。一与外物接触，就被引入迷途。心这个器官的功能在于逆觉反思，反思便能得到仁义礼智之端，不反思就得不到。这三者都是天给与我的。先把重要的部分（仁义礼智之端）树立起来，次要的部分就不能把善性夺去了。这样便成了大人。很明显，这里的"天之所与我者"是以"天"作为性善的形上根据。

孟子将心与天直接联系起来最为代表性的文字，出自《尽心上》第一章：

> 尽其心者，知其性也。知其性，则知天矣。存其心，养其性，所以事天也。(《孟子》13.1)

这里关键是头一句的知天作何解释。有人认为是知天道之贵善，有人认为是知理出于天，有人认为是由性之欲知天地之化，由性之德知天地之德。这些看法都有道理，但都不尽完善。在我看来，要把"知天"解说圆通，当结合孟子的有关论述，一起分析。这方面以下几个要点是必不可少的。第一，心性为一。第二，心具四端是自然之理。第三，这个自然之理即是天之道。这样一来，孟子此句就可以这样理解了：穷极自己的本心就会知道本心具有仁义礼智之端，也就会知道自己本性固善；知道了自己本性固善，也就知道了天道是怎么回事，知道了这一切都是天道自然，固然之理。"尽心""知性""知天"清楚了，"存心""养性""事天"就好理解了。事者，事承而不违也。此句的意思为：将仁义礼智之端存于本心，就是滋养自己的诚善之性，也就是侍奉而不违逆于天道之本然。

"知天""事天"不仅和性善的终极原因有关，而且也是人生的境界。因为"知天"就是知天道本然如此，"事天"即不违逆于天道之本然，所以，当人真正做到了这两条，即达到了天人合一的境界。《中庸》对此十分重视，指出，诚者不勉而中，不思而得，从容中道，做到这些就可以"经纶天下之大经，立天下之大本，知天地之化育"，从而达到天人合一之境界。这和孟子是一致的。孟子重视"仰不愧于天，俯不怍于人"（《孟子》13.20），并说君子可以过者化，存者神，"上下与天地同流"（《孟子》13.13），而他自己的特点是善养浩然之气，"塞于天地之间"（《孟子》3.2）。其实，所谓天人合一境界，不过是生命最高境界的一种表达方式，其核心是追求人生的最高价值，只是因为先前有祈天永命，以德配天的传统才这样表达的。但它的确有利于提升生命的价值，加强人生的追求，使中华民族充满了积极向上的力量，历经磨难而不衰。

必须指出，虽然孟子以天作为性善的形上根据，但这个天并不是有意志的至上神。所谓有意志的至上神，即如基督教的上帝，决定人类的一切，好像人的仁义礼智之性都是它有意识主动赐予似的。作为性善论形上根据的天与此不同。一方面它有西周以德配天思想的成分，是道德之天，只与伦理道德发生联系，而不是纯粹的自然之天。另一方面它又有借用天的话头加强理论力度的因素，也就是说，当道德方面的一些终极问题实在没有办法讲清楚时，把它重新推到天的头上。孟子真切地感受仁义礼智四端根于心，本心本体真实不虚，反求诸己，发明本心，即可以达成仁义，但限于当时的条件，又没有办法把这一切解释清楚，说明良心本心的来源，才把这个问题挂到了天上，以天作为终极的根源。"诚者，天之道也"，但为什么有诚？孟子没有直接回答，只是说这是天之道，直接把它推给了天，天就是这个样子。由此也可以看出，孟子于此方面讲的天并没有什么玄妙，说到底，不外是"固然如此""本然如

八、从道德形上学的建构看孔孟的差异

此"的意思，即人有善心善性，有本心本体，都是本然如此的，是先天决定的。

《孟子》中与性善论相关的天的论述，比较重要的，只有上述四章。这些论述清楚表明了，孟子的确是有意为性善寻找终极原因，最后将这个原因归结到了天，将天作为性善的形上根据。这样，性善论终于有了形上基础，儒家道德形上学的闸门打开了，从此一泻千里，浩荡不绝。

总之，从历史角度分析，孔子第一次发现道德的根源在人，有了人性的自觉，对天存而不论，孟子为了解决性善的根源问题，不得不重新回到天，回到殷商天论的源头，以天作为性善的终极原因。也就是说，经过知生事人，将道德根源置于人这个步骤之后，天的思想必然要重新抬头，以此成为道德的形上基础。分别代表这两个阶段的，不是别人，正是孔孟二子。由此可以得出如下重要结论：在道德形上学建构问题上，孔孟不是密不可分的一块"铁板"，而是紧密相连的两个环节——这就是孔孟在这个问题上的差异所在。